Estoy seguro de que este l  y
pastoralmente sensato, le insp ii
alguna vez ha dudado en hablar a
lectura obligatoria para usted. Este libro demostrará ser especialmente útil para todos aquellos que anhelan crecer en la oración y
experimentar todo lo que Jesús les tiene preparado.

—MIKE BICKLE
DIRECTOR DE *INTERNATIONAL HOUSE OF PRAYER* DE KANSAS CITY

De una manera interesante, Sam Storms aborda una amplia gama
de preguntas sobre el don de lenguas. Sistemática y cuidadosamente, aunque gentil y equitativamente, examina varias opciones
interpretativas, proveyendo a los lectores de cualquier inclinación
un mejor conocimiento de la gama de perspectivas sobre este tema.
Lo más importante es que él también proporciona una guía sólida,
y a mi criterio, persuasiva al escoger las respuestas más consistentes
con el testimonio bíblico.

—CRAIG S. KEENER
CATEDRÁTICO DE ESTUDIOS BÍBLICOS F.M. Y ADA THOMPSON
SEMINARIO TEOLÓGICO DE ASBURY

Mientras más controversial sea un tema, más sabiduría, cuidado y
claridad se necesita para abordarlo. Por lo que es una buena noticia
para todos nosotros que Sam Storms haya escrito un libro sobre
el don de lenguas, proporcionando respuestas simples y bíblicas
a treinta preguntas importantes. Incluso aquellos que no están
de acuerdo con algunas de sus conclusiones se beneficiarán de ser
guiados a través de los temas por un pastor y erudito muy considerado y experimentado. Esta es una súper guía a un tema que a
veces causa división.

—ANDREW WILSON
PASTOR DE ENSEÑANZA, *KING'S CHURCH*, LONDRES

Sam Storms ha bendecido a la Iglesia con su libro *El lenguaje del cielo*. Animo a los evangélicos, reformados, católicos, carismáticos y pentecostales a leer este libro. No podrá dejar de leerlo. Es interesante, minucioso, bíblico, convincente, sensato y culto, y a la vez, sencillo. No encontrará un enfoque mejor sobre este tema.

—Dr. R. T. Kendall
Pastor de *Westminster Chapel*, Londres, de 1977–2002

Este es el mejor libro que he leído sobre el don de lenguas. Sin embargo, es más que eso. Es un libro excelente sobre la vida espiritual. Con la sabiduría de un teólogo diestro y el corazón sensible de un pastor, Sam nos guía a Dios, quien nos anhela y quiere que sintamos su cariño.

—Jack Deere
Autor de *Surprised by the Power of the Spirit*

El Dr. Sam Storms ha hecho todas las preguntas correctas y provisto respuestas eminentemente prácticas, sólidas y basadas en la Biblia sobre un tema muy importante. Los que hablan en lenguas serán enriquecidos por la exposición detallada de las Escrituras hecha por el Dr. Storms; mientras que, aquellos que han rechazado las lenguas, serán desafiados a reconsiderar sus puntos de vista y a recibir la llenura del Espíritu en su vida. Orar en lenguas ha ayudado a formar mi propio andar con Dios, y estoy tan feliz de que un teólogo sólido como Sam Storms nos haya provisto con un manual oportuno en estos momentos críticos en la historia de la Iglesia.

—Dr. Michael L. Brown
Presidente de *Fire School of Ministry*
Autor de *Jugar con fuego santo*

EL
LENGUAJE
DEL
CIELO

SAM STORMS

CASA
CREACIÓN

La mayoría de los productos de Casa Creación están disponibles a un precio con descuento en cantidades de mayoreo para promociones de ventas, ofertas especiales, levantar fondos y atender necesidades educativas. Para más información, escriba a Casa Creación, 600 Rinehart Road, Lake Mary, Florida, 32746; o llame al teléfono (407) 333-7117 en Estados Unidos.

El lenguaje del cielo por Sam Storms
Publicado por Casa Creación
Una compañía de Charisma Media
600 Rinehart Road
Lake Mary, Florida 32746
www.casacreacion.com

Traducido por: Yvette Fernández-Cortez | www.truemessage.co
Revisión de traducción: Nancy Carrera
Director de Diseño: Justin Evans

Originally published in the U.S.A. under the title: *The Language of Heaven*
Published by Charisma House, A Charisma Media Company, Lake Mary, FL 32746 USA
Copyright © 2019
All rights reserved

Visite la página web del autor: www.samstorms.com

Copyright © 2019 por Casa Creación
Todos los derechos reservados

Library of Congress Control Number: 2019939240
ISBN: 978-1-62999-441-3
E-book: 978-1-62999-442-0

Impreso en los Estados Unidos de América
19 20 21 22 23 * 5 4 3 2 1

Dedicado a

Jackie Pullinger

*Con aprecio profundo y sincero
por su vida que exalta a Cristo y un ministerio
sacrificial hacia los débiles y quebrantados.*

TABLA DE CONTENIDO

RECONOCIMIENTOS

Cuando pienso en las personas responsables de que este libro se publicara, primero viene a mi mente Jason McMullen de *Charisma House*. Jason fue incansable (sin ser prepotente) en animarme a escribir este libro. Él fue el primero en ver el potencial y estoy agradecido por su diligencia para que yo proporcionara este recurso al cuerpo de Cristo. ¡Gracias, Jason!

También debería agradecer a Debbie Marrie, Vicepresidente de Desarrollo de producto en *Charisma House*, quien me ha apoyado increíblemente para escribir y ha sido extraordinariamente útil en mantenerme enfocado en la dirección correcta.

Le debo una gratitud enorme a Adrienne Gaines, mi editora. Ella trabajó incansablemente para hacer que este libro fuera más fácil de leer e hizo que yo fuera más acucioso al citar las fuentes apropiadamente. Editar es, muchas veces, un trabajo que se hace detrás del escenario y se pasa por alto. Así que quiero asegurarme de que Adrienne sea reconocida apropiadamente y expuesta, como bien se lo merece, a estar en primer plano por todo lo que hizo para que *El lenguaje del cielo* fuera mejor de lo que hubiera sido sin su apoyo.

También, quiero expresar mi gratitud a los ancianos de *Bridgeway Church* en Oklahoma City. Estos hombres han apoyado mi ministerio como escritor en todas las maneras posibles. Si ellos no me hubieran dado tiempo y oportunidad para investigar y escribir, este libro nunca habría visto la luz del día.

Finalmente, como siempre, he de agradecer a mi esposa, Ann,

con quien he estado casado por cuarenta y siete años. Sus oraciones por mí (muchas veces, ¡en lenguas!) han sido el cimiento de mi trabajo y ministerio todos estos tantos años. Ella siempre me dice palabras de ánimo y amor, especialmente en esos momentos cuando he cuestionado la importancia de lo que estaba haciendo. ¡Te amo, Annie!

—SAM

Introducción

LAS LENGUAS: UN BUEN DON QUE PROVIENE DEL PADRE DE LAS LUCES

A L IGUAL QUE muchas personas, crecí amando la Navidad. No podía esperar a que fuera la mañana de Navidad, cuando mi hermana y yo abríamos los muchos regalos por los que nuestros padres habían trabajado tanto. Incluso, lo disfruté más cuando me convertí en padre de dos hijas y experimenté la satisfacción de bendecirlas con los regalos que tan apasionadamente deseaban.

Hasta donde recuerdo, mi hermana y yo siempre agradecíamos lo que nuestros padres nos daban. Y mis hijas eran igualmente agradecidas. Si alguna vez se sintieron desilusionadas, nunca me lo demostraron a mí ni a mi esposa, Ann. Sin embargo, puedo fácilmente imaginar cómo me habría sentido si ellas lo hubieran demostrado. Si, después de abrir un regalo en particular, que yo había escogido personalmente para ellas, hubieran reaccionado frunciendo el ceño, expresando virtualmente un descontento por lo que yo pensé que era lo mejor para ellas, y luego dejarlo a un lado y no usarlo nunca, confieso que me habrían roto el corazón. Quizá, aquellos de ustedes que son padres han experimentado precisamente este escenario, y conocen la sensación extraña que se tiene al ver a sus hijos tratar sus mejores esfuerzos para bendecirlos con total desconsideración y desdén.

1

No creo que sea una exageración sugerir que esto es lo que ha hecho una gran parte del cuerpo de Cristo con el don espiritual de hablar en lenguas. Debido a que nuestro Padre celestial nos ama, desea lo mejor para nosotros y quiere bendecirnos por encima de lo que merecemos, Él concibió la idea, la confeccionó cuidadosamente y, luego, amorosamente, entregó a sus hijos el amoroso regalo de lenguas. Sí, es un regalo. Sí fue idea de Dios, no de ningún ser humano. Y, sí, Dios inventó y derramó generosamente sobre sus hijos un regalo que, tristemente, muchos de nosotros hemos desaprobado, nos hemos burlado de ello, tratado de excusar e ignorado por mucho tiempo.

Intente imaginar cómo hace eso sentir a nuestro Padre celestial. ¿Cómo le haría sentir a usted si, por amor, diseñara un regalo especial para sus hijos solo para que ellos se burlen, lo ridiculicen y luego, lo desechen? Hablar en lenguas, o lo que yo llamo el lenguaje del cielo, fue *idea de Dios*. Él lo pensó. Lo inventó. Amorosamente, se lo dio a la Iglesia. ¿Y cómo han reaccionado muchos? Algunos con descontento total, diciendo cosas como: "Pero, es tan raro". O quizá algo como: "En realidad es inútil. No tiene sentido para mí. No quiero recibir ese regalo, y haré todo lo que pueda para desanimar a otros de que sea un objetivo de sus peticiones a Dios en oración".

El don de lenguas y aquellos que practican con regularidad orar en el Espíritu no tienen una buena reputación entre muchos de los que están fuera del movimiento carismático. Aquellos que practican este don, muchos los consideran sensibleros y espiritualmente torpes. Se les percibe como ineptos, se dice que no pueden hacer dos cosas elementales—como masticar chicle y caminar en línea recta—al mismo tiempo. Me han dicho, en varias ocasiones, que los que oran palabras que no entienden, probablemente son pelagatos intelectuales que prefieren sentir en vez de pensar. Tales cristianos, muy probablemente, son reacios a involucrarse profunda y rigurosamente con las Escrituras y que evitan el razonamiento teológico a toda costa.

Claro está, yo solo puedo hablar por mí, pero he descubierto que el don de lenguas es un estímulo tremendo a mi celo espiritual y una manera inmensamente efectiva de profundizar mi relación con Jesús. Contrario a las caricaturas que muchos tienen de este don, yo sí puedo atarme los zapatos, conciliar mi chequera, conducir un vehículo y mantener un empleo, ¡y raras veces parezco desconcertado!

¿UN CÍMBALO QUE RETIÑE?

Entonces, ¿por qué hablar del don de lenguas no es algo que uno podría considerar como una conversación agradable durante la cena, especialmente en los círculos evangélicos más conservadores? Hablar en lenguas se considera un tema ligeramente más elevado que el manejo de serpientes (o, en la opinión de algunos, por debajo de ese tema) y beber veneno mortal. Si usted es lo suficientemente audaz para admitir que habla en lenguas, probablemente se encontrará con miradas de confusión o incredulidad. "¿Qué dijiste? ¿Hablas en lenguas? ¿Tú? Pero siempre me has parecido normal, y siempre parecía que te encantaba estudiar la Biblia y participar en debates teológicos bíblicos. ¿Pero lenguas? ¡Ah, estás bromeando! ¿Verdad?".

Muchas veces, al don de lenguas se le trata como el conocido pariente débil y enfermizo en la familia de Dios. No podemos descartar completamente su presencia; pero, en el mejor de los casos, nos referimos a él como algo que se halla regularmente solo entre los cristianos de mentalidad doctrinalmente débil que son inestables emocionalmente. ¿Qué justifica esta reputación en el mundo de los que creen en la Biblia?

Algunos podrían sentirse tentados a pensar que estoy siendo exageradamente negativo al siquiera hacer esta pregunta. Podía pensar que, en estos días, a nadie le importa mucho el asunto en realidad, especialmente desde que el don espiritual de profecía ha usurpado las lenguas como el más controversial de todos los dones espirituales. Sin embargo, puedo asegurarle que el prejuicio contra las lenguas está vigente. Mientras que la profecía se ve como una amenaza potencial a la suficiencia de la Escritura, las lenguas son sencillamente raras. Solo la gente que carece de autocontrol y le da poca importancia a su imagen pública es la que admite poseer y utilizar este don espiritual.

Entonces, ¿por qué tantas personas tiemblan nerviosamente y sudan profusamente ante el pensamiento de que alguien hable en lenguas? ¿Por qué esconden cuidadosamente la cubierta de este libro, no sea que alguien que esté cerca le eche un vistazo al título? ¿Por qué se aseguran de dejar el libro hacia abajo cuando toman una pausa en la lectura? Tal como descubrirá más adelante en el libro, hay muchas maneras de responder esta pregunta, pero aquí quiero enfocarme solamente en dos.

Primero, el desdén que muchos tienen hacia las lenguas es primordialmente el resultado de un malentendido de lo que probablemente es el más conocido de todos los textos bíblicos sobre las lenguas. Estoy seguro de que lo conoce bien:

> Si yo hablase lenguas humanas y angélicas, y no tengo amor,
> vengo a ser como metal que resuena, o címbalo que retiñe.
> —1 CORINTIOS 13:1

¿Quién quiere ser un "metal que resuena o un címbalo que retiñe"? Nadie, obviamente. Pero la imagen (o el sonido) de las lenguas en este versículo ha servido muchas veces para poner en el corazón de muchos un desagrado profundo del don, o por lo menos, un temor sano por ello.

Sin embargo, Pablo no está censurando ni denigrando a las lenguas. Mucho menos burlándose del don. Su crítica está dirigida a las lenguas sin amor. Él habla sobre las lenguas que se buscan y practican egoístamente, sin consideración por los demás. Habla sobre las lenguas utilizadas de manera pecaminosa para promoverse a sí mismo o para atraer atención a la espiritualidad propia, como en contra de otros que son "menos" cristianos porque no han sido bendecidos con el don. Lo mismo aplicaría igualmente a todos los demás dones espirituales. Cualquiera y todos los *carismas* que se ejercen en ausencia del amor por los demás y de un compromiso por su bienestar espiritual podría fácilmente convertirse en una intromisión ruidosa y ofensiva en la vida de la iglesia local. La única razón por la que Pablo mencionó las lenguas en particular es que la iglesia de Corinto abusaba de este don más que de cualquier otro.

Entonces, ¿qué piensa usted que Pablo diría si nuestro hablar en lenguas estuviera motivado por el amor y cuidadosamente caracterizado por la humildad y la consideración por los demás, y hecho para la alabanza y gloria de Dios? Yo creo que Pablo había dicho algo así:

> Si yo hablara en lenguas de hombres y de ángeles, y lo hiciera de manera amorosa, gentil y misericordiosa, sería un sonido glorioso y melodioso, una sinfonía virtual de música dulce que complace y satisface a todo el que me escuche. Si yo nunca usara mi don para humillar a otros, sino solo para servirlos y edificarlos en su fe, ¡qué bendición maravillosa y hermosa sería para todos!

Así que asegurémonos de no tomar lo que Pablo dice acerca del abuso egoísta de las lenguas y aplicarlo al uso amoroso y orientado a favor de los demás de las lenguas.

Una segunda razón por la que muchos albergan un prejuicio profundamente arraigado contra las lenguas es la manera descuidada y no bíblica en que las lenguas se presumen en reuniones colectivas sin el beneficio de la interpretación. Todos lo hemos visto. Y todos nos hemos abochornado cuando parece que el predicador alardea de su "unción" entregando lo que se nos dice que es un mensaje crucial proveniente de Dios. El único problema es que este "mensaje" nunca es interpretado para el beneficio de quienes lo escuchan. Me entristece decirlo, pero algunos carismáticos presentan todo indicio de, sencillamente, no darle importancia a lo que Pablo dice en 1 Corintios 14 sobre cómo deben ejercerse las lenguas cuando el pueblo de Dios está reunido en asamblea colectiva. Quizá piensen que hemos superado la necesidad de tal guía o su relevancia. Tal vez el pensamiento es que lo que pudo haber sido importante para la vida de la iglesia del primer siglo, uno simplemente no lo obtiene en el siglo veintiuno. O quizás piensen que hay veces cuando el Espíritu viene con tal poder y el impulso que uno siente en su interior es tan abrumador que insistir en una interpretación sería apagar al Espíritu o entristecerlo.

En realidad, poco importa qué justificación puedan dar por violar las instrucciones de Pablo. No hay excusa, en ningún momento, para violar intencionalmente los lineamientos dados en la Escritura para el ejercicio de los dones espirituales. La conclusión de algunos en el lado cesacionista del debate es que cualquier presunto don espiritual que sea sujeto de tal abuso y mal manejo obvios no puede tener valor alguno ni legitimidad en la vida de la iglesia hoy día.

Así que permítame ser claro sobre algo en este libro antes de que empecemos. Haré todo lo que esté de mi parte para mantenerme arraigado y amarrado a la Palabra de Dios inspirada e infalible. Procuraré justificar mis conclusiones de acuerdo con lo que dice la Escritura. Estoy consciente de que algunos en la comunidad cristiana profesada creen que esto es demasiado restrictivo, que limita lo que Dios elija hacer en nuestros días y que la iglesia necesita muy desesperadamente. Yo no comparto ese temor. De hecho, mi temor es que una vez que nos apartamos del orden bíblico gobernante, estamos sujetos a toda forma de engaño y abuso.

Dios no se contradice. Él no dijo algo acerca de la naturaleza y funcionamiento de las lenguas en el primer siglo solamente, para luego contradecirse y entregarnos esas guías superfluas en el presente. La Biblia es nuestra autoridad funcional cuando se trata del don de lenguas (o, de hecho, cualquier otro don). Su enseñanza me gobierna y somete. Su guía y los límites que articula no son menos aplicables y esenciales en la iglesia contemporánea de lo que fueron en los primeros días de la vida de la iglesia a mediados del primer siglo. Confío en que mi compromiso con la autoridad funcional de la Escritura será evidente en cada una de las páginas siguientes.

MANTENGA UNA PERSPECTIVA BÍBLICA

Mientras nos preparamos para explorar este don espiritual llamado hablar en lenguas, comprometámonos a no repetir el error de los corintios. Entre sus muchos problemas, su inmadurez era lo más notorio en la manera en que sobrevaloraron las lenguas, como si este fuera el don más importante de Dios y una indicación segura y certera de que aquellos que lo habían recibido eran extraordinariamente bendecidos y altamente espirituales. Tal como me escuchará decir repetidamente a lo largo de este libro, las lenguas no son el mejor y tampoco el peor de los dones. Sencillamente, es un don, igual a los otros.

Cuando el apóstol Pablo nos exhorta a todos "procurad los dones espirituales" (1 Corintios 14:1), él quiere decir *todos* los dones espirituales, no solo el de lenguas y no solo el de profecía. Algunos dones son abiertamente más milagrosos, mientras que otros son supuestamente mundanos. Sin embargo, el Nuevo Testamento en ninguna parte asigna un juicio de valor sobre cualquier don en particular basándose en esa distinción. Debemos resistir la tentación de exaltar las lenguas por encima de la enseñanza, o de colocar un valor más alto sobre la misericordia que la profecía, o poner a la sanidad encima del evangelismo. Esto podría parecerle como si me contradijera al hablar. Después de todo, no he escrito un libro sobre los dones de administración, generosidad o exhortación. Así que si el don de lenguas no es especial, ¿por qué merece ser tratado en todo un libro? Esa es una pregunta justa.

A diferencia de muchos de los otros dones espirituales, el de lenguas es singularmente controversial (claro está, los de profecía, sanidad y palabras de conocimiento pueden igualmente provocar un debate acalorado). Y es frecuentemente malinterpretado. Encima de todo, tristemente, el don de lenguas tiene el potencial de ser terriblemente divisorio. Todavía no he escuchado de la división de una iglesia que citara como causa principal una disputa sobre la legitimidad del don de enseñanza o de servicio a los demás. Sin embargo, son incontables las veces que he escuchado argumentos airados y divisiones en el cuerpo de Cristo debido al don de lenguas.

Ahora, permítame traer una palabra de clarificación al enunciado anterior. *El problema no es el don de lenguas.* El problema no es que haya algo inherentemente defectuoso o divisivo en este don. El problema siempre es nuestro pecado, nuestra ambición impía, nuestra actitud de juicio, nuestra tendencia a exaltarnos por encima de los demás como si Dios nos amara más basándose solamente en los dones que Él nos ha dado. En el otro extremo se encuentra la creencia igualmente errónea de que el don de lenguas es peligroso y no vale la pena el esfuerzo que se necesita para entenderlo correctamente y practicarlo para la edificación de los demás y la gloria de Dios. Mi objetivo es iluminar bíblica y pastoralmente este don para que pueda funcionar en la vida del pueblo de Dios de manera que todos sean animados, bendecidos y edificados por él.

Ahora estamos listos para lanzarnos a la profundidad de la piscina y explorar este fenómeno llamado hablar en lenguas. Antes de hacerlo, permítame decir algo breve sobre la manera en que he estructurado este libro. Es mi esperanza y oración que empiece por el principio y lea cada capítulo de manera consecutiva. Creo que al hacerlo, encontrará un beneficio mayor que si simplemente salta de un tema a otro. Sin embargo, en el intento de responder lo que creo que son *las treinta preguntas más cruciales* sobre este don espiritual, algunos desearán seleccionar cuidadosamente, por así decirlo. Cada pregunta y su respuesta son independientes y pueden leerse en el orden que usted prefiera. Así que si ve una pregunta en el listado de treinta que es especialmente intrigante, siéntase en la libertad de ir directamente allí y profundizar en ella. O, quizá encuentre útil ir de atrás para adelante. Lea en el orden que usted crea que es el más beneficioso para su crecimiento en entender este don, porque nuestro objetivo es el entendimiento. Así de la manera que prefiera leer las siguientes páginas, ¡disfrútelas!

Capítulo 1

MI PRIMERA EXPERIENCIA
DE HABLAR EN LENGUAS

NO HAY NADA en mis primeros años que pudiera sugerir que yo sería un buen candidato para hablar en lenguas. De hecho, precisamente fue todo lo contrario. Aunque fui criado en un hogar devoto donde ambos padres eran cristianos fervientes y mi única hermana, cuatro años mayor que yo, era igualmente nacida de nuevo, nuestras vidas fueron apartadas lejos de cualquier cosa que fuera carismática. Antes de entrar a la universidad de Oklahoma en 1969, mi familia había asistido a la iglesia *Bautista del Sur* en la ciudad en que vivíamos. Mientras estaba en la universidad en Oklahoma City, yo era muy activo en una iglesia bautista independiente cuyo personal pastoral completo estaba compuesto de graduados del Seminario Teológico de Dallas, una institución a la que más adelante asistiría y que es ampliamente conocida por su teología dispensacionalista y cesacionista.

Hasta ese punto en el tiempo, raramente se sabía que los bautistas del sur estuvieran involucrados en lo que se ha llegado a conocer como la Renovación Carismática.[1] Todos creíamos en el Espíritu

Santo, pero se decía poco de Él o de su ministerio aparte de su obra en producir lo que se conoce como el nuevo nacimiento. Si nuestros hermanos pentecostales y carismáticos se mencionaban alguna vez, y era muy raro que fueran destacados en una conversación amable, se les calificaba de ridículos y arrogantes. En mi casa se les conocía como "tartajeros", gente que regularmente habla una jerigonza sin sentido ni significado.

No fue sino hasta el verano de 1970, después de mi primer año en la universidad de Oklahoma, que tuve mi primer encuentro con cristianos carismáticos. Aunque mi padre no era partidario de esto, él me concedió permiso para participar en un proyecto evangelístico de verano en el lago Tahoe, Nevada, patrocinado por lo que se conocía en aquel entonces como *Cruzada Estudiantil y Profesional para Cristo* (ahora Cru). La mayoría de los treinta y cinco, más o menos, que estaban presentes trabajaban durante el día y, durante la noche, participaban en un estudio bíblico o en evangelismo de la calle o la playa. Yo trabajé todo el verano en una gasolinera Shell, al otro lado de la calle de donde todos vivíamos. No era muy divertido, excepto por los viernes, cuando las bandas de motociclistas de Sacramento y San Francisco bajaban a la ciudad turística. Su primera parada al atravesar las afueras de Tahoe era para llenar el tanque de gasolina en mi estación de servicio. Le agradezco a Dios por la audacia y la oportunidad para compartir el evangelio con algunos de ellos antes de que finalizara el verano.

Mi perspectiva sobre la iglesia y los cristianos en conjunto fue profundamente sacudida ese verano. Esto se debió, en buena medida, a la visita que hice al campus de la universidad de California en Berkeley. Usted debe recordar que esto fue a finales de la primavera, principios del verano de 1970. Era la época de los *hippies*, la guerra de Vietnam y sus manifestantes, los disparos en Kent State, las drogas alucinógenas y el surgimiento de lo que llegó a conocerse como el movimiento de Jesús. Mientras que en Berkeley, yo pasaba un par de días con quienes se hacían llamar el Frente Cristiano para la Liberación del Mundo (CWFL por sus siglas en inglés).

Permítame asegurarle que nada en mis diecinueve años como bautista del Sur, de Oklahoma, ¡me preparó para el acercamiento poco convencional al cristianismo que encontré allí! Aunque mi exposición a el CWLF fue breve, fui positivamente desafiado a ser un poco más abierto y tolerante de quienes adoraban y vivían su vida en Jesús en maneras que diferían de las mías.[2]

Mi vida espiritual fue profundamente impactada en el cierre de mi verano en Tahoe cuando asistí a una reunión donde el pastor luterano Harald Bredesen estaba programado a predicar. Antes de esa noche, yo nunca había escuchado de él; sin embargo, pronto me di cuenta de que él era uno de los primeros líderes del movimiento carismático. En el curso de la noche, él mencionó un libro escrito por John Sherrill, titulado *They Speak With Other Tongues*. La historia que Bredesen contó de la experiencia de Sherrill no fue, ni remotamente, similar a mi vida en Dios. Pero él captó mi atención. Me quedé después de que terminara el estudio bíblico y hablé con Bredesen por unos minutos. Él me dio un ejemplar del libro de Sherrill, y lo leí rápidamente.

Casi desafiando completamente mi experiencia espiritual en ese momento, el tema de hablar en lenguas se convirtió inmediatamente en una obsesión para mí. A medida que mi tiempo de ministerio en la hermosa Sierra Nevada concluía, regresé a la universidad de Oklahoma para continuar mis estudios de primer año. Mis planes en ese entonces eran unirme al personal de *Crusade* después de graduarme. Sin darme cuenta de que la política "oficial, no oficial" de *Crusade* con relación a la experiencia carismática era bastante negativa. Hablar en lenguas, tal como lo descubrí rápidamente, estaba fuera del límite.

Durante los primeros dos meses de mi primer año, seguí la misma rutina todas las noches, de lunes a domingo. A las diez de la noche, caminaba dos cuadras de la casa de mi fraternidad hacia el campo de juego de la escuela primaria de McKinley, donde podía pasar desde treinta minutos hasta una hora orando fervientemente que, si el don era real, Dios me lo diera. Yo no estaba exactamente seguro de lo que pedía. No obstante, durante varias semanas, pasé cada noche rogándole a Dios que me diera alguna indicación de su voluntad para mí referente a este don.

No puedo decir que haya esperado que algo sucediera. Mi escepticismo hacia los dones espirituales como el de lenguas estaba profundamente arraigado y generalizado. Tal como ya indiqué, mi educación y experiencia en el cristianismo, al menos hasta este punto, era decididamente cesacionista. Una cosa es segura: yo no estaba "instruido", por así decirlo, ni psicológica o espiritualmente, para lo que sucedió finalmente.

SECUESTRADO POR EL ESPÍRITU

Una noche, en octubre de 1970, mientras estaba sentado al pie de un gran árbol en el área de juegos de esa escuela (por cierto, el árbol sigue allí), sin previo aviso, mi casi rutina normal de oración fue radicalmente interrumpida. Es importante que usted entienda que yo no experimenté con hablar en lenguas. No hice ningún intento de orar "banana" al revés una y otra vez. Muchas veces, la gente instruye a quienes no tienen el don a empezar simplemente pronunciando cualquier sílaba o palabra que aparezca en su mente. Ese puede muy bien ser un buen consejo, pero yo no hice nada de eso. No hice ningún esfuerzo consciente para alterar mis patrones de habla.

Fue como si mis oraciones normales en mi idioma fueron secuestradas por el Espíritu. Repentinamente, empecé a pronunciar palabras de sonido y forma inciertas. Repito, yo no empecé por balbucear conscientemente algunas sílabas sin sentido que luego hayan dado paso a una experiencia lingüística más coherente. Fue más como una invasión espiritual en la que el Espíritu se inmiscuyó en mi vida, interrumpió mis patrones de expresión y "me dio habilidad para expresarme" (Hechos 2:4, NBLH).

Hubo una intensificación profunda y definitivamente inesperada de mi sensación de la cercanía y el poder de Dios.

Recuerdo claramente haber percibido una sensación como de desprendimiento, como si yo estuviera separado del que hablaba. Nunca había experimentado nada ni remotamente similar a eso en toda mi vida. Mientras este fluir lingüístico continuaba derramándose, yo tuve un diálogo separado dentro de mi mente: "Sam, ¿qué estás diciendo? ¿Estás hablando en lenguas?". Fue la primera vez en mi vida que experimenté la sensación de pensar en un idioma mientras hablaba en otro.

Estoy consciente de cuán extraño puede sonar esto. A algunos les parecerá una alucinación. Créame cuando le digo que entiendo completamente esa reacción. Lo más detallado que puedo describir lo que sucedió es que se sentía como si el velo entre mi vida sobre la tierra y las realidades del cielo fue quitado. La sensación de lo sobrenatural invadiendo lo natural fue virtualmente tangible. Desde esa noche de octubre, ha pasado casi medio siglo y nada de lo que he visto, sentido o percibido durante esos años no pueden, ni remotamente, compararse con lo que experimenté en el área de juegos de esa escuela primaria.

Mi reacción inicial a algo tan poco conocido y nuevo fue una mezcla extraña tanto de temor como de euforia. No recuerdo con precisión cuánto tiempo duró, pero no pudo haber sido más de un par de minutos. Estaba confundido, pero al mismo tiempo, me sentía más cerca de Dios que nunca. En ese momento, no tenía categorías teológicas para describir lo que sucedió. Mis amigos pentecostales probablemente insistirían en que este fue mi bautismo en el Espíritu Santo y que mi hablar en lenguas fue la "evidencia física inicial" de que este evento había ocurrido realmente. Después de todo, había nacido de nuevo una década antes, cuando tenía unos nueve años.

Como descubrirá más adelante en este libro, yo creo que el bautismo en el Espíritu sucede simultáneamente con la conversión. En otras palabras, creo que el Nuevo Testamento enseña que todos los creyentes son bautizados en el Espíritu en el primer momento en que ponen su fe en Jesucristo. No tengo deseo alguno de discutir (mucho menos, dividir) con quienes no están de acuerdo conmigo en este punto. Honestamente, no creo que sea tan importante. Lo que sí es importante es si nuestros encuentros posconversión con el Espíritu son reales. ¿Nos da el Nuevo Testamento razón para creer que podemos experimentar un derramamiento del Espíritu mayor y más poderoso que lo que recibimos al principio cuando creímos en Jesús? En mi opinión: sí. Ya sea que llamemos a este evento "bautismo en el Espíritu" o "llenura del Espíritu" o "unción del Espíritu" es totalmente secundario a la pregunta más apremiante de si el Espíritu Santo está realmente haciendo algo en nosotros o a nuestro favor más allá de lo que sucedió en la conversión.

Mientras reflexiono en esa noche de octubre, más inclinado estoy a verlo como una llenura poderosa del Espíritu Santo en vez de un bautismo en el Espíritu (aunque, como puede notar, estoy dispuesto a ser convencido de que sea de otro modo). Habiendo dicho eso, tengo que confesar que cuando busco las palabras para describirlo, lo único que viene a la mente es inmersión y saturación, una sensación de ser inundado o anegado con la presencia de Dios.

Aquellos que han tenido una experiencia similar saben por qué me cuesta describir lo que sucedió. Mi relación con Dios hasta ese punto había sido, por mucho, si no enteramente, intelectual. No estoy dudando la realidad de mi salvación. Digo simplemente que, aparte de un par de momentos emocionales en la iglesia cuando era niño, y la sanidad milagrosa de una migraña cuando tenía once años, no tenían consciencia tangible de una dimensión de la realidad más allá de lo que podía encontrar a través de mis cinco sentidos. Sin embargo, durante la noche en cuestión, fue como si la barrera que separaba mi ser del ser de Dios fue quitada. Mi espíritu estaba envuelto en el Espíritu de Dios. Ni antes ni después de aquel día me he sentido tan directa, empírica e innegablemente en contacto con el ámbito de los sobrenatural.

Aunque el inicio del don de lenguas fue inesperado, yo elegí conscientemente dejar de hablar. Me puse de pie de un salto, regresé a la casa de mi fraternidad lleno de emoción y llamé a un amigo que era parte del personal de *Campus Crusade for Christ*. No le dije lo que había sucedido, solo que necesitaba hablar con él inmediatamente. Treinta minutos después, estaba sentado en su vehículo y dije: "Nunca adivinarás lo que sucedió esta noche".

"Hablaste en lenguas, ¿verdad?", preguntó, casi inexpresivo.

"¡Sí! ¿Cómo lo sabes? Fue grandioso. Pero no entiendo lo que significa".

Yo le importaba mucho a este hombre y él no tenía intención de ofenderme ni de obstruir mi crecimiento cristiano. Pero lo que dijo me impactó por muchos años.

"Sam, te das cuenta, ¿verdad? De que tendrás que renunciar a tu cargo como líder estudiantil y renunciar a cualquier esperanza de unirte al personal cuando te gradúes. Campus Crusade no permite que gente que habla en lenguas tenga posiciones de autoridad. Claro está, si no lo vuelves a hacer, no necesitamos decírselo a nadie. Todo puede ser como antes".

Me sentía abatido y estaba profundamente confundido. Recuerdo haber tratado de hablar en lenguas débil y temerosamente, pero nada sucedió. No queriendo renunciar a mi posición en el ministerio en la universidad, concluí que tuvo que haber sido algo que no era el Espíritu Santo. Yo nunca pensé que fuera demoníaco, aunque muchos de mis amigos sí. Lo explicaba como un estallido emocional temporal que me convenía olvidar. Raras veces mencioné el incidente en los años siguientes, temía el desdén de mis amigos, quienes miraban con sospecha a cualquiera remotamente asociado o interesado en el don de lenguas. Aunque no se necesita decirlo, ¡no volví a hablar en lenguas en veinte años!

Creo que es importante señalar que en lo profundo de mi corazón, siempre supe que la experiencia fue un encuentro genuino con el Espíritu de Dios. Mi acuerdo con quienes lo explicaban (para anularlo) recurriendo a factores psicológicos no era motivado necesariamente por convicción, sino más bien por temor a provocar que me ridiculizaran o, aún peor, por temor a perder su amistad. También creo que mi intento por descartarlo como un fenómeno momentáneo, de una sola vez, que es mejor dejarlo en el pasado, era ofensivo para Dios y un ejemplo claro de apagar al Espíritu Santo.

Después de graduarme en mayo de 1973, mi esposa y yo nos mudamos inmediatamente a Dallas para empezar mis estudios en preparación para el ministerio en el Seminario Teológico de Dallas (DTS por sus siglas en inglés). Me encantó el tiempo que pasé en DTS. El hecho de que mi trayectoria teológica haya dado un giro diferente de lo que me enseñaron allí, en ninguna manera, disminuye el respeto que tenía y aún tengo por la educación en la Palabra de Dios que me dio DTS. Sin embargo, todo el claustro estaba comprometido en creer que ciertos dones espirituales, tal como hablar en lenguas, fueron restringidos al primer siglo de la iglesia primitiva.[3] Se me enseñó, en virtualmente todas las clases, que una vez que la primera generación de apóstoles murió, también murió el don de lenguas. Por respeto a mis instructores, acepté esta perspectiva y la enseñé fielmente a lo largo de los primeros quince años de mi ministerio en público. Sin embargo, durante todo ese tiempo, mi experiencia personal de varios años atrás permanecía en mi memoria y me perseguía con el recuerdo de lo que Dios había hecho.

Anteriormente, escribí sobre mi transición de ser un cesacionista, quien se burlaba regularmente de las prácticas carismáticas, a ser un continuista, quien no solo cree sino que, además, procura regularmente y practica la gama completa de los dones espirituales.[4] Aquí, solamente voy a señalar que mi transición teológica de evangélico cesacionista a evangélico continuista o carismático empezó en algún momento a finales de 1987 cuando leí el libro de D. A. Carson: *Showing the Spirit: A Theological Exposition of 1 Corinthians 12–14.* (Pero me estoy desviando del tema).

Un poco más de veinte años después de esa experiencia de octubre en el área de juegos de la escuela McKinley, en noviembre de 1990, asistí a una reunión anual de la Sociedad Teológica Evangélica en Nueva Orleans. Mientras estuve allí, pasé tiempo con Jack Deere, un amigo cercano y excompañero de DTS. Jack es el autor de *Surprised by the Power of the Spirit* y *Surprised by the*

Voice of God, ambos libros son excelentes refutaciones bíblicas del cesacionismo. Jack dio clases de Antiguo Testamento y Hebreo en el DTS durante doce años antes de ser despedido debido a que abrazó el continuismo. Al momento de nuestra visita a New Orleans, él se desempeñaba como asociado de John Wimber en su iglesia *Anaheim Vineyard* en California.

Una noche, durante la cena, le compartí mi recorrido y le conté de lo que había sucedido en el otoño de 1970, esperando recibir consejo adicional sobre la naturaleza de mi experiencia y lo que podría ser la voluntad de Dios para mí. Él me recordó algo que el apóstol Pablo le dijo al joven Timoteo: "Por lo cual te aconsejo que avives ["reavives" en la versión BLPH] el fuego del don de Dios que está en ti por la imposición de mis manos. Jack, entonces, impuso manos sobre mí y le pidió al Señor que reavivara en mí este don que Él me había otorgado hacía tantos años atrás.

Este versículo en 2 Timoteo es importante. Nos dice que uno podría recibir un don espiritual solo para descuidarlo e ignorarlo. La imagen que Pablo usa es útil. Él describe un don espiritual en términos de una llama que necesita ser avivada continuamente. Si no se entiende, nutre y utiliza en la forma en que Dios lo diseñó, lo que una vez fue una llama ardiente, brillante, puede ser reducida a una brasa lenta. Él dice en esencia: "Toma los pasos que sean necesarios: estudia, ora, busca el rostro de Dios, ponlo en práctica; pero, en todo lo posible, aviva el fuego hasta que ese don vuelva a su intensidad original".[5]

Yo tomé el consejo de Pablo para Timoteo y lo apliqué a mi propio caso. Cada día, aunque fuera por unos minutos, rogaba a Dios que renovara lo que me había dado, pero que yo había apagado. Oraba pidiendo que, si era su voluntad, yo pudiera, una vez más, orar en el Espíritu, hablar el lenguaje celestial que lo adora, le agradece y bendice. (Vea 1 Corintios 14:2, 16, 17). A diferencia de mi primera experiencia con el don de lenguas, yo no esperaba algún tipo de convulsión divina, sino en fe empezaba sencillamente a pronunciar las sílabas y palabras que el Espíritu de Dios traía a mi mente.

Han pasado casi treinta años ya desde que Dios renovó su hermoso regalo en mi vida. Orar en el Espíritu de ningún modo es el don más importante. Tampoco es una señal de espiritualidad o madurez mayor a la de quienes no tienen este don en particular. Por otro lado, ningún don de Dios debe ser despreciado, ridiculizado o reprimido. Si nada menos que un hombre como el apóstol Pablo puede decir: "Doy gracias a Dios que hablo en lenguas más que todos vosotros" (1 Corintios 14:18), ¿quiénes somos nosotros para despreciar este bendito don de Dios?

Como dije en la introducción, este libro está estructurado alrededor de preguntar y responder lo que yo creo que son las treinta preguntas más cruciales relacionadas a hablar en lenguas. Así que, empecemos.

Capítulo 2

LAS LENGUAS EN LA ESCRITURA

EL LIBRO DE los Hechos es, muchas veces, un campo de batalla para cualquier cantidad de situaciones relacionadas con el Espíritu Santo y la vida de la iglesia local. Eso es definitivamente cierto cuando se refiere al don espiritual de hablar en lenguas. Por lo tanto, es aquí donde empezamos nuestro estudio de lo que dice el Nuevo Testamento sobre este don. Frecuentemente, sorprende a muchos que el don de lenguas sea explícitamente mencionado en tres capítulos solamente en Hechos, de los cuales el más extenso es Hechos 2 y los eventos asociados con el día de Pentecostés. Así que es allí donde empezamos.

¿Qué sucedió en el día de Pentecostés?

Pentecostés es el día en el calendario eclesiástico que típicamente llega el quincuagésimo día después del Sabbat de la semana de la pascua.[1] Como probablemente sabe, fue en el día de Pentecostés, en Hechos 2, que el Espíritu Santo fue derramado sobre los seguidores de Jesús. No deberíamos tomar esto para decir que el Espíritu estaba inactivo o ausente antes del Pentecostés. Sino que ese día empezó una dimensión decididamente nueva y más expansiva de su actividad y presencia delegando poder en los creyentes.

El Pentecostés era el evento que cumplía la profecía de Jesús a sus discípulos en Lucas 24:49. "He aquí", dijo Jesús, "yo enviaré la promesa de mi Padre sobre vosotros; pero quedaos vosotros en la ciudad de Jerusalén, hasta que seáis investidos de poder desde lo alto". Claramente, entonces, el enfoque de Pentecostés *es la venida del Espíritu Santo*, su presencia habitando en nuestra vida y el poder que Él trae para facultarnos para hacer lo que, de otra manera, nunca podríamos lograr.

A medida que empezamos nuestra exploración en la naturaleza y práctica de hablar en lenguas, parece ser adecuado que debemos empezar con Hechos 2 y los eventos que ocurrieron en el día de Pentecostés. Varias preguntas vienen inmediatamente a mi mente. Por ejemplo: ¿*dónde* sucedió este evento? Sabemos que ellos estaban en Jerusalén. Según Hechos 2:2, estaban reunidos en unidad en una "casa" (*cf.* Hechos 1:12–26); no sabemos a quién pertenecía.

¿Qué fue lo que sucedió exactamente? Permítame contestar esta pregunta con dos respuestas. Primera, los eventos de Pentecostés fueron un *fenómeno singular en la historia*. En otras palabras, *solo hay un día de Pentecostés* en el que el Espíritu Santo fue derramado sobre el pueblo de Dios. Fue históricamente único, lo que significa que no es correcto hablar de otro pueblo en algún otro lugar en todo el mundo, a lo largo de los siglos, donde cada lugar experimenta su propio Pentecostés. Sin embargo, es igualmente importante recordar que aunque el día de Pentecostés y el derramamiento del Espíritu Santo solo podía suceder una vez, como un evento singular en la historia redentora, los efectos o los resultados o el fruto de la venida del Espíritu se experimentan en todos los tiempos a lo largo del curso de la historia de la iglesia. Permítame tratar de explicar esto en términos sencillos.

En Hechos 2:2, se nos dice que cuando el Espíritu vino: "un estruendo como de un viento recio que soplaba" llenó la casa donde estaban reunidos. Muchos sugieren que esto tiene un sentido perfecto dado el hecho de que *pneuma*, la palabra griega para *Espíritu*, también es la palabra griega para *viento* o *soplar*. La palabra *viento* es una señal recurrente o referencia al Espíritu (*cf.* Juan 3:8; Ezequiel 37:9–14). Sin embargo, quizá no deberíamos exagerar esto ya que la palabra griega para *viento* en Hechos 2:2 no es *pneuma*, sino *pnoë*. En todo caso, no esperamos que este mismo sonido de "viento recio" vuelva a ocurrir cada y toda vez que alguien recibe el poder del Espíritu.

De igual manera, se nos dice en Hechos 2:3 que "lenguas como de fuego" les aparecieron a todos y se "asentaron" sobre cada uno de ellos. Una traducción más literal de Hechos 2:3 sería que esas lenguas de fuego fueron "divididas" y "se posaron sobre cada uno de ellos". Esto es enormemente importante porque bajo el antiguo pacto, antes de la venida de Jesús, el Espíritu ministraba corporativamente y solo llegaba personalmente sobre individuos selectos (reyes, sacerdotes, profetas y comandantes militares, por ejemplo). En el nuevo pacto, el Espíritu ahora viene y reside dentro de cada creyente individualmente. ¡Esto es la "democratización" del Espíritu!

Este punto está reforzado en Hechos 2:17, donde Pedro cita la profecía de Joel al efecto de que cuando el Espíritu venga, será derramado "sobre toda carne", eso para decir que no solo sobre reyes, profetas y sacerdotes, sino sobre todo hijo de Dios: todo hombre y mujer, todo hijo e hija, joven y viejo. Mire de cerca la extensión de la presencia del Espíritu en Hechos 2.17–18: "toda carne", significa sin importar la *edad* ("viejos" y "jóvenes"), independientemente de *género* ("hijos" e "hijas" y "siervos y siervas"), sin consideración o trato especial a *rango social* ("siervos"), y sobre las personas de cualquier *raza* ("toda carne"; cf. Hechos 2:39, ejemplo: tanto judíos como gentiles). Así que pareciera que las llamas de "fuego" en forma de lengua humana descansaba sobre la cabeza de cada persona presente. Esto sería tanto como una señal de la presencia poderosa de Dios como una señal del don de hablar en lenguas consiguiente.

Estos dos fenómenos sensoriales audibles y visibles fueron un evento de una sola vez que marcó la entrada del Espíritu a la vida de todo el pueblo de Dios, Mientras que yo nunca diría que Dios no puede hacer esto una vez más, no vivo con la expectativa de que Él lo hará. Creo que estos dos fenómenos sensoriales fueron asociados únicamente al singular evento de la venida del Espíritu en Pentecostés.

Habiendo dicho eso, y esta es mi segunda respuesta a la pregunta que hice anteriormente, lo que los discípulos de Jesús experimentaron como resultado del descenso del Espíritu es algo que la mayoría de nosotros definitivamente deberíamos esperar y pedirlo en oración. El Espíritu mismo viene solamente una vez. Él está ahora aquí. No necesita repetir su avivamiento como sucedió en Pentecostés. Sin embargo, lo que Él hizo entre los discípulos en el Pentecostés, en el primer siglo, con toda seguridad continúa haciéndolo entre todo el pueblo de Dios en cada siglo subsecuente.

Vea nuevamente las palabras de apertura de Hechos 2:17. Allí, Pedro, citando a Joel, nos dice que lo que estaba sucediendo en aquel entonces, en el día de Pentecostés, es algo que caracterizará "los últimos días". Permítame enfatizar la palabra *caracterizará*. Algunos han intentado discutir que los eventos ocurridos en el día de Pentecostés, en el primer siglo, estaban diseñados solamente para lanzar o inaugurar o comenzar la era del nuevo pacto. Ahora, no se equivoque, la venida del Espíritu en poder en Pentecostés definitivamente sí lanzó o comenzó la era del nuevo pacto, en la cual vivimos ahora. Sin embargo, lo que el Espíritu hizo, en ese día, siglos atrás, también fue diseñado por Dios para caracterizar lo que el pueblo de Dios experimente a lo largo del curso de esta era hasta que Jesús regrese.

Nunca debemos olvidar que los "últimos días" que Joel visualizaba cuando dijo esta profecía, allá a finales del séptimo o principios del sexto siglo DC era toda la era presente en la que nosotros vivimos. En otras palabras, los "últimos días" empezaron en el día de Pentecostés y se extendieron a todo lo largo hasta el regreso de Jesús. Los "últimos días", o la era del nuevo pacto, se han extendido ya por casi dos mil años. (Vea 2 Timoteo 3:1; Hebreos 1:1–2; 9:26; Santiago 5:3; 1 Pedro 1:20; 1 Juan 2:18; *cf.* además 1 Corintios 10:11 y 1 Timoteo 4:1). La mayoría de los cristianos comenten el error de pensar que cuando el Nuevo Testamento habla de los "últimos días" prevé los pocos años finales de la historia de la humanidad que inmediatamente preceden a la segunda venida de Cristo. Por consiguiente, lo que leemos en Hechos 2:17–21 es una descripción de lo que el Espíritu Santo hace en, a través de, y en beneficio del pueblo de Dios a lo largo del curso total de la presente era.

HABLAR EN LENGUAS EN EL DÍA DE PENTECOSTÉS

Hay alguna controversia entre los eruditos en cuanto a quienes eran parte de los que "moraban entonces en Jerusalén" en el día en cuestión. Se les describe como "judíos, varones piadosos de todas las naciones bajo el cielo" (Hechos 2:5). Algunos argumentan que la palabra traducida "moraban" sugiere que eran judíos de la Diáspora, quienes habían regresado a vivir en Jerusalén, quizá incluso optando por retirarse allí. Otros contienden que estaban entre los casi un millón de judíos peregrinos que habían llegado a Jerusalén a celebrar la Fiesta de Pentecostés. Lo más probable es que ambas cosas sean ciertas, la multitud consistía tanto de judíos residentes que habían migrado de vuelta a Jerusalén junto con los visitantes de muchas naciones listados en Hechos 2:9–11.

¿Hablaron todos los discípulos simultáneamente? El teólogo Eckhard Schnabel considera que no, insistiendo en su comentario en el libro de los Hechos que "ya que la gente en la multitud entendía tanto los lenguajes en los que se hablaban como el contenido de lo que se decía (versículo 11), presumiblemente los creyentes hablaron uno a la vez".[2] No hay manera de estar seguros en este punto, y tampoco afecta nuestro entendimiento del fenómeno de todas maneras.

La reacción entre los presentes ese día se describe en Hechos 2 con una variedad de términos distintos. Según el versículo 6, estaban "confusos". En el versículo 7, leemos que estaban "atónitos y maravillados". La palabra *maravillados* vuelve a usarse en el versículo 12, junto con la palabra traducida como "atónitos". Finalmente, en el versículo 13, Lucas los describe como "burlándose" de los discípulos o haciéndolos objeto del ridículo o del desprecio. El cargo de que estaban "llenos de mosto" (versículo 13) sugiere que ellos interpretaron equivocadamente el gozo energizante y la libertad de los discípulos como una intoxicación etílica.

Por otro lado, "una explicación quizá más creíble toma la reacción de los 'mofadores' como un insulto sarcástico al que no le importa que la acusación sea correcta".[3] En cualquier caso, como Schnabel lo señala: "la reacción hostil de una minoría no es una contradicción a lo que Lucas ha dicho sobre las personas en la multitud que entendían las palabras pronunciadas en su propio lenguaje. O estas son personas que no reconocen ninguno de los lenguajes hablados—quizá judíos que siempre habían vivido en Jerusalén—o sus burlas están dirigidas contra el gozo eufórico de los creyentes que alababan a Dios con voces fuertes y convicción ostentosa (versículo 4)".[4]

¿Las "lenguas" que se hablaron en el día de Pentecostés eran un ejemplo de *xenolalia*, es decir, la habilidad de hablar idiomas humanos verdaderos? En mi opinión: sí, lo eran. Parece ser una conclusión justificada con base en varias cosas que vemos en este pasaje. Por ejemplo: leemos de la variedad de naciones representadas (Hechos 2:8–11), lo que definitivamente sugeriría que así fue. La palabra traducida como "lengua" (*glōssa*) en Hechos 2:3, se refiere literalmente al órgano en nuestra boca o a un idioma humano real. Observe, además, que la palabra *lenguaje* (Hechos 2:6, 8, que es la palabra griega *dialektōs*, que significa dialecto) señala idiomas humanos conocidos en todo el mundo (*cf.* Hechos 1:19; 21:40; 22:2; 26:14).

¿Todavía puede ocurrir este fenómeno en la actualidad? Absolutamente, sí. Pero, en mi opinión, sucede muy raramente. No se deje confundir por lo que acabo de decir. Dije que hablar en lenguas que son idiomas humanos genuinos, que el hablante nunca aprendió, es muy raro en la actualidad. He escuchado bastantes testimonios personales de misioneros que han tenido una experiencia así cuando se encontraron con personas cuyos idiomas no habían aprendido.[5] Sin embargo, estoy convencido de que el don espiritual de hablar en lenguas que continúa a través de la historia de la iglesia y que está tan generalizado hoy día es la habilidad provocada por el Espíritu para orar y alabar a Dios en un dialecto celestial, posiblemente incluso un lenguaje angelical que no está relacionado a nada de lo que se hable en la tierra, como por ejemplo: el alemán, swahili, mandarín o inglés.

En otras palabras, creo que la vasta mayoría de veces cuando hablar en lenguas sucede en la actualidad se explican mejor como la obra o creación del Espíritu Santo de un lenguaje especial y único que capacita a los cristianos a hablar con Dios en oración, alabanza y gratitud. Este don no es un lenguaje humano que uno pueda encontrar en algún país extranjero, sino una capacidad facultada por el Espíritu para pronunciar palabras llenas de significado que solo puede comprender nuestro Dios trino: Padre, Hijo y Espíritu Santo.

¿Podría ser el caso de que algunos de los discípulos presentes en aquel día hubieran estudiado previamente y dominado uno o más de los "dialectos" representados por los peregrinos en Jerusalén? Es altamente improbable, especialmente en vista de lo que dice Lucas en Hechos 2:4. Allí, él declara que ellos "comenzaron a hablar en otras lenguas, según el Espíritu les daba que hablasen". Esto sugiere fuertemente que "las palabras que ellos expresaban no eran de origen humano, sino que habían sido 'dadas' [*didōmi*] por el Espíritu".[6] El texto bíblico sencillamente no nos permitirá explicar este fenómeno en ninguna otra manera que por la intervención milagrosa del Espíritu Santo.

Algunos insisten en que las lenguas en Hechos 2 no eran idiomas humanos. Ellos sostienen que Lucas está describiendo no el escuchar *del* lenguaje propio, sino el escuchar *en* el lenguaje de uno. En otras palabras, como señaló J. Rodman Williams, lo que sucedió en Pentecostés no era tanto el milagro de hablar, sino el milagro de escuchar. "En el mismo momento en que se hablaban 'otras lenguas' a través del Espíritu Santo, estas eran traducidas inmediatamente por el mismo Espíritu Santo en los muchos idiomas de la multitud".[7] Por lo tanto, no había un contenido o estructura lingüística identificable para lo que los discípulos dijeron. Lo que hizo que su mensaje fuere comprensible no fue el hecho de que estuvieran hablando precisamente el idioma de las personas presentes en Pentecostés, sino más bien la obra del Espíritu en la mente de los presentes por medio de la cual pudieron "escuchar" estas expresiones en sus lenguajes natales. Lucas nos dice tres veces en Hechos 2 que los presentes estaban "escuchándolos" (versículo 6) hablar en su propio idioma. Repito, ellos preguntan: "¿Cómo, pues, les oímos nosotros hablar cada uno en nuestra lengua en la que hemos nacido?" (versículo 8). Finalmente, dicen: "les oímos hablar en nuestras lenguas las maravillas de Dios" (versículo 11). Así, Williams discute que *ambos* existen: un milagro de "hablar" —otro, diferente, lenguas espirituales—y un milagro de "comprender", cada uno facilitado por el Espíritu Santo.[8]

Si este punto de vista es correcto, un *carisma* milagroso del Espíritu Santo (llámese, el don de interpretación) fue dado a cada *no creyente* presente en el día de Pentecostés. Sin embargo, tal como D. A. Carson ha escrito, el propósito de Lucas es "asociar el descenso del Espíritu con la actividad del Espíritu *entre los creyentes*, no para postular un milagro del Espíritu *entre aquellos que aún no eran creyentes*".[9] En el texto, nada menciona explícitamente de que el Espíritu Santo descendiera sobre la multitud, sino más bien sobre los discípulos. O, como Max Turner lo explica, seguramente Lucas "no deseaba sugerir que la banda apostólica simplemente parloteaba de manera incomprensible, mientras Dios trabajaba en el milagro aún mayor de interpretación de lenguas en los *no creyentes*".[10] Uno también debería notar que "Lucas reporta su hablar en 'otras lenguas' antes de mencionar que alguien las escuchara (2:4)".[11]

Más adelante en este libro, me comprometeré a demostrar, desde el texto de la Escritura, que la expresión en lenguas en Hechos 2, en el día de Pentecostés, no es la misma expresión en lenguas en 1 Corintios 12–14. La expresión en lenguas en Hechos 2 eran idiomas humanos genuinos, no aprendidos previamente, mientras que la expresión en lenguas en 1 Corintios 12–14 es un dialecto angelical o un idioma celestial elaborado por el Espíritu para cada individuo, creyente, a quien Dios elige darle este don.

Finalmente, en lo que concierne a Hechos 2 y Pentecostés, Pedro, quien está usando la profecía de Joel en el Antiguo Testamento, nos dice que el pueblo de Dios "profetizará", "verá visiones", y "soñará sueños" (versículos 17–18). El propósito de este libro no es demostrar por qué estas experiencias siguen ocurriendo en la vida de la iglesia hoy día. Sin embargo, debería ser obvio para todo el que esté leyendo que soy un continuista, lo que quiere decir que creo en que estos dones y actividades del Espíritu Santo continúan a través de la era de la iglesia del presente y continuará operando hasta el momento en que Jesús regrese a esta tierra.

¿CUÁL ES EL SIGNIFICADO DE PENTECOSTÉS?

Entonces, ¿cuál es el significado de pentecostés? Seré breve. Primero, deberíamos reconocer que esto *no* es la primera aparición del Espíritu Santo en la historia de la humanidad. Sin embargo, esta sí es la primera aparición de la *plenitud* del Espíritu para facultar y habitar permanentemente y animar y capacitar a todo el pueblo de Dios individualmente.

Es más, los eventos de Pentecostés son el cumplimiento de tres palabras proféticas: primera, la profecía de Joel 2:28–32 (según los términos del nuevo pacto); segunda, la profecía de Juan el Bautista en Mateo 3:11–12; y tercera, la profecía de Jesús mismo en Juan 14:16 en referencia a "el otro Consolador". Por un lado, Pentecostés es el derramamiento del Espíritu Santo de parte del resucitado y exaltado Señor Jesucristo. Escuche las palabras de Pedro en Hechos 2:32–33:

> A este Jesús resucitó Dios, de lo cual todos nosotros somos testigos. Así que, exaltado por la diestra de Dios, y habiendo recibido del Padre la promesa del Espíritu Santo, ha derramado esto que vosotros veis y oís.

Sin embargo, Pentecostés no es sencillamente la venida del Espíritu Santo a la Iglesia, sino Cristo mismo viniendo a la iglesia en la persona del Espíritu Santo. (Vea Juan 14:18 y Romanos 8:9–10).

Pentecostés también ha sido descrito como el nacimiento de la Iglesia, el cuerpo universal de Cristo. La gente hace frecuentemente la pregunta: ¿Cuándo empezó la Iglesia? ¿Cómo nació? La respuesta más sencilla es el día de Pentecostés, cuando el Señor Jesucristo resucitado derramó el Espíritu y formó a su pueblo en un organismo vivo, espiritual, llamado el cuerpo de Cristo, la iglesia.[12]

Los estudiosos de la Escritura también han observado que Pentecostés es lo contrario de Babel. Leemos en Génesis 11 que, en Babel, Dios confundió el lenguaje humano y "dispersó" las naciones "por toda la faz de la tierra" (Génesis 8:11). Vemos suceder con precisión que lo contrario toma lugar en Pentecostés, donde la barrera idiomática fue vencida como una señal de que Dios ahora reuniría a las naciones en Cristo. En Babel, como alguien ha dicho, "la tierra orgullosamente trató de ascender al cielo", mientras que en Pentecostés "el cielo humildemente descendió a la tierra".[13]

La obra poderosa del Espíritu Santo, quien vino en Pentecostés

Quiero llevar a cabo una reseña rápida del libro de los Hechos para que pueda ver lo que hace el Espíritu Santo. En otras palabras, esta es la razón por la que se nos dio al Espíritu Santo.

Primero, el Espíritu Santo llena y faculta al pueblo de Dios para proclamar valientemente la verdad del evangelio. Cuando le preguntaron a Pedro por medio de qué poder el hombre, que de nacimiento era cojo, había sido sanado, leemos esto:

Entonces Pedro, lleno del Espíritu Santo, les dijo: Gobernantes del pueblo, y ancianos de Israel.

—Hechos 4:8

Este fue el cumplimiento de algo que Jesús mismo profetizó en Mateo 10:19–20:

Mas cuando os entreguen, no os preocupéis por cómo o qué hablaréis; porque en aquella hora os será dado lo que habéis de hablar. Porque no sois vosotros los que habláis, sino el Espíritu de vuestro Padre que habla en vosotros.

El Espíritu Santo ya habitaba en Pedro, pero en esta ocasión *una impartición de poder extraordinaria* era necesaria. Leemos de mucho más de lo mismo, más adelante en Hechos 4.

Cuando hubieron orado, el lugar en que estaban congregados tembló; y todos fueron llenos del Espíritu Santo, y hablaban con denuedo la palabra de Dios.

—Hechos 4:31

No pase por alto la conexión casual entre ser lleno con el Espíritu y hablar o proclamar el evangelio de Dios sin temor o valientemente (*cf.* Hechos 5:32; 6:10; 9:17–19; 13:9–11; 18:25). Este fue especialmente el caso cuando Esteban les testificaba a los líderes religiosos sobre Jesús. De cara a una muerte segura, Esteban halló el valor, el poder y la audacia para proclamar la verdad del evangelio sin avergonzarse. ¿Cómo lo hizo? Esto es lo que leemos en Hechos 7.

Oyendo estas cosas, se enfurecían en sus corazones, y crujían los dientes contra él. Pero Esteban, lleno del Espíritu Santo, puestos los ojos en el cielo, vio la gloria de Dios, y a Jesús que estaba a la diestra de Dios, y dijo: He aquí,

veo los cielos abiertos, y al Hijo del Hombre que está a la
diestra de Dios.

—HECHOS 7:54–56

Dicho de otro modo, podemos ser llenos con el Espíritu en una
emergencia espiritual. Este es una dotación especial e inmediata de
poder para cumplir una tarea especialmente importante y urgente.
Así, alguien que ya está lleno del Espíritu podría experimentar una
llenura posterior o adicional. Eso es, sin importar "cuánto" del Espíritu Santo pueda tener uno, siempre hay espacio para "más".[14]
(Vea Hechos 4:8, 31; 13:9; y Lucas 1:41, 67).

Segundo, la presencia interior, la facultad, del Espíritu Santo era
esencial para que el pueblo de Dios llevara a cabo una amplia variedad de ministerio por el cual eran responsables. Un ejemplo de esto
se ve en Hechos 6 donde una de las cualidades para servir como
diácono en la iglesia local es que una persona esté "llena del Espíritu" (v.3; vea también Hechos 11:23–24; 13:52). Incluso los ancianos eran identificados, equipados y asignados por el Espíritu Santo.
Pablo les dijo esto a los ancianos de la iglesia en Éfeso:

Por tanto, mirad por vosotros, y por todo el rebaño en que
el Espíritu Santo os ha puesto por obispos, para apacentar
la iglesia del Señor, la cual él ganó por su propia sangre.

—HECHOS 20:28

Tercero, la habilidad para hacer señales, maravillas y milagros se
dice explícitamente que es la obra del Espíritu Santo en y a través
del pueblo de Dios. Por ejemplo:

Y Esteban, lleno de gracia y de poder, hacía grandes prodi-
gios y señales entre el pueblo.

—HECHOS 6:8; CF. HECHOS 4:30; 10:38

En los escritos de Lucas, la palabra *poder* casi siempre es sinó-
nimo del Espíritu Santo.

Cuarto, es el Espíritu Santo quien le habla al pueblo de Dios y lo guía con relación a dónde, cuándo y a quién debe dárse el ministerio. La explicación del porqué Felipe le predicó al eunuco etíope está explícitamente declarado:

> Y el Espíritu dijo a Felipe: Acércate y júntate a ese carro.
> —Hechos 8:29; vea también el versículo 39, así como Hechos 10:19–20; 11–12

El rol del Espíritu en proveer guía para el alcance misionero y evangelístico se ve claramente en Hechos 13:2 y 4:

> Ministrando éstos al Señor, y ayunando, dijo el Espíritu Santo: Apartadme a Bernabé y a Saulo para la obra a que los he llamado... Ellos, entonces, enviados por el Espíritu Santo...

De la misma manera, leemos en Hechos 16 cómo Pablo fue redirigido a Macedonia.

> Y atravesando Frigia y la provincia de Galacia, les fue prohibido por el Espíritu Santo hablar la palabra en Asia; y cuando llegaron a Misia, intentaron ir a Bitinia, pero el Espíritu no se lo permitió.
> —Hechos 16:6–7; 15:28; 19:21; 21:22–23

Quinto, fue por medio del poder del Espíritu Santo que el pueblo de Dios pudo profetizar y hablar en lenguas. En Hechos 11:27–30 leemos sobre los profetas que viajaron de Jerusalén a Antioquía:

> Y levantándose uno de ellos, llamado Agabo, daba a entender por el Espíritu, que vendría una gran hambre en toda la tierra habitada; la cual sucedió en tiempo de Claudio.
> —Hechos 11:28; vea también Hechos 21:4, 10–11

> Y habiéndoles impuesto Pablo las manos, vino sobre ellos
> el Espíritu Santo; y hablaban en lenguas, y profetizaban.
>
> —Hechos 19:6

Este es solo un pequeño ejemplo de lo que hallamos en Hechos que es la obra del Espíritu Santo, quien vino en Pentecostés. Y no hay razón para pensar que el Espíritu que habitó, facultó y llenó a estos primeros discípulos no hará lo mismo por nosotros ahora.

2. ¿En qué otra parte de Hechos habló la gente en lenguas?

Muchos se sorprenden al descubrir que, aparte de lo que acabamos de ver en Hechos 2, hay solamente otras dos ocasiones donde se menciona explícitamente el don de lenguas en el libro de Hechos.[15] No deberíamos concluir por esto que el don de lenguas es escaso o carente de importancia. De hecho, no deberíamos sacar conclusiones firmes con relación a la importancia relativa del don de lenguas basándonos en el silencio que encontramos en Hechos. El don de lenguas pudo muy bien estar presente en otras ocasiones, pero no podemos saberlo con algún grado de seguridad. Es igualmente probable que el don de lenguas estuviera ausente. Así que resistiré la tentación de especular y dirigiré sencillamente su atención a Hechos 10 y 19, donde el don de lenguas se menciona explícitamente.

En Hechos 10, leemos sobre la expansión del evangelio más allá de las fronteras de Israel hacia la comunidad de los gentiles. Por medio de una experiencia visionaria, el centurión gentil Cornelio fue instruido para invitar a Pedro a su casa en Cesarea. De igual manera, Pedro había tenido una visión diseñada para superar su prejuicio contra los gentiles (Hechos 10:28). Cuando Pedro entró a la casa de Cornelio, empezó a predicarle el evangelio de la salvación por fe en Jesucristo. Este es un progreso monumental en el libro de los Hechos y especialmente en la expansión intercultural de la iglesia más allá de las fronteras étnicas de Israel.

El Espíritu Santo no esperó hasta que Pedro hubiera terminado con su sermón para derramarse sobre "todo el que escuchaba la palabra" (Hechos 10:44). Presumiblemente, los gentiles tuvieron fe en el mensaje que Pedro predicó al principio de su encuentro. Los creyentes judíos, que habían acompañado a Pedro a Cesarea, estaban asombrados "porque el don del Espíritu Santo había sido derramado también sobre los Gentiles" (Hechos 10:45, BLPH). ¿Cómo lo supieron? ¿Sobre qué base llegaron a la conclusión de que estos gentiles habían recibido al Espíritu incluso de la misma forma que ellos? Es porque "los oían que hablaban en lenguas, y que magnificaban a Dios" (Hechos 10:46).[16]

De inmediato, se nos confronta con una pregunta: ¿Es esta una descripción de dos fenómenos de habla separados o es solo uno? Es decir, ¿hablaron primero en lenguas y luego, también, después de eso, hablaron en su idioma natal, exaltando y glorificando a Dios? ¿O, "magnificaban a Dios" por medio lo que decían en lenguas? Dicho de otra manera, ¿es este un caso de alabanza en lenguas donde el contenido de los dicho en lenguas era adoración? Lo último es lo más posible. Sin embargo, este hace surgir varias preguntas adicionales.

Nada en Hechos 10 sugiere que lo que Cornelio y sus amigos dijeron en lenguas fue en idiomas humanos reales. En Hechos 2, es todo lo contrario dada la presencia de un sinnúmero de individuos provenientes de una variedad de naciones y de trasfondos lingüísticos. La mayoría de los cesacionistas asume sencillamente que lo ocurrido en Hechos 10 es idéntico a lo que hallamos en Hechos 2. Sin embargo, una conjetura no es un argumento. ¿Qué *razones* hay, derivadas del texto mismo de la Escritura, que nos lleven a esta conclusión?

Si lo que dijeron en lenguas fuera idéntico a lo ocurrido en Pentecostés y consistiera en idiomas humanos extranjeros que ni Cornelio ni sus acompañantes hubieran estudiado previamente, ¿Cómo pudieron Pedro y los otros creyentes judíos haberlo sabido? Schnabel sugiere que: "El hebreo o arameo estaba [posiblemente] entre los idiomas que se hablaban en ese momento; idiomas que

Cornelio o algunos de sus amigos quizá no podían hablar, pero eran lenguajes que Pedro y sus amigos de Jope habrían comprendido".[17] Sin embargo, esto no se menciona ni está implicado en alguna parte de la narrativa. David Peterson, por otro lado, insiste en que lo sucedido en Pentecostés fue único y singular: "No hay indicación en el [Nuevo Testamento] de que este haya vuelto a suceder".[18] Él pasa a argumentar que "la glosolalia en 10:46 y 19:6 muy posiblemente fue el fenómeno descrito en 1 Corintios 12–14, el cual requirió interpretación".[19]

Queda mucho sin decir en este pasaje. Por lo menos, lo que Pedro y sus acompañantes escucharon sonó suficientemente similar a lo que sucedió en Pentecostés, la única conclusión razonable fue que Cornelio y sus amigos habían sido similarmente bendecidos con la presencia del Espíritu y su don. Es completamente posible, aunque puramente especulativo de mi parte que, después de lo que dijeron en lenguas, se dio una conversación en la que Pedro y sus acompañantes les preguntaron a los gentiles qué había pasado, haciendo preguntas diseñadas para identificar la naturaleza de su experiencia. O, podría ser, que el Espíritu les otorgó a los judíos creyentes el don de interpretación para que pudieran saber qué era lo que los gentiles estaban diciendo.

Claro está, nuestra preocupación principal aquí es si esta historia apoya la idea de que cuando alguien recibe al Espíritu Santo por primera vez, él o ella invariablemente hablará en lenguas. Que ellos con toda seguridad lo hicieron en esta ocasión no se discute. Aquellos que endosan este punto de vista, también señalan Hechos 11:17, donde Pedro les relata el incidente a los creyentes judíos en Jerusalén. Su conclusión es esta: "Si Dios, pues, les concedió también el mismo don que a nosotros que hemos creído en el Señor Jesucristo, ¿quién era yo para que pudiese estorbar a Dios?". Sin embargo, el "mismo don" seguramente es el Espíritu Santo mismo, no el don de lenguas, pues sabemos que Pedro y los discípulos habían "creído en el Señor Jesucristo" mucho antes del Pentecostés, pero no hablaron en lenguas sino hasta ese día.

Sencillamente, hay muy poca evidencia proveniente de este pasaje como para sacar alguna conclusión firme de una u otra manera. Es completamente posible que el don de lenguas les haya sido otorgado a estos creyentes gentiles porque eso es lo que sucede cuando una persona se convierte y recibe al Espíritu. Sin embargo, es igualmente posible que el don de lenguas fuera dado en esta ocasión para marcar las implicaciones colosales del evangelio alcanzando interculturalmente más allá de Israel al mundo de los gentiles. Si lo último es cierto, entonces no deberíamos esperar que cada vez que una persona cree en Jesús y recibe al Espíritu, él o ella puede esperar hablar en lenguas. En este caso, el don de lenguas fue un fenómeno único marcando esta transición redentora e histórica en la expansión del evangelio y la edificación de la iglesia de Jesucristo.

El tercero, y posiblemente final, incidente que involucra lo que se dice en lenguas se halla en Hechos 19:1–7. Deberíamos leer el texto juntos:

> Aconteció que entre tanto que Apolos estaba en Corinto, Pablo, después de recorrer las regiones superiores, vino a Éfeso, y hallando a ciertos discípulos, les dijo: ¿Recibisteis el Espíritu Santo cuando creísteis? Y ellos le dijeron: Ni siquiera hemos oído si hay Espíritu Santo. Entonces dijo: ¿En qué, pues, fuisteis bautizados? Ellos dijeron: En el bautismo de Juan. Dijo Pablo: Juan bautizó con bautismo de arrepentimiento, diciendo al pueblo que creyesen en aquel que vendría después de él, esto es, en Jesús el Cristo. Cuando oyeron esto, fueron bautizados en el nombre del Señor Jesús. Y habiéndoles impuesto Pablo las manos, vino sobre ellos el Espíritu Santo; y hablaban en lenguas, y profetizaban. Eran por todos unos doce hombres.

Lo que algunos argumentan de este pasaje es que estos son hombres cristianos que no habían recibido todavía al Espíritu Santo. No fue sino hasta que Pablo oró por ellos (por ejemplo, subsecuente a su fe) que fueron "bautizados en el Espíritu". Yo creo que esta interpretación está en gran parte avivada por la traducción errónea de Hechos 19:2 en la versión Reina Valera Antigua (énfasis añadido) ¿Habéis recibido el Espíritu Santo *después* que creísteis?". La traducción correcta se halla en las versiones Reina Valera Revisada 1960, Nueva Versión Internacional y en la Nueva Traducción Viviente (énfasis añadido): "¿Recibisteis el Espíritu Santo *cuando* creísteis?". La pregunta de Pablo en Hechos 19:2 está dirigida a descubrir qué clase de "creencia" o "fe" habían experimentado ellos. Si su creencia fue "salvadora", la creencia cristiana, entonces ellos habrían recibido al Espíritu Santo (Romanos 8:9). El hecho de que no habían recibido al Espíritu Santo le comprobó a Pablo que la "creencia" de ellos no era creencia "cristiana". El experto del Nuevo Testamento, James Dunn, autor de *Baptism in the Holy Spirit* dice:

> "Era inconcebible para él [Pablo] que un cristiano, uno que se había comprometido a sí mismo con Jesús como Señor en el bautismo en su nombre, todavía estuviera sin el Espíritu. Por eso, los doce tuvieron que atravesar el proceso completo de iniciación. No era que Pablo los aceptaba como cristianos con una experiencia incompleta; más bien es que ellos definitivamente no eran cristianos. La ausencia del Espíritu indicaba que ellos ni siquiera habían iniciado la vida cristiana".[20]

Su respuesta: "Ni siquiera hemos oído si hay Espíritu Santo" (Hechos 19:2), no significa que ellos nunca hayan escuchado de la existencia del Espíritu. Al Espíritu Santo se le menciona frecuentemente en el Antiguo Testamento, y las propias palabras de Juan el Bautista a sus seguidores (entre quienes estas personas se incluían a sí mismas) fueron que el Mesías bautizaría en "Espíritu" y fuego. El punto es que aunque ellos habían escuchado la profecía mesiánica de Juan del "bautismo en el Espíritu", ellos no estaban conscientes de su cumplimiento. Dicho de otra manera, *ellos ignoraban lo ocurrido en Pentecostés.*

Pero, si estas personas no eran discípulos "cristianos", ¿qué clase de discípulos eran? G. R. Beasley-Murray, autor de *Baptism in the New Testament*, ofrece la siguiente explicación:

> No hay... nada improbable en la existencia de grupos de personas bautizadas por los seguidores de Juan el Bautista que permanecieran a distancia (o cercanía) de la Iglesia cristiana. Debe haber habido muchos bautizados por Juan mismo que habían escuchado la prédica de Jesús y sus discípulos, que habían recibido el evangelio con más o menos intensidad de convicción y fe y se consideraban a sí mismos seguidores de Jesús, pero que no participaron en Pentecostés o en su progreso... A los ojos de Pablo, estos hombres no eran cristianos: *si alguno no tiene el Espíritu de Cristo, no es de Cristo* (Romanos 8:9). Probablemente, tampoco el mismo Lucas los veía como cristianos; su uso del término discípulos, es un gesto para reconocer que ellos no estaban al mismo nivel que los judíos no creyentes, y tampoco clasificados como paganos. Eran hombres que habían hecho una pausa en el camino, sin completar su recorrido, medio cristianos, ocupando una zona en un territorio que podía existir solamente en ese periodo de la historia cuando los efectos de la obra de Juan se traslapaban con los de Jesús.[21]

Así, cuando Pablo descubre que no habían recibido al Espíritu Santo, él sabe inmediatamente que ellos no son cristianos. Al darse cuenta de que ellos no eran sino "discípulos" de Juan, Pablo proclamó a Jesús, en quien ellos creían, en ese momento recibieron al Espíritu Santo.

Nuestra preocupación principal es si el que ellos hayan recibido el don de lenguas nos da a nosotros un paradigma o un patrón de lo que debería suceder en el caso de todos nosotros al momento de alcanzar por primera vez la fe salvadora en Jesús y recibir al Espíritu Santo. El primer problema es que ellos no solo hablan en lenguas, sino que también empiezan a profetizar (Hechos 19:6). Pocos, si acaso, argumentan que la capacidad para profetizar es una evidencia invariable de haber recibido al Espíritu. Entonces, ¿por qué creeríamos que hablar en lenguas lo es? Pero, más importante aún, es el hecho de que, tal como se mencionó antes, estos "discípulos" vivían estancados en un tiempo histórico de la salvación que no puede ser reproducido más allá de la época del Nuevo Testamento. Ellos vivieron en un traslape entre las eras que no se halla subsecuente a su tiempo de vida.

Podría, por lo tanto, ser insensato sacar conclusiones definitivas o dogmáticas sobre la relación de hablar en lenguas con recibir al Espíritu basándonos solamente en la experiencia de terceros. Por tanto, yo concuerdo con Craig Keener, quien argumenta que "Lucas reporta dicho fenómeno para asegurarnos que estos discípulos recibieron al Espíritu (especialmente la dimensión de fortaleza intercultural), y probablemente no implica que hablar en lenguas tenga necesariamente que acompañar el recibir al Espíritu en cada caso individual".[22]

Capítulo 3

HABLAR EN LENGUAS Y EL
BAUTISMO DEL ESPÍRITU

UNA CONTROVERSIA CONSIDERABLE se ha concentrado alrededor de la pregunta sobre la relación entre hablar en lenguas y el bautismo del Espíritu. Muchos, en la tradición pentecostal clásica, insisten en que el bautismo del Espíritu es una experiencia separada de la fe salvadora y subsecuente a la misma o la conversión inicial de uno a Cristo. La evidencia física, por así decirlo, de esta "segunda bendición" del Espíritu es que uno hablará en lenguas.

Quizá el cuerpo de creyentes más conocido que discute esta forma es las Asambleas de Dios. Este punto de vista está claramente articulado en los puntos 7 y 8 de su "Declaración de verdades fundamentales" (énfasis añadido):

7. EL BAUTISMO EN EL ESPÍRITU SANTO

Todos los creyentes tienen el derecho de recibir, y deben buscar fervientemente la promesa del Padre, el bautismo en el Espíritu Santo y fuego, según el mandato del Señor Jesucristo. Esta era la experiencia normal y común de toda la Iglesia cristiana primitiva. Con el bautismo viene una investidura de poder para la vida y el servicio y la concesión de los dones espirituales y su uso en el ministerio.

+ Lucas 24:49 [RVR1960/NVI]

+ Hechos 1:4 [RVR1960/NVI]

+ Hechos 1:8 [RVR1960/NVI]

+ 1 Corintios 12:1–31 [RVR1960/NVI]

Esta experiencia es *distinta* a la del nuevo nacimiento y *subsecuente* a ella.

+ Hechos 8:12–17 [RVR1960/NVI]

+ Hechos 10:44–46 [RVR1960/NVI]

+ Hechos 11:14–16 [RVR1960/NVI]

+ Hechos 15:7–9 [RRVR1960/NVI]

Con el bautismo en el Espíritu Santo el creyente recibe experiencias como:

+ la de ser lleno del Espíritu, Juan 7:37–39 [RVR1960/NVI], Hechos 4:8 [RVR1960/NVI]

+ una reverencia más profunda para Dios, Hechos 2:43 [RVR1960/NVI], Hebreos 12:28 [RVR1960/NVI]

+ una consagración más intensa a Dios y dedicación a su obra, Hechos 2:42 [RVR1960/NVI]

+ y un amor más activo para Cristo, para su
Palabra y para los perdidos, Marcos 16:20
[RVR1960/NVI]

8. LA EVIDENCIA FÍSICA INICIAL DEL BAU-TISMO EN EL ESPÍRITU SANTO

El bautismo de los creyentes en el Espíritu Santo se evidencia con la señal física inicial de hablar en otras lenguas como el Espíritu los dirija.

+ Hechos 2:4 [RVR1960/NVI]

El hablar en lenguas en este caso es esencialmente lo mismo que el don de lenguas, pero es diferente en propósito y uso.

+ 1 Corintios 12:4–10 [RVR1960/NVI]

+ 1 Corintios 12:28 [RVR1960/NVI][1]

Hay tres elementos cruciales en este punto de vista. Primero, está la doctrina de la *subsecuencia*. El bautismo en el Espíritu siempre es subsecuente a la conversión y, por lo tanto, distinta. El tiempo que interviene entre los dos eventos puede ser momentáneo o posiblemente de años. Segundo, hay un énfasis en las *condiciones*. Dependiendo de a quién lea, las condiciones sobre las que el bautismo del Espíritu se sostiene podrían incluir: arrepentimiento, confesión, fe, oraciones, espera ("tardanza"), búsqueda, sumisión, etc. El peligro obvio aquí está en dividir la vida cristiana de tal manera que la *salvación* se vuelve un *regalo* para el *pecador* mientras que la *llenura del Espíritu* se convierte en una *recompensa* para el *santo*. Tercero, y más controversial de todos, ellos enfatizan la doctrina de la *evidencia inicial*. La evidencia inicial y física de haber sido bautizado en el Espíritu es hablar en lenguas. Si uno no ha hablado en lenguas, no ha sido bautizado en el Espíritu. Aquellos que pertenecen a las

Asambleas no niegan que una persona puede ser salva sin hablar en lenguas. Sin embargo, hablar en lenguas es en sí la evidencia de que uno también ha sido bautizado en el Espíritu.[2]

3. ¿El don de lenguas siempre e invariablemente acompaña al bautismo en el Espíritu como su evidencia física inicial?[3]

Entonces, ¿el Nuevo Testamento, y especialmente el libro de los Hechos, respaldan la respuesta que dan las Asambleas? Dicho de otro modo, ¿el bautismo en el Espíritu sucede para todos los cristianos al momento que tenemos fe en Jesús, o sucede como un evento separado, en algún momento después de la conversión? Podríamos fácilmente preguntar: ¿Es el bautismo en el Espíritu una experiencia *inicial* para *todos* los cristianos o una experiencia de *segunda etapa* que solamente *algunos* reciben?[4] ¿Y es hablar en lenguas la evidencia física inicial de esta experiencia?

Los creyentes evangélicos no carismáticos están casi unánimes en insistir que el bautismo en el Espíritu es simultáneo a la conversión y, por lo tanto, es la experiencia de todos los cristianos. El finado Martyn Lloyd-Jones, quien durante muchos años se desempeñó como pastor en *Westminster Chapel* en Londres, identificaba el bautismo en el Espíritu como el "sello" del Espíritu Santo descrito en Efesios 1:13. Él creía que esto era un evento que se experimentaba o "sentía" y que sucedía en algún momento después de la regeneración. Su propósito era impartir una seguridad de la salvación profunda, interna y directa. Además, produce poder para ministrar y testificar, gozo y una sensación de la presencia gloriosa de Dios. Sin embargo, ni Lloyd-Jones ni otros que adoptaron este punto de vista hacen conexión alguna entre el "sello" del Espíritu Santo o el bautismo del Espíritu y la impartición de dones espirituales, incluyendo el de lenguas.[5]

Generalmente hablando, muchos carismáticos de la actualidad, y definitivamente todos los que se autoidentifican como pentecostales clásicos, endosan la doctrina de la subsecuencia de segunda etapa. No todos ellos, sin embargo, creen que el bautismo en el

Espíritu esté suspendido sobre condiciones que el creyente tenga que cumplir. Y no todos creen que cada cristiano bautizado por el Espíritu necesariamente hablará en lenguas.

El finado C. Peter Wagner fue, quizás, el primero en hablar de otro movimiento al que él llamó la Tercera ola. La "primera ola" del Espíritu Santo fue el avivamiento en la llegada del siglo veinte que ocurrió en la calle Azusa. Este derramamiento resultó en la formación de la mayoría de las denominaciones pentecostales clásicas, tal como las Asambleas de Dios. A la "segunda ola" del Espíritu se le ubica típicamente a principios de los años sesenta, cuando la experiencia carismática se expandió más allá de los grupos pentecostales clásicos hacia las denominaciones protestantes más convencionales tales como Bautistas del Sur, Episcopales, Metodistas y Presbiterianos, solo para mencionar algunos. Según Wagner, la "tercera ola" se refiere a la expansión de los dones carismáticos hacia las iglesias evangélicas no denominacionales o independientes. La Asociación de iglesias *Vineyard*, dirigida por John Wimber hasta su muerte en 1997, es un ejemplo del cristianismo de la tercera ola.[6]

La mayoría de los creyentes de la tercera ola insisten en que todos los cristianos son bautizados en el Espíritu Santo al momento de su nuevo nacimiento. Sin embargo, también tienden a insistir en múltiples experiencias *subsecuentes* de la actividad del Espíritu. En cualquier momento, después de la conversión, el Espíritu aún puede "venir" o "caer" sobre el creyente con diferentes grados de intensidad. La persona que ha sido cristiana por años aún podría experimentar una unción o recibir poder del Espíritu, lo que típicamente se llama "llenura". Esta llenura del Espíritu podría llevar a la impartición de un don espiritual nuevo o de valentía extraordinaria para dar testimonio ante los no creyentes o, incluso, como dijo Lloyd-Jones, a una confirmación de la salvación más profunda y emocionalmente intensa.[7]

EL APÓSTOL PABLO HABLA DEL BAUTISMO EN EL ESPÍRITU

El apóstol Pablo se refiere explícitamente al bautismo en el Espíritu solamente una vez, en 1 Corintios 12:13. Esta es la versión Reina Valera 1960 de ese texto: "Porque por un solo Espíritu fuimos todos bautizados en un cuerpo, sean judíos o griegos, sean esclavos o libres; y a todos se nos dio a beber de un mismo Espíritu". Otros, prefieren traducir la frase de apertura como "por" un Espíritu, sugiriendo que el Espíritu mismo es el que bautiza en Cristo a los creyentes o que los une con Él para salvación. Esto puede representarse como sigue:

En la conversión → Espíritu Santo → bautiza a TODOS → "en" Jesucristo → salvación

Entonces, la mayoría de los pentecostales y muchos carismáticos argumentan que, en algún momento subsecuente a la conversión, Jesús bautiza a algunos creyentes, pero no necesariamente a todos, en el Espíritu Santo para facultarlos y equiparlos para el ministerio. Esta estrategia se vería así:

Después de la conversión → Jesucristo → bautiza a ALGUNOS → "en" el Espíritu Santo → poder

Algunos justifican sacar esta distinción señalando a la frase aparentemente extraña en 1 Corintios 12:13, "en un Espíritu… en un solo cuerpo". Sin embargo, lo que puede sonar extraño en español, tiene perfectamente buen sentido en el texto griego original. Pablo está diciendo sencillamente que todo creyente ha sido bautizado por Jesús en el Espíritu, el resultado de ello es que todo creyente es ahora un miembro del mismo cuerpo espiritual.

Vemos este mismo uso de terminología en 1 Corintios 10:2: "todos *en* Moisés fueron bautizados *en* la nube y *en* el mar" (énfasis añadido). Los "elementos", por decirlo así, en los que las personas fueron inmersas o con los que fueron rodeadas e inundadas son la *nube* y el *mar*. La referencia a Moisés indica la vida nueva de participación en el antiguo pacto, del cual él era el líder, y la hermandad del pueblo de Dios durante ese tiempo de historia redentora.

Hay un punto importante en la gramática griega que es necesario hacer notar. En cada dos textos en el Nuevo Testamento donde se menciona el bautismo del Espíritu, se usa la preposición *en*, típicamente traducida de la misma forma en español. Esto dirige nuestra atención al elemento en el cual uno es inmerso, por decirlo así, o con lo que uno es inundado. Nunca se dice que el Espíritu Santo sea el agente o la causa de este bautismo. El Espíritu Santo es Aquel en quien somos sumergidos o el "elemento con el que somos saturados.[8] Jesús siempre es quien hace la obra de bautizar, y el Espíritu es siempre Aquel en quien o con quien somos inmersos y saturados.

Algunos han tratado de argumentar que, mientras que 1 Corintios 12:13a se refiere a la conversión, 1 Corintios 12:13b describe una segunda obra, posconversión, del Espíritu Santo. Sin embargo, más bien, esto es posiblemente un ejemplo del tipo de paralelismo que es un recurso literario común utilizado por los escritores bíblicos. Es más, la actividad representada en las dos frases se extiende al mismo grupo de personas. Es "todos nosotros" quienes fuimos "bautizados en un solo cuerpo" y "todos nosotros" quienes "bebimos de un solo Espíritu". Por lo tanto, todos los creyentes fueron bautizados o "inmersos" en el Espíritu Santo y "a todos se nos dio de beber de un mismo Espíritu" creyeron en Jesús. Y esta obra de ser bautizados en el Espíritu o que se nos diera de "beber" de Él fue llevada a cabo por Jesús mismo.

Entonces, ¿qué es lo que lleva a cabo nuestra inclusión en el organismo espiritual del cuerpo de Cristo, la iglesia? Es nuestra experiencia de ser inmersos en el Espíritu, de ser inundados o sumergidos por su presencia duradera en nuestro corazón. Algunos han sugerido que esta experiencia descrita por Pablo es una alusión a varios textos del Antiguo Testamento que presentan el derramamiento del Espíritu sobre la tierra y su pueblo en la era por venir. Por ejemplo:

> Hasta que sobre nosotros sea derramado el Espíritu de lo alto, y el desierto se convierta en campo fértil, y el campo fértil sea estimado por bosque.
>
> —Isaías 32:15

> Porque yo derramaré aguas sobre el sequedal, y ríos sobre la tierra árida; mi Espíritu derramaré sobre tu generación, y mi bendición sobre tus renuevos.
>
> —Isaías 44:3

> Ni esconderé más de ellos mi rostro; porque habré derramado de mi Espíritu sobre la casa de Israel, dice Jehová el Señor.
>
> —Ezequiel 39:29

Así, nuestra conversión o recepción del Espíritu cuando creemos en Cristo para salvación es análoga al derramamiento de una corriente repentina o una tormenta sobre tierra sedienta, transformando tierra seca y estéril en un jardín bien regado (*cf.* Jeremías 31:12). Gordon Fee señala que:

> Metáforas expresivas como estas (inmersión en el Espíritu y beber hasta saturarse del Espíritu) implican una recepción del Espíritu vivencial y visiblemente manifiesta, mucho más grande de lo que muchos están propensos a experimentar en la historia subsecuente de la iglesia Pablo podría recurrir a su vivencia común del Espíritu como la presuposición para la unidad del cuerpo, precisamente porque, como en Gálatas 3:2–5, el Espíritu fue una realidad experimentada dinámicamente, la cual les había sucedido a todos.[9]

Considerando esto, me siento confiado en llegar a esta conclusión. Ser bautizado en el Espíritu por el Señor Jesucristo es una metáfora que tiene el propósito de representar nuestra recepción del Espíritu al momento de la conversión. Todos los creyentes en Jesús están, por decirlo así, sumergidos en el Espíritu, quien subsecuentemente habita permanentemente en cada uno de nosotros. Esto es una vivencia que sucede a *todos* los cristianos, no a algunos, y acontece en el momento de nuestro nuevo nacimiento. Sin embargo, como se mencionó antes, esto no significa que la actividad del Espíritu Santo en nuestra vida esté restringida al momento de nuestra conversión. El Nuevo Testamento describe claramente una multitud de encuentros con el Espíritu posteriores a la conversión que son transformadoras, fortalecedoras y diseñadas para equiparnos para el ministerio. Como he dicho frecuentemente, los evangélicos están en lo *correcto* al afirmar que todos los cristianos han experimentado el bautismo en el Espíritu en la conversión. Están *equivocados* al minimizar (a veces, incluso en negar) la realidad de las vivencias del Espíritu adicionales y subsecuentes en el curso de la vida cristiana. Los carismáticos están en lo *correcto* al afirmar la realidad y la importancia de los encuentros con el Espíritu, posteriores a la conversión, que fortalecen, iluminan y transforman. Están *equivocados* al llamar a esta vivencia "bautismo en el Espíritu".

Esta conclusión tiene repercusiones relevantes para un asunto al que me referí antes en este libro, concretamente sobre si hablar en lenguas es la evidencia física e invariable de ser bautizado en el Espíritu. Tenemos que recordar que en 1 Corintios 14:5, Pablo expresó su deseo de que todos hablaran en lenguas. Esto no tiene mucho sentido si Pablo hubiera creído que ellos ya lo hacían. ¿Por qué desear por algo que ya es cierto y que sucede siempre? Sin embargo, si todos los creyentes en Corinto (y en otras partes) habían sido bautizados en el Espíritu, pero no todos los creyentes en Corinto hablaban en lenguas, esto descartaría la idea de que hablar en lenguas es siempre la evidencia física inicial del bautismo en el Espíritu.[10]

La doctrina de la subsecuencia

Muchas veces me preguntan por qué aquellos en las tradiciones pentecostales y carismáticas se inventaron la doctrina de hablar en lenguas como una vivencia separada y subsecuente a la conversión. La mejor explicación que he visto la provee Gordon Fee.[11]

Primero, Fee señala la insatisfacción de muchos sobre el letargo y la falta de vida de su propia experiencia cristiana y, corporativamente, la de la iglesia. La frialdad, la cobardía y la rutina religiosa encendió en ellos una pasión, sed y hambre por más de Dios, por más de lo que veían en la vivencia de los cristianos del Nuevo Testamento. Segundo, esto, a su vez, suscitó un deseo por una vivencia más profunda y verdaderamente transformadora. De esta manera, muchos fueron innegablemente tocados por la presencia de Dios. Un encuentro con Dios que cambió su vida trayendo un poder nuevo, un compromiso renovado y una rededicación ferviente a la vida en santidad, y un amor más profundo. Tercero, esta experiencia fue claramente subsecuente a su conversión (muchas veces, años después de que fueron salvos). Por lo tanto, era algo diferente al nuevo nacimiento o a la justificación o a cualquier otra cosa asociada con su encuentro inicial de la salvación en Cristo. Cuarto, como se ha dicho muchas veces, estas eran personas con una vivencia en busca de una teología. Acudiendo a la Biblia para identificar y justificar lo que había sucedido, encontraron que lo que creyeron que era un precedente de tres partes para lo que les había acontecido a ellos (lo que será discutido en este capítulo). El paso final era sencillamente identificar lo que les había acontecido como el "bautismo en el Espíritu Santo".

Entonces, ¿en qué parte de la Biblia, si acaso, los creyentes de pentecostés encuentran respaldo para la idea de que los cristianos pueden recibir una llenura mayor y un poder más expansivo del Espíritu Santo que sucede separadamente, y a veces mucho después, del momento de la conversión, una vivencia que ellos se sienten justificados en llamar el bautismo en el Espíritu? Generalmente, hay tres ejemplos que ellos señalan. Veremos cada uno en orden cronológico.

La vivencia de Jesús

Este argumento le parecerá raro, y con razón. El punto es que la concepción de Jesús en el vientre de la virgen María y su subsecuente nacimiento físico supuestamente corresponden o son análogos a la experiencia del nuevo nacimiento de un hijo de Dios. Y ya que esto sucedió treinta o más años después, que Jesús fue ungido y lleno del Espíritu Santo (vea Hechos 10:38 y las otras descripciones de cuando Juan lo bautizó), de la misma manera deberíamos esperar recibir el poder del Espíritu después, pero no simultáneamente a nuestro nacimiento espiritual o regeneración. Dicho de otra forma, parece que Jesús fue "bautizado en el Espíritu" cuando la paloma descendió sobre Él en el río Jordán para equipar y facultarlo para su ministerio en público. Entonces, ¿no debería aplicarse a nosotros la misma realidad? ¿No deberíamos experimentar también este bautismo espiritual subsecuente a nuestra conversión para equiparnos y facultarnos para el ministerio?

Existe una verdad importante en esta sugerencia que no podemos pasar por alto. Aunque el Espíritu Santo definitivamente habitó en Jesús antes de su ministerio en público, hubo una unción extraordinaria que sucedió cuando Juan el Bautista lo sumergió en las aguas del río Jordán. Lucas afirmó esto claramente en Hechos 10:38. Sin embargo, no podemos obviar el hecho de que Lucas se refiere a esto como una "unción" del Espíritu, no un "bautismo". El mismo Juan el Bautista dejó en claro que aunque él bautizaba en agua, Jesús "os bautizará en Espíritu Santo y fuego" (Mateo 3:11; vea también Marcos 1:8; Lucas 3:16; y Juan 1:33). En otras palabras, lejos de haber sido "bautizado en el Espíritu", ¡Jesús mismo es el quien hace el bautismo!

Este argumento también se desmorona cuando recordamos que Jesús, a diferencia de usted y yo, no tenía necesidad de salvación. De hecho, ¡Él es el único Salvador! Jesús no necesitó nacer de nuevo.

Nunca hubo un tiempo en su vivencia terrenal cuando Él estuvo "muerto en...transgresiones y pecados" (Efesios 2:1). Para decirlo sencillamente, Jesús nunca experimentó algo ni remotamente similar a nuestra conversión. Por eso, no es bíblico hablar de ningún incidente particular en su vida como *separado de la conversión y subsecuente a la misma*. Dios el Padre "ungió a Jesús de Nazaret con el Espíritu Santo y con poder" para capacitarlo a hacer el "bien" y para sanar a "todos los oprimidos por el diablo" (Hechos 10:38).

Nosotros también necesitamos permanentemente esta presencia que nos fortalece; sin embargo, el Nuevo Testamento nunca representa al empoderamiento de Jesús por parte del Espíritu como una analogía a cuando somos bautizados por el Espíritu. Hasta donde puedo notar, no hay evidencia bíblica para sugerir que lo que el Padre hizo por el Hijo al inaugurar su ministerio público refleje una voluntad normativa, ordenada divinamente para ser "subsecuente" en la vida de los seguidores de Cristo. Me alegra reconocer que hay una analogía entre la vivencia de Jesús y la de los cristianos: nosotros permanecemos desesperadamente en la necesidad del poder del Espíritu Santo para llevar a cabo las obras de Jesús. Sin embargo, no hay justificación bíblica para identificar esto con el bautismo del Espíritu. En Hechos se le llama más apropiadamente la "llenura del Espíritu".

La vivencia de los primeros discípulos

Se hace un argumento similar basándose en la vivencia de los primeros discípulos de Jesús. Según este punto de vista, los discípulos nacieron de nuevo o se regeneraron (por ejemplo: fueron salvos) cuando "recibieron" al Espíritu en el día en que Jesús se les apareció después de su resurrección. Sin embargo, no fue sino hasta el día de Pentecostés, un día que era apartado de su nuevo nacimiento y subsecuente al mismo, que ellos fueron bautizados en el Espíritu. Este es el texto en cuestión:

Cuando llegó la noche de aquel mismo día, el primero de la semana, estando las puertas cerradas en el lugar donde los discípulos estaban reunidos por miedo de los judíos, vino Jesús, y puesto en medio, les dijo: Paz a vosotros. Y cuando les hubo dicho esto, les mostró las manos y el costado. Y los discípulos se regocijaron viendo al Señor. Entonces Jesús les dijo otra vez: Paz a vosotros. Como me envió el Padre, así también yo os envío. Y habiendo dicho esto, sopló, y les dijo: Recibid el Espíritu Santo. A quienes remitiereis los pecados, les son remitidos; y a quienes se los retuviereis, les son retenidos.

—Juan 20:19–23

El problema con este argumento es que esta experiencia, posterior a la resurrección de Jesús, no fue la conversión de los discípulos. No fue el momento cuando ellos fueron salvos. Jesús les dijo, mientras estaban en el Aposento Alto, que ellos ya estaban "limpios" (Juan 13:10). Antes de eso, Él los exhortó a regocijarse de que sus nombres ya estaban escritos en el cielo (Lucas 10:20). Pedro había testificado abiertamente que Jesús era el Cristo (Mateo 16:16–17; Juan 16:30). Jesús, en su oración como sumo sacerdote en Juan 17:8–19, describió a los discípulos indicando que ya le pertenecían al Padre. Y pareciera que en Juan 20:21–22 Él está más preocupado con la comisión de los discípulos al ministerio que con la vivencia del nuevo nacimiento de ellos ("Así también os envío", versículo 21).

Debemos reconocer que Juan 20:22 es un versículo difícil. Algunos creen que constituyó una impartición *preliminar* del Espíritu en anticipación al don completo que vendría en Pentecostés. Por Lucas 24:49, sabemos que los seguidores de Jesús no recibirían la plenitud del poder divino (por ejemplo: el Espíritu Santo) sino hasta el día de Pentecostés. Entonces, tal vez, Juan 20 está describiendo una *facultad transitoria* para que los discípulos pudieran sostenerse y energizarse durante el intervalo entre la resurrección de Cristo y la llegada el Espíritu en Pentecostés. También se ha demostrado que ninguna impartición del Espíritu sucedió literalmente en Juan 20; este era sencillamente una parábola representativa, es decir, una promesa simbólica del poder venidero del Espíritu Santo que podría suceder finalmente en el día de Pentecostés.

Así que no parece que la vivencia de los discípulos nos provea de un patrón normativo para nuestro bautismo personal en el Espíritu. Cómo podría, dado el hecho de que la vivencia de los discípulos no pudo ser diferente a lo que fue. La verdad es que ellos no pudieron haber sido bautizados en el Espíritu cuando creyeron debido a que creyeron mucho antes de que el bautismo en el Espíritu fuera posible. Henry Lederle lo dice de esta manera:

> Esta conclusión está enfatizada por el hecho de que los apóstoles empezaron a creer en Jesús (por lo menos de una manera u otra) antes de que el Espíritu fuera derramado sobre la iglesia en el día de Pentecostés. Lo que los coloca en una situación diferente a todo cristiano vivo después de Pentecostés. Era necesario, por lo tanto, que los apóstoles experimentaran la libertad y vida nuevas en el Espíritu que vinieron junto con Pentecostés en una manera única pues ellos no la pudieron experimentar antes de que esta llegara (antes de Hechos).[12]

Wayne Grudem concuerda y lo expresa así:

> Ellos [los primeros discípulos] recibieron esta facultad nueva y extraordinaria de parte del Espíritu Santo *porque ellos estaban vivos al momento de la transición de la obra del Espíritu Santo en el antiguo pacto y la obra del Espíritu Santo en el nuevo pacto.* Aunque fue una "segunda vivencia" del Espíritu Santo, viniendo así como sucedió, mucho después de su conversión, no debe tomarse como un patrón para nosotros, pues no estamos viviendo en un tiempo de transición de la obra del Espíritu Santo. En el caso de

ellos, los creyentes que tenían una facultad del Espíritu Santo en el antiguo se convirtieron en creyentes con una facultad de nuevo pacto de parte del Espíritu Santo. Sin embargo, hoy día, nosotros no primero nos volvemos creyentes teniendo en nuestro corazón una obra más débil, del antiguo pacto, del Espíritu Santo, ni esperamos a que un tiempo después recibamos una obra de nuevo pacto del Espíritu Santo. Más bien, estamos en la misma posición que aquellos que se convirtieron en cristianos en la iglesia de Corinto: cuando nos volvemos cristianos todos somos "bautizados en un solo Espíritu en un solo cuerpo" (1 Corintios 12:13), tal como lo fueron los corintios, y de la misma manera que lo fueron los creyentes nuevos en muchas iglesias, quienes se convirtieron cuando Pablo hizo sus viajes misioneros.[13]

La vivencia de los individuos en Hechos

Los defensores de la doctrina de que el bautismo del Espíritu está separado de la conversión y es subsecuente a la misma apelarán a tres grupos de personas en el libro de los Hechos: Los samaritanos, Cornelio y los gentiles y los discípulos efesios.

Los samaritanos

Aunque la terminología precisa "bautismo del Espíritu" o "bautismo en el Espíritu" no se halla en Hechos 8:4–24, este texto se cita con frecuencia como para proveernos un precedente de lo que podemos experimentar. Allí leemos cómo Felipe, el evangelista, viajó a Samaria y predicó el evangelio obteniendo magníficos resultados. Se llevaron a cabo señales y maravillas, y muchos "creyeron" en Jesús. Sin embargo, algo faltaba en su vivencia. Se nos dice que Pedro y Juan viajaron a Samaria y oraron por estas personas para que "recibiesen el Espíritu Santo; porque aún no había descendido sobre ninguno de ellos, sino que solamente habían sido bautizados en el nombre de Jesús" (Hechos 8:15–16).

Todos coinciden en que Hechos 8:16 es una de las declaraciones más inusuales en todo el libro. Es el único registro en todo el Nuevo Testamento sobre personas creyendo en Jesucristo, siendo bautizadas en agua y que todavía no reciben al Espíritu Santo. ¿Era esta la normativa para todos los cristianos en la iglesia primitiva? ¿Y es esto algo que deberíamos esperar que también suceda en nuestros días?

De todos los textos citados por los pentecostales clásicos para apoyar la realidad de una "segunda" recepción del Espíritu Santo, aparte de la obra inicial y subsecuente a la misma por medio de la que la gente se convierte en creyente en Jesús, este es uno de los más explícitos. Por lo tanto, no es de sorprenderse de que ellos identifiquen esta segunda vivencia como el "bautismo en el Espíritu Santo", a pesar del hecho de que Lucas no usa esa terminología en ninguna parte. Sin embargo, tenemos que contar con el hecho de que Lucas pareciera sugerir que el Espíritu Santo no había caído *en lo absoluto* sobre ellos. (Vea Hechos 8:16). Así, lo que sucede en el versículo 16, ¿sería su "primera" recepción del Espíritu, no la "segunda"? Mi punto es sencillamente que los samaritanos, hasta entonces, no habían experimentado una *primera* venida del Espíritu, algo necesario para que pudieran experimentar una venida subsecuente o *segunda*.

Otro punto de vista es que los samaritanos habían recibido verdaderamente al Espíritu Santo, pero no habían experimentado su dones o manifestaciones carismáticas. No era que ellos carecieran del Espíritu en sí, según se dice, sino solamente de los dones sobrenaturales de Él. Se ha hecho mucho del hecho de que las palabras "Espíritu Santo" en esta narrativa carecen de artículo definido, apuntando a sí no a la persona del Espíritu *en sí*, sino al poder o la operación del Espíritu; por ejemplo: sus dones. Sin embargo, James Dunn y otros han demostrado que ninguna conclusión teológica significativa puede obtenerse de la presencia o ausencia del artículo definido.[14] Es más, leemos en Hechos 8:15–19 que es el Espíritu Santo, no sus dones, quien viene cuando los apóstoles imponen manos.

Unos pocos han sugerido que deberíamos tener en cuenta este escenario poco usual reconociendo que el Espíritu Santo solo viene a través de la imposición de manos. Sin embargo, esto no contaría en Hechos 2:38, donde no se hace mención de las "manos" de alguien siendo impuestas sobre alguna otra persona. Si fuera solo un asunto de imposición de manos, ¿no lo podría haber hecho Felipe? Cuando Pablo se convirtió (Hechos 9), no hubo referencia de nadie que impusiera manos sobre él para recibir al Espíritu. Lo mismo sucede en la historia de Felipe cuando guiaba al eunuco etíope al Señor (Hechos 8:26–40). Finalmente, la venida del Espíritu Santo no aparece asociada con la imposición de manos en ninguna otra parte de Hechos (aparte del incidente en Hechos 19, el cual discutiremos más adelante en este capítulo). Sin embargo, quizá la diferencia aquí sea la presencia de las manos "apostólicas". Pero si ese fuera el caso, ¿por qué no vemos en Hechos un registro de los apóstoles viajando de una ciudad a otra y de iglesia en iglesia para imponer manos sobre todos lo que habían creído en Jesús? La noción de que la vivencia del bautismo del Espíritu de alguna manera pendía de la imposición de manos apostólicas sencillamente no se halla en Hechos ni en ninguna otra parte en el Nuevo Testamento.

Hay un punto final hallado en los escritos de solo una minoría de eruditos. Algunos argumentan que la razón por la que los samaritanos no habían recibido al Espíritu Santo se debe a que ellos aún no eran salvos. La conversión no había sucedido. Dicho sencillamente, no habían nacido de nuevo. Su respuesta a la prédica de Felipe fue de histeria masiva cuando se dejaron llevar por la euforia y la emoción espiritual del momento. Ellos podrían haber estado de acuerdo con la verdad del evangelio, pero no habían creído en Jesús con un compromiso sincero.

Este punto de vista se tropieza con la afirmación clara de Hechos 8:14 de que ellos habían "recibido la palabra de Dios". Las mismas palabras se hallan en Hechos 2:41 y en Hechos 11:1, donde está a la vista una conversión genuina. Además, Hechos 8:12 es muy claro en cuanto a la naturaleza y objeto de su fe: "creyeron a

Felipe, que anunciaba el evangelio del reino de Dios y el nombre de Jesucristo". Repito, Lucas usa la misma terminología en Hechos 16:34 y en Hechos 18:8 para describir la fe en Dios salvadora y genuina. Y si los samaritanos no eran salvos, ¿por qué Pedro y Juan no predicaron el evangelio al llegar? En cambio, oraron por los samaritanos para que recibieran al Espíritu.

Y si Felipe había fallado en aclarar la naturaleza precisa del evangelio, habíamos esperado que los apóstoles corrigieran el problema a través de enseñanza adicional (como lo hicieron Priscila y Aquila con Apolos en Hechos 18:26). Un punto más observado por varios comentadores es que ellos fueron bautizados "en" el nombre de Jesús (Hechos 8:16). Esta frase era común en transacciones comerciales cuando se transfería o pagaba una propiedad "en nombre de" alguien más. Por lo tanto, una persona bautizada "en el nombre de Jesús" está diciendo: "He pasado a ser de *su* propiedad; Jesús es mi dueño absoluto. Él es mi Señor".

Existe, yo creo, una explicación mucho más convincente para este escenario verdaderamente inusual. La respuesta se encuentra en la hostilidad que existía entre judíos y samaritanos. No olvidemos que Hechos 8 registra la primera ocasión cuando el evangelio se extendió no solo fuera de Jerusalén, sino dentro de Samaria. Tristemente, todos estamos familiarizados con las hostilidades raciales que daña con mucha frecuencia nuestra existencia hoy día. No fue mucho mejor en el mundo antiguo en lo que se refiere a las relaciones entre judíos y samaritanos.

Existen muchas razones para el desdén mutuo que ellos se tienen. Los judíos acusan a los samaritanos de alterar la unidad del pueblo de Dios después de la muerte de Salomón en el año 922 a. C. Los samaritanos eran considerados como "mestizos" por haberse mezclado maritalmente con los gentiles. Al regreso de los israelitas del exilio en Babilonia, los samaritanos se opusieron a los esfuerzos de los judíos para reconstruir el templo. De hecho, estos últimos eligieron levantar su propio templo sobre el Monte Gerizim. (Usted posiblemente recuerda la interacción entre Jesús y la mujer samaritana sobre el lugar apropiado para adorar en Juan 4:20). También hubo un incidente por el año 6 d. C., durante la Pascua, cuando ciertos samaritanos dispersaron los huesos de un esqueleto en la corte del templo en Jerusalén, un acto de profanación que airó a los judíos y solo sirvió para intensificar su resentimiento.[15]

La situación se había degenerado tanto que los judíos maldecían públicamente a los samaritanos y rogaban fervientemente a Dios que nunca salvara a ninguno de ellos. Todos estamos familiarizados con lo que ha llegado a ser conocido como la parábola del "buen samaritano". Para los oídos judíos esta habría sido una contradicción de términos sorprendente. Y, luego, hubo una ocasión cuando los líderes judíos se dirigieron a Jesús de esta manera: "¿No decimos bien nosotros, que tú eres samaritano, y que tienes demonio?" (Juan 8:48). Supongo que si los judíos mismos hubieran tenido una opción entre esas dos cosas, ¡posiblemente habrían preferido estar endemoniados que ser samaritanos!

Finalmente, es importante recordar que Samaria estaba localizada entre Galilea (al norte) y Judea (al sur). El desprecio judío por Samaria era acérrimo, cuando tenían que viajar de Galilea a Judea, o viceversa, primero viajaban rumbo al este y luego al sur (o al norte, según fuera el caso) para evitar incluso tener que poner sus pies en tierra samaritana.

Ahora, trate de imaginar el caos y el tumulto que podría haberse provocado si los samaritanos creyeran en el evangelio independientemente de la Iglesia en Jerusalén. Algo debía hacerse para garantizar la unidad, no sea que surgiera parcialidad o división. Frederick Bruner explica:

> A los samaritanos no se les abandonó para que se convirtieran en una secta aislada sin lazos de unión con la iglesia apostólica en Jerusalén. Si una iglesia samaritana y una iglesia judía hubieran surgido independientemente, lado a lado, sin quitar dramáticamente las barreras de hostilidad antiguas e irreconciliables entre ambas, particularmente a

nivel de máxima autoridad, la joven iglesia de Dios habría estado dividida desde el principio de su misión. El drama del problema samaritano en Hechos 8 incluía entre sus propósitos el desmantelamiento vívido y visual del muro de enemistad entre judíos y samaritanos y la preservación de la unidad preciosa de la iglesia de Dios.[16]

Todo esto sugiere que lo que de otra manera sería una retención sin precedentes del Espíritu Santo para los creyentes samaritanos fue orquestado por la divina providencia. El retraso fue diseñado para darles a los líderes de la iglesia en Jerusalén, específicamente a Pedro y a Juan, tiempo para viajar a Samaria a fin de que pudieran visible y personalmente colocar su visto bueno o sello de aprobación sobre predicar el evangelio allí (*cf.* Hechos 1:8). Dada la hostilidad racial y religiosa de mucho tiempo entre judíos y samaritanos, Dios determinó que se dieran pasos para prevenir una separación desastrosa en la iglesia primitiva. Esto explicaría fácilmente el retraso temporal y completamente inusual de la venida del Espíritu. Una situación sin precedentes exigía métodos muy excepcionales.

Dicho esto, la honestidad exige que admitamos que este incidente presenta interrogantes sobre la recepción y la vivencia del Espíritu Santo que podrían quedar sin respuesta. Aunque creo que mi explicación por la suspensión del Espíritu en el caso de los samaritanos es convincente, y más posible que cualquier otro relato, aún quedamos con el hecho innegable de que ciertos individuos nacieron de nuevo, confiaron en Jesús, fueron hechos miembros del cuerpo de Cristo, y aún no habían recibido al Espíritu Santo.

Cornelio y los gentiles

El segundo ejemplo citado del libro de Hechos corresponde a la historia de Cornelio y los gentiles (Hechos 10; 11:12–18). Después de los eventos en Hechos 8, esta es la segunda extensión monumental del evangelio más allá de las fronteras del exclusivismo judío. Aquellos que hallan en la vivencia de Cornelio un ejemplo del bautismo del Espíritu, separado de la salvación y subsecuente a ella, señalan el hecho de que, a primera vista, pareciera que él ya se había convertido cuando Pedro llegó a su casa. (Vea Hechos 10:2, 35). Si este fuera el caso, su recepción del Espíritu Santo en Hechos 10:44–48 podría bien constituir una "segunda" bendición, o un "bautismo en el Espíritu Santo" posconversión. Sin embargo, yo estoy persuadido de que Cornelio no se había convertido verdaderamente antes de la llegada de Pedro.

Una razón para esto se halla en el relato de Pedro sobre el incidente en Hechos 11:14. El ángel que le apareció a Cornelio le dijo que Pedro "te hablará palabras por las cuales *serás salvo*" (énfasis añadido). Para ser salvo, Cornelio tenía que escuchar el mensaje que Pedro iba a proclamar. Observe, además, el tiempo futuro: "serás salvo". Si Cornelio y los demás en su casa hubieran creído, hubieran sido salvos, una clara indicación de que ellos todavía no se habían convertido verdaderamente. Dios les otorgó a estos creyentes gentiles el "arrepentimiento que lleva a vida eterna" cuando creyeron en la proclamación de Pedro, y no antes.

Una objeción posible a esto está en Hechos 10:35. Allí, leemos que antes de que Cornelio hubiera escuchado el evangelio, se le consideró "aceptable" para Dios. ¿Cómo explicamos esto? La explicación de John Piper es la mejor:

> Mi sugerencia es que Cornelio representa a un tipo de persona no salva, entre un grupo de personas que no han sido alcanzadas, que busca a Dios de manera extraordinaria. Y Pedro dice que Dios *acepta* su búsqueda como genuina (de allí, "aceptable" en el versículo 35) y hace maravillas para llevarle a esa persona el evangelio de Jesucristo en la manera que Él lo hizo, a través de visiones tanto de Pedro sobre el techo de la casa como de Cornelio en la hora de oración… Así que el temor de Dios que es aceptable para Dios en el versículo 35 es una percepción verdadera de que existe un Dios santo, que debemos conocerlo

algún día como pecadores desesperados, que no podemos salvarnos a nosotros mismo y necesitamos conocer el camino de salvación de Dios, y que oramos por ello día y noche y procuramos actuar en la luz que tenemos. Esto es lo que Cornelio estaba haciendo. Y Dios aceptó su oración y su búsqueda a tientas por la verdad en su vida (Hechos 17:27), e hizo maravillas para llevar el mensaje de salvación del evangelio a Cornelio, quien no habría sido salvo si nadie le hubiera llevado el evangelio.[17]

Entonces, mi opinión es que Cornelio y los otros gentiles que lo acompañaban no fueron salvos sino hasta que escucharon a Pedro predicarles el evangelio. Fue entonces, al momento de su conversión, que fueron bautizados en el Espíritu Santo, y no en algún momento subsecuente.

Los discípulos efesios

Nuestro último ejemplo viene de Hechos 19:1–10, donde Pablo encontró "algunos discípulos" en Éfeso. El argumento de la mayoría de pentecostales es que estos eran nacidos de nuevo, creyentes cristianos que muy obviamente no habían recibido todavía la plenitud de la presencia y el poder del Espíritu. Pablo ora por ellos y "vino sobre ellos el Espíritu Santo; y hablaban en lenguas, y profetizaban" (Hechos 19:6). Argumenté en el capítulo anterior que esta explicación es altamente improbable, dado el hecho de que esta historia corresponde a un grupo singular de discípulos de Juan el Bautista, cuyas vivencias no pueden ser repetidas más allá del tiempo de transición del antiguo pacto al nuevo pacto.

Debería ser obvio, a este momento, que yo no creo que ninguno de esos eventos en Hechos contradiga o debilite la verdad de que el bautismo del Espíritu les sucede a todos los cristianos al momento de la conversión. Igualmente, hablar en lenguas no es una señal invariable de que una persona ha sido bautizada o llena del Espíritu Santo. Probablemente, yo también debería dirigir su atención a otras muchas situaciones en Hechos donde la verdadera conversión se representa y, sin embargo, no se menciona el bautismo del Espíritu ni hablar en lenguas (2:37–42; 8:26–40; 9:1–19; 13:44–52; 16:11–15; 16:25–34; 17:1–10; 10–15; 16–33; 18:1–11, 24–28).

No obstante, aún no hemos determinado si hablar en lenguas es un don que Dios desea otorgar a todos los creyentes. Aunque hablar en lenguas no sea la vivencia esperada para cualquiera que es bautizado en el Espíritu, quizá hablar en lenguas sea una realidad espiritual que todos los seguidores de Jesús deberían esperar recibir. Abordaré esta pregunta específica más adelante, en el capítulo 11.

Capítulo 4

LAS LENGUAS Y LOS IDIOMAS EXTRANJEROS

LA OPOSICIÓN A la validez contemporánea del don espiritual de lenguas siempre ha sido intenso. Entre los argumentos aplicables contra hablar en lenguas hoy día, hay uno que sobresale. Algunos insisten que hablar en lenguas era un supuesto don "señal" diseñado para testificar la autenticidad del mensaje del evangelio proclamado por los apóstoles del primer siglo. Otros afirman que Dios planeaba que hablar en lenguas sirviera exclusivamente como una declaración a los judíos no creyentes de que su juicio por rechazar a Jesús como Mesías estaba cerca. De hecho, yo he encontrado a unos cuantos cesacionistas que argumentan que el don de lenguas era revelador. Es decir, era una manera en la que Dios revelaba verdades infalibles que servirían como fundamento para la vida del cuerpo de Cristo universal durante siglos. De por sí, solo podía ser funcional antes de que se cerrara el tiempo del canon de la Escritura.[1]

Sin embargo, el argumento contra las lenguas citado con más frecuencia en el presente es la insistencia de que toda expresión en lenguas legítima, bíblica era un idioma humano, hablado en alguna parte del mundo, pero desconocido previamente para la persona a quien se le daba el don. La segunda etapa en este argumento viene de las observaciones de expertos lingüísticos que nos dicen que su estudio de expresión en lenguas contemporáneo comprueba que nada de ello es un lenguaje humano conocido. Entonces, he allí el argumento: todas las expresiones en lenguas eran lenguajes humanos, la expresión en lenguas contemporánea no lo es; por lo tanto, la expresión en lenguas contemporánea no es bíblica, sino alguna forma de emotivismo psicológico o jerigonza sin sentido. Esto, entonces, nos lleva a la cuarta de treinta preguntas cruciales sobre hablar en lenguas.

4. ¿Son las lenguas siempre idiomas humanos no aprendidos previamente por el hablante? Si no, ¿qué tipo de lenguaje es hablar en lenguas?

Una vez más, es importante entender el argumento que los cesacionistas usan en su oposición a la expresión en lenguas contemporánea. Ellos señalan, y con razón, al hecho de que en Hechos 2 las lenguas habladas en Pentecostés eran idiomas humanos verdaderos que los discípulos nunca habían estudiado ni aprendido. Pero, luego, ellos argumentan, equivocadamente, que todas las expresiones en lenguas, donde sea que aparezcan en otra parte del Nuevo Testamento, tienen que ser idénticas a las de Pentecostés. Es decir, se cree que Hechos 2 gobierna todos los otros casos de este don espiritual. Lo que aconteció en Hechos 2 con relación a las lenguas tiene que ser igual en todos los demás casos de este evento.

Sin embargo, no hay razón perceptible por la que debamos creer esto. Es una suposición sin argumento. Quizá sería un argumento que lleva un poco más de peso si no hubiera evidencia en otras partes del Nuevo Testamento de que la lenguas podían venir en una variedad de especies o expresiones, tanto en forma de idiomas humanos conocidos como expresión celestial elaborada por el Espíritu Santo para aquellos creyentes a quienes se les da este don. Es más, si el argumento cesacionista ha de mantenerse, necesitaríamos que se nos mostrara que los otros casos de hablar en lenguas en Hechos (y en 1 Corintios) son paralelos a Hechos 2 y presentan las mismas características. Sin embargo, eso es precisamente lo que hace falta. Ahora, recurrimos a la evidencia de que las lenguas fuera de Hechos 2 *no* son idiomas humanos conocidos, sino más bien otra expresión lingüística elaborada por el Espíritu o, quizás, uno de los numerosos dialectos posibles hablados por las huestes angelicales.

Primero, si la expresión en lenguas está destinada a ser siempre en un idioma extranjero como señal para los no creyentes o como una herramienta evangelística, ¿por qué las lenguas, en Hechos 10 y Hechos 19, se expresaron cuando los presentes eran creyentes? Esto es precisamente lo que mencioné en el capítulo 2. Repito, si las lenguas siempre están en un idioma humano verdadero, entonces podrían servir para comunicar el evangelio a los no creyentes, ¿por qué no hay no creyentes presentes en Hechos 10 y Hechos 19? ¿Por qué el Espíritu energizaría o guiaría a creyentes a hablar en lenguas en ausencia de la gente específica para quien se supone que ha sido diseñada esta herramienta evangelística?

Segundo, Pablo describe varios "tipos" o "especies" de lenguas en 1 Corintios 12:10 y 12:28. Sus palabras sugieren que hay categorías diferentes de la expresión en lenguas, quizá idiomas humanos, dialectos angelicales y lenguajes celestiales que son formados singularmente por el Espíritu para cada persona a quien se le otorga el don.

Aquellos que insisten en que toda expresión de lenguas es inevitablemente un idioma humano de algún tipo, se resisten y argumentan que al decir que las lenguas vienen en una variedad de tipos o especies, Pablo quiere decir que hay una variedad de idiomas humanos, tales como: inglés, francés, japonés, mandarín, etc. Sin embargo, ¿Quién sugeriría alguna vez que toda expresión en lenguas fuera solamente un idioma humano específico? Es decir, por Hechos 2 sabemos que cuando las lenguas aparecieron en Pentecostés, aparecieron en la forma de dialectos humanos diferentes. Pareciera muy poco probable, entonces, que Pablo hubiera elucubrado para señalar que las lenguas nunca son un solo idioma humano, sino una multiplicidad de tales.

Es cierto, claro está, que los incontables dialectos o idiomas que los humanos alrededor del mundo hablan cuando se comunican entre sí constituyen por lo menos un "tipo" o "especie" de lenguas, específicamente, idiomas humanos. Sin embargo, otro tipo o especie serían los lenguajes no humanos, tales como la variedad de formas en que los ángeles podrían comunicarse entre sí o con Dios. Me parece casi imposible creer que entre miles y miles de ángeles, ellos hablen un solo lenguaje. Pero sin importar la cantidad de lenguajes diferentes que los ángeles utilizan, todos se incluyen bajo la categoría de una "especie" o "tipo", específicamente, la de expresión angelical.

Tercero, quizá el argumento más persuasivo contra que las lenguas sean conocidas como idiomas humanos es lo que Pablo dice en 1 Corintios 14:2. Allí, él asegura que quien sea que hable en una lengua "no le habla a los hombres, sino a Dios". Ahora, hágase esta pregunta: "¿Qué es un idioma humano, ya sea ruso, o alemán o noruego? ¿Acaso no es un medio por el cual un ser humano se comunica o habla con otro ser humano?".

Claro está, la respuesta es sí. Pero, Pablo niega muy claramente que esto sea lo que sucede cuando una persona se expresa en lenguas. Esta persona, muy claramente, *no* está haciendo lo que el idioma humano hace típicamente. Hablar en lenguas *no es* hablarles a otros humanos. Más bien, es una manera de hablarle directamente a Dios. Por lo tanto, la "especie" o "tipo" de lenguas que Pablo prevé en 1 Corintios 12–14, a diferencia de las especies que Lucas describe en Hechos 2, no es un idioma humano.

Cuarto, y bastante relacionado con el punto anterior, si la expresión en lenguas fuera siempre un idioma humano, ¿cómo pudo Pablo decir que cuando uno habla en lenguas "nadie lo entiende" (1 Corintios 14:2)? Si las lenguas fueran idiomas humanos, muchos podrían entender posiblemente, tal como sucedió en el día de Pentecostés (Hechos 2:8–11). Esto podría ser especialmente en

Corinto, una ciudad porteña, multilingüe y cosmopolita que era frecuentada por muchas personas de numerosos dialectos. Así, "si Pablo llega hablando en lenguas, en un idioma que no es griego ni latín, probablemente habría podido comunicarse con alguien".[2]

Trate de imaginar un escenario en que una persona con el don de lenguas en Corinto, se pone de pie y usa la habilidad para hablar que el Espíritu le ha facultado, digamos en el idioma de los partos. (Vea Hechos 2:9). Pablo podría aprovechar la situación para enseñar sobre el tema. "Lo que acaban de escuchar", dice Pablo, "es una expresión del don de lenguas. Y ya que lo que acaba de decir es misterioso e incoherente, a falta de interpretación, él obviamente no les hablaba a ustedes ni a mí, sino solo a Dios". En ese momento, un visitante en el servicio podría levantarse y decir: "Espere un momento, Pablo. Con todo respeto, usted está equivocado. Lo que él dijo no es misterioso ni incoherente. Yo entendí perfectamente lo que dijo. Después de todo, ¡él estaba hablando en mi lengua materna!".

Este escenario hipotético no es tan hipotético. De hecho, si las lenguas en Corinto fueron siempre idiomas humanos, posiblemente sucedería una y otra vez, siempre que una persona que hablara idioma en particular estuviera presente. Mi punto es simplemente que Pablo estaría repetidamente equivocado al decir que "nadie entiende" lo que la persona dice en lenguas. Es posible, y no hipotético, que varios individuos entenderían lo que se dice, tal como sucedió el día de Pentecostés. Claramente, entonces, las lenguas que Pablo visualizó siendo repartidas a los cristianos en Corinto (o en cualquier otra ciudad de ese tiempo y época), no eran idénticas a las lenguas que se repartieron en Pentecostés. De hecho, era una especie o tipo diferente de lenguas, específicamente, la clase que ningún ser humano puede entender a menos que sea sobrenaturalmente capacitado para comprender por medio del don espiritual de interpretación.

Quinto, una razón por la que nadie entiende lo que se dice en lenguas se debe a que "por el Espíritu habla misterios" (1 Corintios 14:2). Aquellos que permanecen en oposición a la legitimidad de las lenguas hoy día sostienen que la palabra "misterios" en

1 Corintios 14:2 se refiere a lo que Pablo tenía en mente en Efesios 3:2–6 cuando habló del "misterio de Cristo", o sea, que "los gentiles son coherederos, miembros del mismo cuerpo y partícipes de la promesa en Cristo Jesús a través del evangelio". No existe error en el hecho de que la palabra *misterio* (singular) aquí, en Efesios 3, es un término técnico para la verdad concerniente a la salvación de los gentiles, algo oculto durante mucho tiempo en la época del Nuevo Testamento, pero ahora revelado a Pablo y a nosotros. O, tal como lo define el erudito del Nuevo Testamento, Anthony Thiselton, la palabra denota "lo que antes estaba oculto, pero ahora ha sido revelado en la era del cumplimiento escatológico ([vea 1 Corintios] 2:1, 7; 4:1; 15:51).[3] Sin embargo, Thiselton continúa señalando que "todo escritor usa terminología dependiente del contexto en maneras que pueden modificar a un significado más habitual", y eso es evidentemente lo que Pablo hace aquí.[4] Dicho de otro modo, debemos ver primero y principalmente la manera en que un autor usa una palabra en un contexto específico para determinar su significado. Hay varias razones por las que el uso que Pablo le da a la palabra en 1 Corintios 14:2 es diferente de la manera en que la usa en Efesios 3.

Primero, es significativo que en el versículo 2, la palabra está en plural, *misterios*, no en singular como en Efesios 3. Había un misterio singular y sumamente profundo con referencia a la salvación de los gentiles y a la igualdad en el cuerpo de Cristo que le fue dado a conocer a Pablo. Sin embargo, hay múltiples "misterios" que declaran quienes hablan en lenguas. Este uso de la palabra significa algo incomprensible, algo que no puede entenderse, algo que no sabemos a menos que sea llevado a la lengua vernácula por medio del don de interpretación. El contenido de la expresión en lenguas permanece un "misterio" para todos debido a que es una especie de lenguaje celestial suscitado por el Espíritu Santo y hablado exclusivamente con Dios mismo.

Segundo, en 1 Corintios 14 no se da tal información descriptiva con referencia al contenido de los "misterios". En Efesios 3, se nos dice claramente lo que era el "misterio". Era el "misterio de Cristo" (Efesios 3:4) y la manera en que su muerte y resurrección y la inauguración del nuevo pacto han llevado a los gentiles a la igualdad en los pactos de la promesa. Pero esta es una diferencia que dista mucho de 1 Corintios 14:2, donde encontramos "misterios" que "nadie entiende". Nosotros "entendemos" el misterio de Cristo, pero "nadie entiende" los "misterios" pronunciados por el que habla en lenguas. Claramente, estamos lidiando con dos sentidos diferentes donde la palabra *misterio* puede utilizarse. Pablo no está hablando de verdades doctrinales ni éticas que constituyan el fundamento sobre el cual se edifica la iglesia de Jesucristo, sino simplemente de las expresiones que les son desconocidas a quienes las escuchan porque se dicen en una lengua que "nadie entiende".

Tercero, deberíamos considerar otros textos donde se use *misterio* en el sentido de algo desconocido, algo cuyo significado sea difícil de descifrar o comprender, algo cuyo significado está distante de nuestro entendimiento a menos que sea revelado. Pablo escribe en 1 Corintios 13:2 sobre la profecía y dice que aunque él podía "entender todos los misterios" sería inútil sin amor. Juan habla del "misterio de las siete estrellas" el cual luego explica a sus lectores como siendo una referencia a "los ángeles de las siete iglesias" (Apocalipsis 1:20). De la misma manera, se refiere al "misterio de la mujer" o la "gran ramera" que oprime al pueblo de Dios. (Vea Apocalipsis 17:11, 7). Su identidad es un "misterio" o algo desconocido hasta cierto tiempo como Juan la explica.

El erudito sobre el Nuevo Testamento, Paul Gardner, también señala que el asunto medular de 1 Corintios 14:2 "es sencillamente que la persona que habla 'en lenguas'…no puede ser entendida por las personas normales, sino solo por Dios porque lo que la persona dice es un 'misterio' dado por el Espíritu de Dios".[5] Pero si las lenguas fueran siempre un idioma humano conocido, entonces un sinnúmero de "personas normales" podrían entender lo que se dice. Cualquiera que domine el idioma particular en que se exprese el que habla en lenguas podría reconocer instantáneamente su dialecto natal y su significado tendría sentido. Esto difícilmente podría ser un "misterio" para esa persona.

Quinto, si la expresión en lenguas siempre es un idioma humano, entonces el don de interpretación sería un don que no requeriría esfuerzo especial alguno ni activación ni manifestación del Espíritu. Cualquiera que fuera multilingüe, como Pablo, podría interpretar la expresión en lenguas sencillamente por virtud de su talento educativo. Ningún don del Espíritu energizado sobrenaturalmente fue necesario para quienes estaban presentes en Jerusalén el día de Pentecostés. Ya que las lenguas en Hechos 2 eran idiomas humanos, todos y cada uno de los que hablaban un idioma en particular pudieron reconocer instantáneamente lo que se estaba diciendo. Sin embargo, Pablo describe claramente el don de interpretación de lenguas como uno que otorgado soberana y sobrenaturalmente a algunos creyentes (1 Corintios 12:8–10).

Repito, trata de visualizar este escenario probable en la ciudad de Corinto del primer siglo. En una reunión corporativa de la iglesia, una persona se pone de pie y empieza a hablar en lenguas. Al terminar, otra persona se para y provee una interpretación clara y comprensible o traducción del significado de lo que se dijo. Luego, uno de los ancianos en Corinto podría responder diciendo: "Alabemos a Dios por la manera en que su Espíritu Santo ha impartido un don de interpretación sobrenatural y milagroso para que nos beneficiemos y seamos edificados por lo que se dijo en lenguas". En ese momento, el hombre que proveyó la interpretación podría posiblemente pararse y decir: "Bueno, no exactamente. Yo puedo hablar varios idiomas. Los he estudiado detalladamente y he vivido en varios lugares. Así que, cuando escuché al hermano hablar en una lengua, instantáneamente reconocí lo que decía gracias a mi educación excepcional".

Pero, ¿es esto lo que leemos en 1 Corintios respecto a la interpretación? Parecería que Pablo creía que esto era un don milagroso por medio del cual el Espíritu Santo faculta a un hombre o una mujer para entender y comunicar la verdad de una expresión que de otra manera no podrían comprender. De todas maneras, si la expresión en lenguas fuera algún idioma humano hablado en alguna parte del mundo, una gran cantidad de personas que lo escuchara podría ser capaz de darle sentido a lo que se dice sin ayuda alguna o don del Espíritu en absoluto. Adicionalmente, si la expresión en lenguas fuera siempre un idioma humano, no tiene sentido que Pablo sugiera que debe pedirse la interpretación en oración (1 Corintios 14:13) ya que la capacidad de traducir un idioma extranjero viene a través de la instrucción y la práctica repetitiva, no por la oración.

Sexto, en 1 Corintios 13:1, Pablo se refiere a "las lenguas de los hombres y de los ángeles". Aunque él podría estar exagerando, es muy probable que él esté refiriéndose a los dialectos celestiales o angelicales para los que el Espíritu Santo da expresión. Deténgase y pregúntese: "¿Qué lenguaje hablan los ángeles?". O, nuevamente, "¿Todos los ángeles hablan el mismo lenguaje?". ¡Seguramente usted no cree que los ángeles hablen español solamente! Cuando el ángel le habló a Daniel, en Daniel 10, tuvo que haber hablado hebreo o arameo. Cuando el ángel le habló a Pedro, en Hechos 12, muy probablemente fue en griego. Pareciera que los ángeles son capaces de hablar en cualquier idioma humano necesario para comunicarse con el ser humano al que se dirigen.

Ahora bien, ¿cuántos ángeles hay? No sabemos, pero varios textos bíblicos hablan de miríadas y miríadas o decenas y decenas de miles. Si cada creyente tiene un ángel "guardián" (esto de ninguna manera es cierto; sin embargo, vea Hebreos 1:14), y, como dicen algunos expertos, hay 2.3 mil millones de cristianos en el mundo,[6] eso significaría que hay, por lo menos, 2.3 mil millones de ángeles. No puedo probar eso, pero supongo que posiblemente hay aún más. Todos estaríamos de acuerdo en que los ángeles se comunican. Escuchan a Dios, interactúan con los seres humanos, e interactúan entre sí. Asumiendo que los ángeles tengan diferentes poderes, rango y rol,[7] ¿no parece altamente probable que se comuniquen en una variedad de dialectos adecuados a su identidad y rol como seres angelicales? Entonces, cuando Pablo habla de las "lenguas de los ángeles" en 1 Corintios 13:1, no deberíamos de sorprendernos. ¿Sería posible, entonces, que él realmente visualiza las lenguas angelicales como una especie o tipo de lenguas que el Espíritu les permite hablar a los seres humanos cuando oran y alaban a Dios?

Gordon Fee cita evidencia en ciertas fuentes judías antiguas de que se creía que los ángeles tenían sus propios lenguajes celestiales o dialectos y que por medio del Espíritu uno podía hablarlos.[8] En particular, enfocamos nuestra atención en el *Testamento de Job* 48–50, donde las tres hijas de Job se ponen cintos celestiales que recibieron como herencia de su padre, por medio de los cuales ellas son transformadas y facultadas para adorar a Dios con himnos en lenguajes angelicales.

Sin embargo, algunos han cuestionado este relato señalando que esta sección del *Testamento* puede haber sido la obra de un escritor cristiano posterior. Aun así, el experto en el Nuevo Testamento, Christopher Forbes, señala: "lo que el Testamento *sí* provee...es evidencia clara de que el concepto de los lenguajes angelicales *como un modo de adorar a Dios* era aceptable dentro de ciertos círculos. Como tal es nuestro paralelo más cercano a *glosolalia*".[9] El hecho de que se diga que las lenguas cesaron en la segunda venida de Cristo (1 Corintios 13:8) lleva a Anthony Thiselton a concluir que *no puede* ser expresión angelical, pues por qué terminaría un lenguaje celestial en el escatón?[10] Pero no sería la expresión celestial *per se* la que terminaría, sino la expresión celestial en la parte de los *seres humanos* diseñada para compensar *ahora* por las limitaciones endémicas a nuestra condición caída, preconsumada.

Craig Keener, catedrático de Estudios Bíblicos F. M. y Ada Thompson, en el Seminario Teológico Asbury, cita un documento del Qumrán, el lugar donde se descubrieron los manuscritos del mar Muerto, que aseguran que diferentes ángeles lideran la adoración celestial en *sabbats* sucesivos haciendo uso de lenguajes diferentes. Él sugiere que ya que a estos ángeles se les llama "príncipes", es posible que ellos sean aquellos a quienes Dios designó para vigilar a las naciones cuyos idiomas utilizan (*cf.* Daniel 10:13, 20–21; 12:1).[11]

Séptimo, algunos dicen que la referencia en 1 Corintios 14:10–11 a los idiomas extranjeros, terrenales comprueba que todas las expresiones en lenguas son también idiomas humanos. Sin embargo, el punto de Pablo es que las lenguas funcionan *como* idiomas extranjeros, *no* que las lenguas *son* idiomas extranjeros. Él dice que el oyente no puede entender lenguas no interpretadas, de la misma manera que él puede entender al que habla un idioma extranjero. Si las lenguas *fueran* un lenguaje extranjero, no habría necesidad de una *analogía*.

Octavo, la declaración de Pablo en 1 Corintios 14:18 de que él "habla en lenguas más que todos ustedes" es evidencia de que las lenguas no son idiomas extranjeros. Como observa el teólogo Wayne Grundem: "Si fueran idiomas extranjeros conocidos, que los extranjeros entendieran, como en Pentecostés, ¿por qué Pablo hablaría más que todos los corintios en privado, donde nadie entendería, en vez de en una iglesia donde los visitantes extranjeros pudieran entender?".[12]

Noveno, si la expresión en lenguas es siempre un idioma humano, la declaración de Pablo en 1 Corintios 14:23 no sería necesariamente válida. Su argumento en este pasaje es que si las lenguas van a ser usadas en una asamblea corporativa del pueblo de Dios, tienen que estar acompañadas de interpretación. De otro modo, si "entran los extranjeros o los no creyentes, ¿ellos no dirán que ustedes están locos?". Mi respuesta es, no necesariamente si las lenguas que se hablaban eran idiomas conocidos en el mundo en ese tiempo. Si ese fuera el caso, cualquier no creyente que conociera el idioma en el que se estaba hablando muy posiblemente concluiría que la persona que hablaba fue altamente educada en vez de pensar que estaba loca.

ENTONCES, ¿QUÉ SON LAS LENGUAS?

Hemos visto que hay una variedad o diferentes especies de lenguas. En algunas ocasiones, tal como en Pentecostés, son realmente idiomas humanos que se hablan en alguna parte del mundo, dialectos como aquellos utilizados por los partos y los medos y los elamitas y la gente de Capadocia, solo para mencionar algunos. (Vea Hechos 2). En otras ocasiones, principalmente en la experiencia cotidiana de las iglesias locales por todo el mundo antiguo y también en nuestros días, podrían ser uno de los muchos dialectos que hablan las huestes angelicales.

Pero la mayoría de las veces supongo que las lenguas que Pablo tenía en mente en 1 Corintios 12–14, las lenguas en las que yo hablo y oro regularmente hoy día, es un lenguaje celestial, un lenguaje que deriva de la activación sobrenatural del Espíritu Santo. No es un idioma que alguien en la tierra pueda estudiar en la escuela o encontrar mientras está en un viaje misionero a un país remoto en el tercer mundo. Así, no está en la misma categoría de un fenómeno como el inglés o el alemán o el sueco, sino que sirve para comunicar deseos, peticiones y declaraciones de alabanza y agradecimiento que Dios comprende completamente. Por lo tanto, podemos decir que las lenguas son lingüísticas, en el sentido de que es una expresión genuina que comunica información. O, como el autor y teólogo Robert Graves ha dicho, las lenguas son una "expresión estructurada y articulada".[13] Recuerde: Pablo dice que el que habla en lenguas le habla a Dios, y más adelante, sostendrá que las lenguas no interpretadas son una forma de dar gracias a Dios (1 Corintios 14:16–17). Así que, hay contenido sustancial para lo que se está hablando. Sin embargo, viene en una forma elaborada o formada única y especialmente por el Espíritu Santo, quien es su fuente. Así, la única manera de que yo, o cualquier otro ser humano, pueda saber lo que realmente se está diciendo es si el mismo Espíritu Santo provee la interpretación.

No hay duda, entonces, de que la expresión en lenguas transmite un significado. Si la expresión en lenguas no tuviera significado, sería una experiencia vana e infructuosa. El propósito de la expresión en lenguas es comunicarse con Dios (1 Corintios 14:2). Que ni el hablante ni los oyentes comprendan lo que se está diciendo (a menos, claro está, que el don de interpretación deba acompañarla) no es objeción para la legitimidad de las lenguas. Solo importa que Dios entienda, que la expresión "codificada" del creyente contenga verdades significativas y substanciales que son conocidas por Dios porque tienen su origen en Dios. Por lo tanto, concuerdo con el erudito del Nuevo Testamento, David Garland, cuando dice que "Pablo entiende [que las lenguas] son un lenguaje inspirado por el Espíritu y no una expresión no cognitiva y no idiomática. No es simplemente un balbuceo incoherente en el Espíritu...Las lenguas están formadas por palabras..., las cuales, aunque indescifrables, tienen sílabas elaboradas y significativas".[14]

Capítulo 5

EL PROPÓSITO DE LAS LENGUAS, PARTE I

En este capítulo, tomaremos otras cuatro de las treinta preguntas cruciales, empezando con el tema de si Dios tenía el propósito de que las lenguas se usaran principalmente para evangelizar a los no creyentes.

5. ¿Está el don de lenguas diseñado principalmente para evangelizar a los no creyentes?

Esto no debería tomar mucho de nuestro tiempo debido a que ya lo he abordado en el segundo capítulo. Sin embargo, nunca está de más acordarnos repetidamente de lo que dice la Biblia.

Tal como vimos en nuestra discusión de los eventos en el día de Pentecostés, los discípulos de Jesús seguramente hablaron en idiomas humanos verdaderos que ellos no habían aprendido. Y la gran muchedumbre de los peregrinos presentes ese día estaban sorprendidos cuando los escucharon "hablar en su propia lengua" (Hechos 2:6). Sin embargo, lo que se dijo por medio de este don milagroso no es evangelismo. Es adoración o alabanza o devoción. Se escuchó a los discípulos declarando "las maravillas de Dios" (Hechos 2:11).

Contrario a lo que muchos cesacionistas argumentan, no hay

evidencia de que la expresión en lenguas en Hechos 2 (o en alguna otra parte) sirva un propósito evangelístico. En ninguna parte, ningún escritor bíblico promueve el uso de las lenguas cuando los no creyentes están presentes a fin de ganarlos para la fe salvadora en Cristo. Más adelante, en Hechos 10, en solo uno de otros dos ejemplos de expresión en lenguas en Hechos, Lucas usa la forma verbal relacionada de la palabra *megaleios* usada en Hechos 2:11, la cual está traducida como "magnificar a Dios" (Hechos 10:46; vea 19:17 donde dice "y era magnificado el nombre del Señor Jesús"). Contra la noción de que las lenguas eran evangelísticas, también está el hecho de que cuando se hablan en Pentecostés, los oyentes quedaron completamente confundidos, algunos ridiculizaban abiertamente el fenómeno.

Así, cuando las lenguas sucedieron en Pentecostés, los presentes no escucharon un mensaje evangelístico, sino doxología o adoración. Esto es consistente con lo que Pablo dice en 1 Corintios 14, donde describe las lenguas como una comunicación vertical con Dios o hacia Dios. Como veremos en breve, las lenguas son oración a Dios, alabanza a Dios o una manera en la que el creyente le agradece a Dios. En Hechos 2, solo la prédica de Pedro es la que lleva la salvación. (Vea Hechos 2:22–41). De este modo, vemos que el propósito principal de la expresión en lenguas es para *dirigirnos a Dios* (ya sea en alabanza u oración; *cf.* 1 Corintios 14:2, 14), no los seres humanos.

Es más, si, tal como argumentan los cesacionistas, las lenguas fueron un don-señal principalmente evangelístico para los judíos no creyentes o fueron diseñadas para comunicar el evangelio a los no cristianos, ¿por qué solo hay creyentes presentes en dos de sus tres acontecimientos? Permítame hacer las misma pregunta en términos ligeramente diferentes. En Hechos 10, los únicos presentes cuando Cornelio y sus acompañantes hablaron en lenguas eran los creyentes judíos que habían acompañado a Pedro a Cesarea. Sencillamente, no había oportunidad para que las lenguas sirvieran un propósito evangelístico dada la ausencia obvia de no creyentes.

Lo mismo sucede en Hechos 19. La única persona explícitamente identificada como presente cuando los discípulos de Juan el Bautista hablaron en lenguas era el apóstol Pablo. Aun si hubiera habido acompañantes que viajaban con él, ellos habrían sido seguidores de Jesús. Así que, repito, vemos que las lenguas están presentes, pero los no creyentes no. Sencillamente, no soportaría el escrutinio para decir que las lenguas son un instrumento evangelístico.

Es más, si las lenguas siempre fueran un lenguaje extranjero diseñado por Dios para ser utilizadas al compartir el evangelio con los no creyentes, ¿por qué Pablo describe su ejercicio de este don en sus devocionales privados cuando nadie más está presente para escucharlo? (Vea 1 Corintios 14:14–19). En el capítulo anterior, vemos de cerca 1 Corintios 14:2. Este versículo se aplica a esta pregunta también: Si Dios diseñó las lenguas para capacitar a los creyentes para hablarles a otras personas en su propio idioma, ¿por qué diría Pablo en 1 Corintios 14:2 que la persona que habla en lenguas no les habla a los seres humanos, sino a Dios? El evangelismo les habla a los seres humanos. Sin embargo, hablar en lenguas es hablarle a Dios.

Estoy seguro de que usted está preguntándose qué voy a decir sobre 1 Corintios 14:22, donde Pablo declara que las lenguas son una señal para los "no creyentes". ¿No significa esto que él visualizó el propósito de las lenguas como una manera de proclamar el evangelio a quienes no conocen a Cristo? No, de hecho, no es así. Pero tendrá que ser paciente y esperar mi discusión de ese pasaje (a menos que quiera ir al capítulo 10 ahora mismo).

6. ¿Está bien procurar edificación personal por medio de hablar en lenguas?

Aquí tiene una pregunta sencilla que tiene igualmente una respuesta sencilla: ¿Por qué está leyendo este libro? De hecho, ¿por qué lee *cualquier* libro? Supongo que alguien podría responder diciendo: "Estoy leyéndolo para estar informado. Tengo curiosidad sobre lo que usted tiene que decir referente a este don". Bien, eso es completamente legítimo. Sin embargo, supongo que muy en el fondo, usted está leyendo este libro como lo haría con cualquier otro libro para edificarse a sí mismo en su fe cristiana. Quiere crecer como cristiano y tener conocimiento sobre las cosas de Dios. Tiene un deseo profundo de mejorar su relación con Jesús y ser conformado más a la imagen de Él. Anhela parecerse más a Cristo para poder ser un testigo más eficiente ante otros y estar mejor preparado para animarlos, amarlos e instruirlos. Para ser breve, ¡está leyendo este libro para edificarse a sí mismo!

Aquellos que se oponen al ejercicio de las lenguas hoy día, generalmente apelan a lo que Pablo dijo en 1 Corintios 14:4. Él dice allí: "El que habla en lengua extraña, a sí mismo se edifica; pero el que profetiza, edifica a la iglesia". Luego, ellos responden a esta declaración diciendo que ya que los dones espirituales se dan para beneficiar, bendecir y edificar a *otros* y para el "bien común" (vea 1 Corintios 12:7), y que las lenguas sirven para beneficiar, bendecir, y edificarse *a uno mismo*, entonces deberían evitarse a toda costa.

Sin embargo, las palabras de Pablo en 1 Corintios 14:4 no son una denuncia o acusación en contra del uso de las lenguas no interpretadas. *¡La autoedificación es algo bueno!* Solo que no es lo mejor. Tal como mencioné, usted está leyendo este libro para edificarse a sí mismo. Usted asiste a la clase dominical para edificar o fortalecer su fe. Asiste a conferencias cristianas buenas con la esperanza de ser edificado y fortalecido en su relación con Dios. Y es bueno que lo haga. Ese es un motivo bueno y piadoso. Usted lee la Biblia para ser edificado. Practica disciplinas espirituales para ser edificado. Sin duda, compra libros en su librería cristiana local y los lee para ser edificado. No solo la autoedificación es algo bueno, sino que evitar lo que puede mejorar y profundizar su andar con Cristo ¡es algo malo!

Si aún no está convencido, considere que *se nos manda edificarnos*. En Judas 20–21, leemos: "Pero vosotros, amados, edificándoos sobre vuestra santísima fe, orando en el Espíritu Santo, conservaos en el amor de Dios".[1] Aquí, en Judas 20, la palabra traducida "edificándoos" está construida sobre la misma raíz de la palabra traducida "se edifica" en 1 Corintios 14:4. Si acaso, es una versión intensificada del mismo verbo. Si "orar en el Espíritu Santo", en Judas 20, es o no una referencia a orar en lenguas es un tema que abordaremos más adelante en este libro. Sin embargo, el punto es sencillamente que estamos obligados, se nos requiere y se nos ordena hacer lo que podamos, con la ayuda del Espíritu Santo, para edificarnos, instruirnos y fortalecernos espiritualmente a nosotros mismos.

Por lo tanto, *la autoedificación es mala solamente si se hace como un fin en sí*. Pero si usted se edifica en Cristo para que, al mismo tiempo, pueda ser más eficiente en edificar a otros, entonces sí es algo bueno y piadoso. Así que es bueno dar los pasos que sean necesarios para edificarse a sí mismo, para instruir y fortalecer su alma. Pero es bueno principalmente para que pueda estar mejor equipado y capacitado para edificar a otros. Por eso, Pablo dijo en 1 Corintios 12:7 que todo don espiritual tiene como objetivo máximo y primordial "el bien común"; eso es, el beneficio espiritual y la bendición de otros en la iglesia.

Debe observarse una cosa más. Tal como veremos en breve, Pablo describe su propia vida privada de oración en 1 Corintios 14:18 diciendo que consiste, en gran parte, de hablar en lenguas. Gardner sin duda alguna es certero en su comentario sobre 1 Corintios al decir: "Pablo difícilmente admitiría usar este don en privado si lo considerara como una actividad completamente egoísta que envanece inevitablemente al individuo".[2] Es decir, si la auto edificación por medio de hablar en lenguas fuera inherentemente mala o peligrosa, sin duda, Pablo se habría esforzado en evitarla y definitivamente no habría pasado tiempo en su vida devocional privada orando en esta manera.

Estoy muy seguro de que muchos de los que están leyendo este libro se estarán haciendo esta pregunta: "¿Exactamente cómo sirve orar en un lenguaje celestial, que uno no comprende, para edificar al hablante?". Sorpresivamente, ni Pablo ni ningún otro escritor bíblico se toma la molestia de decírnoslo. Ellos no dan explicación. Sin embargo, eso no significa que no hay una buena razón para creer que las lenguas, de hecho, sí edifican y fortalecen al que ora. Lo sabemos porque Pablo nos dirá en 1 Corintios 14:14–18 que, a pesar de que su mente "no tiene fruto" (ejemplo: es incapaz de comprender lo que se dice, tal como leemos en el versículo 14), él está determinado a continuar orando y cantando en lenguas. Él no habría resuelto continuar esta práctica espiritual si él no creyera que llevaría buen fruto a su vida.

Entonces, ¿cómo nos edifica orar en lenguas? Desearía poder dirigir su atención a varias declaraciones explícitas en el Nuevo Testamento que responden la pregunta. Sin embargo, ni Pablo ni nadie más parecen estar demasiado preocupados con el tema. Que sí nos edifican, incluso en maneras que no podemos identificar con exactitud, parece ser suficiente para el apóstol. Sin embargo, eso no significa que no podamos sugerir algunas maneras posibles en que recibimos edificación. Solo quiero recordarle que lo que viene a continuación procede de experiencias personales, no de la Escritura. Eso no significa que mis comentarios sean opuestos a la Escritura; sino solamente que la Palabra de Dios no habla del tema.

Quizá lo primero que debemos notar es que, dado que las lenguas son una forma de oración y alabanza, deberíamos esperar que fortalezcan al creyente en una manera muy similar a la oración y alabanza como cuando lo hacemos regularmente en nuestro idioma natal. El hecho que de esto último sea entendible y las lenguas no podría hacerlo pensar que la comparación entre ambas no tiene base. Sin embargo, una vez más, esta objeción está construida sobre la suposición de que el entendimiento es un prerrequisito necesario para la edificación. No obstante, como hemos visto, Pablo discreparía. Aunque su mente no tiene fruto cuando él ora, alaba y agradece en lenguas, él está determinado en hacer uso de este don en su vida devocional privada. El punto es que, sencillamente porque no podemos entender cómo algo incomprensible sirve para santificar y edificar al creyente, no significa que eso no lo haga o que no pueda hacerlo.

Cuando yo oro en mi idioma, me anima mucho saber que mis deseos, temores, necesidades y esperanzas más profundas le son comunicadas a Dios. Esto no es menos que cuando oro en lenguas. Mi confianza descansa en la realidad de la obra del Espíritu en darle a conocer precisamente al Padre lo que mi corazón siente y anhela.

Cuando oro en lenguas, muchas veces (pero no siempre) experimento un sensación de cercanía a Dios que no tengo regularmente en otras ocasiones. Santiago nos asegura que si nos acercamos a Dios, Él se acercará a nosotros (Santiago 4:8). Podemos acercarnos a Dios en muchas maneras: en adoración, en obediencia, en oración, etc. Orar en lenguas de definitivamente no es la única forma, pero es ciertamente una manera importante para quienes tienen este don. De hecho, muchas veces descubro que cuando oro en lenguas, las circunstancias, ruidos e incluso la gente que tiende a distraer mi atención absoluta en Dios están ausentes o por lo menos minimizadas. Es especialmente durante esas épocas de la vida cuando Dios parece más distante y alejado que orar en el Espíritu sirve para reavivar en mi corazón la certeza de que, de hecho, Él está más cerca de mí de lo que está la piel de mis huesos.

En Efesios 3:14–21, Pablo ora por varias cosas, todas ellas corresponden a nuestra *experiencia sensorial* del amor de Cristo. Él ora que seamos fortalecidos internamente por el Espíritu para que Cristo pueda morar en nuestro corazón. Pero ¿cómo puede ser eso si *ya* recibimos a Cristo en nuestro corazón cuando nacimos de nuevo? La única explicación viable es que Pablo se refiere a un *incremento vivencial* de lo que ya es teológicamente cierto. Él quiere que seamos fortalecidos por el Espíritu para que Jesús pueda ejercer una influencia personal en nuestra alma progresivamente más grande y más intensa. El resultado de esta expansión de poder y presencia divina en nuestro corazón es la capacidad para "comprender…cuál es la anchura, la longitud, la altura y la profundidad" del amor de Cristo por nosotros (Efesios 3:18). Esta es la manera de Pablo de decir lo que Dios tiene la intención de que nosotros sintamos, experimentemos y seamos emocionalmente movidos por el afecto apasionado que Él tiene por nosotros, sus hijos. El teólogo y profesor de Nuevo Testamento, D. A. Carson, desde mi punto de vista, acierta al decir:

> Esto no puede ser simplemente un ejercicio intelectual. Pablo no está pidiendo que sus lectores puedan volverse más capaces para articular la grandeza del amor de Dios en Cristo Jesús o para entender, con el intelecto solamente, cuán significativo es el amor de Dios en el plan de redención. Él está pidiéndole a Dios que ellos puedan tener el poder para entender las dimensiones de ese amor en su vivencia. Sin duda, eso incluye reflexión intelectual, pero no puede ser reducida solo a eso.[3]

Sin embargo, ¿cómo vamos a procesar un amor así? ¿Cuáles son sus dimensiones? ¿Están expresadas en metros o en millas? ¿Lo medimos por libra o por yarda? ¿Es la intención de Pablo que usted piense en términos de proporciones matemáticas, como sugiriendo que Dios le ama cien veces más de lo que Él ama a los ángeles o cincuenta veces menos de lo que supuestamente Él ama el cristiano más piadoso? Todo lo contrario, dice Pablo. Hay un ancho, un largo, una altura y una profundidad para el amor de Cristo por usted que supera las medidas humanas. La inmensidad y magnitud de ese amor es incalculable. Sus dimensiones desafían la contención. Está por encima del conocimiento. Aun así, Pablo ora que ¡nosotros podamos *conocerlo*! Esta paradoja deliberada sirve para profundizar lo que ya es demasiado profundo para entender. El erudito británico Andrew Lincoln lo resumió mejor al decir: "es sencillamente que el objeto supremo del conocimiento cristiano, el amor de Cristo, es tan hondo que sus profundidades nunca serán sondeadas y tan vasto que su extensión nunca será abarcada por la mente humana".[4]

No estoy sugiriendo que solos aquellos cristianos que oran en lenguas pueden experimentar esta realidad. ¡De ningún modo! Esta es la herencia y bendición indescriptible de todos aquellos que han nacido de nuevo, independientemente de qué don espiritual tengan o no tengan. Mi punto es simplemente que, en mi experiencia personal de orar y alabar en lenguas, he hallado que esta verdad es extraordinariamente poderosa y transformadora. El Espíritu despierta en mí una sensación de afecto casi tangible que mi Padre celestial siente por mí. La presencia del Cristo resucitado que mora internamente se vuelve más (aunque ciertamente no menos) que una afirmación doctrinal. Y la "llenura de Dios" de la que estoy "lleno" (Efesios 3:19) es, entre otras cosas, una bendición sensible que me alerta y despierta a la comunión profundamente personal e íntima que tengo con Dios.

Orar en lenguas también ha servido para intensificar en mí la verdad de 1 Pedro 1:8 en formas que no había conocido. Pedro habla de amar a Cristo, creer en Cristo y regocijarse con Cristo "con gozo inefable y glorioso". Repito, por favor, sepa que no estoy restringiendo esta verdad solo para quienes oran y adoran en lenguas. Simplemente, estoy describiendo la manera intensificada en la que yo experimento este amor, fe y gozo cuando alabo a Dios en lenguas. ¡Es verdaderamente "inefable"! Ningún vocabulario humano, común, puede hallar la terminología para articular mi gozo y la gratitud que siento por todo lo que Dios es para mí en Jesús. Mi lenguaje de oración me da los medios para darle una expresión franca a este cariño profundamente personal e íntimo por mi Salvador.

He descubierto también (y, muchas veces, otros dan testimonio de lo mismo) que las lenguas edifican o intensifican la fe de uno. Cuando yo lucho contra la duda o me encuentro agobiado por la ansiedad o quizás incluso el temor de que todo lo que he creído es un mito, recurro a hablarle a Dios en mi lenguaje de oración y hallar que el Espíritu Santo vuelve a energizar mi confianza y da tranquilidad a mi corazón.

Supongo que mi experiencia no es diferente a la de la mayoría de cristianos. Hay veces cuando mi corazón se enfría y las presiones y decepciones de la vida se combinan para apagar la llama de la presencia del Espíritu. Pero cuando me entrego a tiempos extendidos de oración en lenguas, pronto descubro que mi sensibilidad a la obra de convicción del Espíritu ha regresado. Una práctica que ha demostrado ser especialmente poderosa es preceder mi tiempo de estudio de la Palabra de Dios con un período de oración y alabanza en lenguas. De hecho, muchas veces me hallo orando en lenguas simultáneamente con una inmersión profunda en las verdades de la Palabra escrita. Esto no debería sorprendernos, ya que la Palabra y el Espíritu han estado eternamente ligados por Dios en una convergencia gloriosa. La una sin el otro es una receta para la dureza de corazón o para el fanatismo desenfrenado.

Contrario a lo que muchos han concluido, *las lenguas no son una aseveración de mi fortaleza, sino de mi debilidad*. Le confieso a Dios que mi mente sufre de las limitaciones de la finitud y los límites humanos de lo que soy capaz de entender. Así, las lenguas son siempre una declaración de la máxima dependencia en el Espíritu Santo, no solamente en términos de lo que Él sabe que es necesario comunicar en oración, sino también del poder sobrenatural que desesperadamente necesito para vencer el decaimiento de mi carne pecadora.

Al grado que Romanos 8:26–27 como mínimo incluye lenguas,[5] sirve para darle expresión a nuestro gemido por la consumación de los propósitos redentores de Dios a nuestro favor. El "gemido" que Pablo describe es la consecuencia ineludible de vivir bajo la maldición y el trabajo duro en un cuerpo dado a los impulsos carnales y la vulnerabilidad a la decadencia y la muerte. Orar en el Espíritu es una manera en que Dios me provee una muestra del día de la redención cuando el gemido de los hijos de Dios, junto con el gemido de la creación material, darán paso a la celebración de la victoria completa.

Algunos han concluido erróneamente que el don de lenguas es o una señal de triunfalismo o una señal de escape, cuando en realidad ninguna de las dos lo es. Debido a que muchas veces se ve a las lenguas como la línea de demarcación entre los creyentes pentecostales/carismáticos y el resto de quienes se autoidentifican como evangélicos, algunos de los anteriores han concluido pecaminosamente que pertenecen a un cuerpo elitista de creyentes que conoce y experimenta más que otros del favor de Dios. En el otro extremo del espectro están aquellos que utilizan el don de lenguas para evitar enfrentar los retos y conflictos que vienen con vivir en un mundo caído y disfuncional. El hecho es que las lenguas son sencillamente una de tantas formas por las que el Espíritu nos faculta y anima no para que andemos sin rumbo, sino para que atravesemos el valle de sombra de muerte sin temor ni duda.

7. ¿Qué es lo que Pablo quiere decir cuando menciona que la persona que profetiza es mayor que la que habla en lenguas? ¿Son las lenguas inferiores a la profecía?

Si hemos de responder esta pregunta, necesitamos ver el pasaje en su contexto. Esto es lo que escribió Pablo:

> Seguid el amor; y procurad los dones espirituales, pero sobre todo que profeticéis. Porque el que habla en lenguas no habla a los hombres, sino a Dios; pues nadie le entiende, aunque por el Espíritu habla misterios. Pero el que profetiza habla a los hombres para edificación, exhortación y consolación. El que habla en lengua extraña, a sí mismo se edifica; pero el que profetiza, edifica a la iglesia. Así que, quisiera que todos vosotros hablaseis en lenguas, pero más que profetizaseis; porque mayor es el que profetiza que el que habla en lenguas, a no ser que las interprete para que la iglesia reciba edificación.
>
> —1 Corintios 14:1–5

Pablo no pudo haber sido más claro en este punto. De hecho, es su punto principal en todo 1 Corintios 15, específicamente; otras personas en el cuerpo de Cristo solo pueden ser edificadas si pueden entender lo que uno está diciendo. El fruto espiritual es el resultado de la enseñanza comprensible y el ánimo. Ahora bien, tal como acabamos de ver, la persona que ora en lenguas puede ser edificada por el ejercicio. Pero nadie más puede serlo, a menos, claro está, que lo que se diga en lenguas sea interpretado.

Tal como Pablo dice, cuando usted profetiza en una reunión corporativa de la iglesia, lo hace en el lenguaje que todos los presentes pueden entender. Por eso, ellos experimentan "edificación, exhortación y consolación". Pablo deja bastante claro que él desea que todos los cristianos hablen en lenguas (más sobre este tema en un capítulo siguiente). Y por esto él tiene que estar hablando de lenguas en devocionales privados, porque él lo contrasta con la profecía en la asamblea corporativa. Por eso, el que profetiza es "mayor". Se debe a que, a través del don de la persona, la iglesia es edificada. Sin embargo, si alguien le da seguimiento con interpretación a una expresión en lenguas, la gente puede ser edificada tan efectivamente como si hubiera escuchado una palabra profética.

Entonces, no deberíamos tomar las palabras de Pablo aquí como una crítica contra las lenguas. Me encuentro siempre a personas que lo piensan para sí y me dicen: "Bueno, si el que profetiza es *mayor* que el que habla en lenguas, el que habla en lenguas tiene que ser *inferior* y quizá hasta peligroso, y por lo tanto se le debe evitar". Sin embargo, decir que el que profetiza es mayor no es una crítica ni un rechazo a las lenguas. Es sencillamente la forma de Pablo para decir que cuando usted compara la profecía compresible con las lenguas no comprensibles, solo la profecía es de beneficio para los demás en la asamblea del pueblo de Dios. Por eso es "mayor". Pero, si las lenguas son interpretadas, tal como Pablo dice en medio del versículo 5, se vuelven el equivalente funcional a la profecía. Eso no significa que las lenguas interpretadas igualen a la profecía. Son y siempre serán dos dones diferentes del Espíritu. Sencillamente significa que la profecía ya no es "mayor" que las lenguas porque las lenguas son interpretadas y, consecuentemente, tan comprensibles y capaces de edificar a otros como lo es la profecía. Las lenguas interpretadas *funcionan* tan bien como la profecía para edificar al cuerpo de Cristo.

Así que permítame resumir este punto brevemente. Las lenguas que Pablo desea que todos hablemos (1 Corintios 14:5) son obviamente las lenguas que el mencionó en el versículo inmediato anterior (1 Corintios 14:4). Sabemos que el versículo 4 se refiere a las lenguas no interpretadas porque Pablo dice que, aunque él desea que todos hablen en lenguas, prefiere que profeticen. Y la razón por la preferencia a la profecía sobre las lenguas es que a la primera todos la entienden inmediatamente. No se requiere interpretación. No obstante, esta preferencia de la profecía sobre las lenguas desaparece si la expresión en lenguas es del tipo que va seguida de la interpretación. Entonces, las lenguas funcionan en la misma forma que lo hace la profecía al animar y edificar a otros en el cuerpo de Cristo (1 Corintios 14:5).

8. ¿Es la expresión en lenguas una experiencia eufórica?

¿Es la expresión en lenguas una experiencia *eufórica*? En su libro sobre los dones espirituales, el cesacionista Thomas R. Schreiner, se refiere repetidamente a las lenguas como "expresiones eufóricas",[6] a pesar del hecho de que ni una sola vez el Nuevo Testamento se refiere a ellas de esta manera. Aunque ciertas traducciones bíblicas podrían usar el adjetivo *eufórico* para describir las lenguas, la palabra en sí no se encuentra en ninguna parte del texto original en griego modificando la naturaleza de las lenguas.

Todo depende, como debería ser, en cómo se defina la palabra *eufórico*. El diccionario conciso *Oxford* en inglés define *euforia* como "una sensación abrumadora de gran felicidad o emoción gozosa; un frenesí emotivo o religioso o un estado parecido al trance".[7] La definición principal de *euforia* es "dichosamente feliz, gozoso; que implica una experiencia mística intensa, como la de estar en trance".[8] La definición del diccionario *Webster* es similar, este define *euforia* como "un estado más allá de la razón y del autocontrol" o un "estado de emoción abrumadora" y "deleite exultante" y *eufórico/a* como "de, relacionado a, o marcado por la euforia".[9] Muchos definen *eufórico* como un estado mental o emocional donde la persona está más o menos ajeno al mundo exterior. Se percibe al individuo como perdiendo el autocontrol, quizá degradándose a una condición enajenada donde la vergüenza y el poder para pensar racionalmente están eclipsados.[10]

La palabra griega *existēmi* se usa diecisiete veces en el Nuevo Testamento y puede ser traducida como "sorprender" o "confundir" a alguien. Dos de las veces significa "estar loco". (De manera muy interesante, este fue el cargo que presentaron tanto con Jesús en Marcos 3:21 como con Pablo en 2 Corintios 5:13). Se le traduce más comúnmente como "estar sorprendido" o "confundido" o incluso "estar asustado". El sustantivo *ekstasis* se usa siete veces en el Nuevo Testamento y generalmente tiene el sentido de "asombro" (Marcos 5:42; Lucas 5:26; Hechos 3:10) o "sorpresa" (Marcos 16:8). En la versión Reina Valera Antigua, se traduce tres veces como "rapto de entendimiento" (Hechos 10:10; 11:5; 22:17) durante el cual el individuo tuvo una visión reveladora.

Debe observase claramente que ni el verbo ni el sustantivo es usado jamás para describir a alguien hablando, orando o alabando a Dios en lenguas. Sencillamente, no hay indicación en ninguna parte de la Biblia de que la gente que habla en lenguas pierda el autocontrol o no esté consciente de lo que le rodea, o en ningún sentido del término "cae en un estado de trance". La instrucción de Pablo sobre cómo deberían usarse las lenguas en una asamblea corporativa solamente tiene sentido al asumir que el que está hablando en lenguas está en control total de sus sentidos y, por lo tanto, puede empezar y dejar de hablar a voluntad (1 Corintios 14:15–19; 14:27–28; 14:40; cf. 14:32). Si no estuviera en control completo de su expresión en lenguas, la exhortación de Pablo no tendría sentido. La persona no es ajena a su entorno ni a lo que dicen los demás. Cualquiera que asegure que la persona no puede contenerse de hablar en lenguas está sencillamente equivocado.

Por tanto, cualquier sugerencia de que hablar en lenguas implica una experiencia de separación mental donde la persona no está consciente de su entorno y, en diferentes grados, se vuelve ajena a la vista o al sonido no es bíblica. Otros definen la euforia como algo semejante a una convulsión divina en la que el Espíritu Santo anula y usurpa el control de las facultades de pensamiento y habla de la persona. Esto no es para negar o, en ninguna manera, debilitar la realidad de los trances espirituales donde la persona recibe una visión de Dios. Sin embargo, en ninguna parte del Nuevo Testamento se habla de las lenguas en asociación con trances o frenesí incontrolado o cualquier estado similar de la mente y el espíritu.

Creo que podemos asumir que Pablo diría casi lo mismo en lo que se refiere al don espiritual de profecía. Él asume que la persona que profetiza es capaz de reconocer, por algún tipo de señal, que alguien más ha recibido una revelación y está lista para hablar (1 Corintios 14:30). Entonces, claramente, la persona no es ajena a su entorno. También se espera de la persona que profetiza que deje de hablar al momento de reconocer que otra persona ha recibido una revelación ("calle el primero"). El profeta podría tanto hablar y callar a voluntad. Además, el segundo profeta no habló abruptamente, sino que le indicó al primero, de alguna manera, y luego esperó hasta que la primera persona se hubiera detenido.

Pablo dice que todo el que profetiza puede hacerlo por turnos, "uno por uno" (1 Corintios 14:31), indicando el control sensible y voluntario de sus facultades. En 1 Corintios 14:32, Pablo dice: "los espíritus de los profetas están sujetos a los profetas". Él está refiriéndose a las muchas manifestaciones diferentes del único Espíritu Santo a través de cada profeta individual. (Vea también 1 Corintios 14:12). Esto significa que el Espíritu nunca va a forzar o a obligar a un profeta, sino que somete su obra a la sabiduría de cada individuo. El Espíritu se somete voluntaria y únicamente a este respecto por el bien del orden. Esta no es una declaración teológica de que en algún sentido somos superiores o más poderosos que el Espíritu Santo. No es la naturaleza del Espíritu incitar confusión o forzar la voluntad; de ese modo, Él subordina su inspiración al tiempo del profeta. Este versículo también responde a una objeción potencial a las instrucciones de Pablo en 1 Corintios 14:30, "Y si algo le fuere revelado a otro que estuviere sentado, calle el primero". Alguien podría objetar diciendo que fue forzado a profetizar (o quizás incluso a hablar en lenguas), siendo incapaz de contenerse a sí mismo y, por lo tanto, incapaz para concederle la oportunidad a alguien más. La respuesta de Pablo es que el Espíritu Santo permanece sujeto a los profetas, nunca forzando a alguien a hablar de manera desordenada o caótica. El Espíritu no es ni impetuoso ni incontrolable.

Parece razonable y bien justificado considerar de manera muy parecida a la expresión en lenguas. La persona que habla en lenguas podía expresarse o quedarse callada a voluntad y se esperaba que siguiera un "orden de servicio" señalado al ejercer el don (1 Corintios 14:27–28), algo que no se consideraba era si la persona estuviera de algún modo desconectada de los eventos en la reunión.

Pero volvamos por un momento a la segunda definición de *euforia* en el diccionario *Webster* como la experiencia de un "deleite exultante".[11] Definitivamente puedo ver dónde uno podría pensar de esta manera acerca de las lenguas. En varias ocasiones, cuando hablo en lenguas, y aún más cuando canto en lenguas durante el curso del servicio dominical de adoración, experimento un estado emocional elevado donde el gozo, la paz y el amor fluyen en mi corazón más allá de lo que yo pueda sentir en cualquier otro momento. Pero mantengo el control total de todos mis sentidos y nunca estoy ajeno a mis entornos (aunque debo decir que hay lo que podría considerarse como una leve separación ya que mi enfoque mental y mi cariño está singularmente centrado en Dios y todo lo que Él ha hecho por mí en Jesús). Así, las lenguas son muchas veces altamente emotivas y estimulantes, pero eso no significa que sean "eufóricas". En muchas ocasiones, orar en lenguas "puede usarse con el mismo derrame emocional obtenido al abrir una lata de sopa o al alimentar al gato".[12] Entonces, las lenguas son a veces altamente emotivas mientras que otras veces no lo son. Sin embargo, en ninguno de los casos es euforia.

Capítulo 6

EL PROPÓSITO DE HABLAR
EN LENGUAS, PARTE II

No hay manera de evitar el triste hecho de que a los cristianos carismáticos, especialmente a quienes hablan en lenguas, muchas veces se les ve como pelagatos teológicos. "Si tan solo tuvieras más interés en las verdades bíblicas", algunos se sienten inclinados a decir, "no pasarías tanto tiempo orando en una jerigonza que ni tú ni nadie más entienden. Parece que estás tan obsesionado con la experiencia espiritual que te olvidas o raras veces te preocupas de lo que la Biblia dice realmente".

Espero que a este momento usted pueda ver cuán equivocado es lo anterior. Mi defensa de la legitimidad de la expresión en lenguas está arraigada y atada a la Escritura. Si no lo estuviera, usted debería ignorar lo que digo. Yo valoro altamente la mentalidad y la reflexión teológica rigurosa; y esto en ninguna manera amenaza o arriesga el hecho de que yo ore y alabe a Dios en lenguas diariamente. Esto nos lleva a nuestra siguiente pregunta.

EL LENGUAJE DEL CIELO

9. ¿Es hablar en lenguas una señal de antiintelectualismo o de que la gente le teme al pensamiento teológico profundo?

Aunque debemos involucrarnos intelectualmente con todo lo que dice la Escritura, al mismo tiempo debemos ser cuidadosos para resistir lo que yo llamo *la idolatría de la mente*. No es necesario mencionar (o quizás yo *sí* necesito decirlo), no estoy sugiriendo que la mente no es esencial para la vida cristiana. La mente no es nuestra enemiga. Nuestra mente debe ser renovada constantemente (Romanos 12:1–2). Es a través de nuestra mente que entendemos quién es Dios. No existe tal cosa como cristianismo "mecánico". De hecho, si usted no hiciera uso de su mente, no tendría idea alguna de lo que estoy diciendo en este momento ni tendría la capacidad para evaluar si es verdad o mentira. Y cuando la gente minimiza la mente o la trata como una amenaza a la espiritualidad verdadera, muchas veces terminan viviendo sin Dios o ejerciendo un culto, o ambos. Así que permítame explicar lo que quiero decir por "idolatría de la mente".

Lo que tengo en mente (no lo digo en doble sentido) es el abordaje a la espiritualidad cristiana que argumente que nada tiene valor a menos que pueda ser comprendido cognitivamente. Y muchos dicen ahora "sí, es correcto". Bueno, no lo es. Repito, muchos oponentes del don de lenguas insisten en que nada tiene valor en términos de su capacidad para edificarnos espiritualmente a la imagen de Jesús que no pase a través de la corteza cerebral. Cualquier noción de que el Espíritu Santo pueda tener interacción directamente con el espíritu humano, evitando nuestro proceso de pensamiento cognitivo, es anatema para la mayoría de evangélicos. Si va a ser beneficioso espiritualmente, tiene que ser entendible.

Ahora bien, en un sentido, ellos tienen un punto muy bueno. En 1 Corintios 14, Pablo está preocupado de lo que sucede en la reunión corporativa de la iglesia local. Cuando todo el pueblo de Dios está reunido en una congregación local, *todo tiene que ser entendible* para que todos puedan ser edificados. Por eso, Pablo insiste en que si las lenguas se manifiestan en la reunión corporativa, tiene que haber interpretación. Él nunca niega que algo bueno y útil está sucediendo en la vida de la persona que está hablando en lenguas. Sin embargo, él señala justamente que es totalmente inútil para los demás si no entienden lo que se dice.

Así que debemos reconocer que, por un lado, hay una diferencia vasta entre la necesidad del entendimiento por el bien de todo el cuerpo de Cristo; y, por el otro, si un cristiano puede ser edificado, bendecido y desarrollado espiritualmente mientras habla privadamente en lenguas no interpretadas. Pablo, muy claramente, creía que las lenguas en la asamblea corporativa tienen que ser entendibles o interpretadas por el bien de quienes están escuchando. Sin embargo, él es igualmente claro en que el fruto espiritual profundo es posible en la vida de un creyente cuando esa persona ora privadamente en lenguas, cuando no hay interpretación.

Ahora bien, ¿por qué digo esto? Muchas cosas en 1 Corintios 14 me llevan a esta conclusión.

Primero que nada, en 1 Corintios 14:2, Pablo escribe esto: "Porque el que habla en lenguas no habla a los hombres, sino a Dios; pues nadie le entiende, aunque por el Espíritu habla misterios". La falta de entendimiento aplica, no solo a quienes escuchan, sino también a la persona que habla en lenguas. Aunque, a pesar de esta carencia de entendimiento cognitivo de lo que se dice, la persona "habla misterios en el Espíritu", y estas expresiones son obviamente beneficiosas para la vida de oración del creyente. Si no lo fueran, Pablo habría prohibido la práctica, pero no lo hizo.

Segundo, Pablo dice que la persona que habla en lenguas verdaderamente está orando a Dios (14:14), alabando o adorando a Dios (14:15), y agradeciendo a Dios (14:16). Sin embargo, también dice que esto puede hacerse mientras su "mente" queda "sin fruto" (14:14). Al usar la frase *sin fruto*, él se refiere a *"yo no entiendo lo que digo"* o *"los demás* no entienden lo que digo", o quizá ambas cosas. Hay una fuerte posibilidad de que Pablo se esté refiriendo a su propia comprensión o a la falta de esta. Después de todo, Pablo no entiende lo que está orando o cómo da gracias o en qué forma está adorando. ¡Pero orar, alabar y dar gracias es algo que indudablemente se está llevando a cabo! Y, al mismo tiempo, todo esto carece de consciencia cognitiva de lo que está sucediendo.

La respuesta inmediata de muchos es decir: "Bueno, si la mente de uno queda sin fruto, si uno no entiende lo que está diciendo, entonces no vale la pena. ¿Por qué se beneficiaría o sería bendecido alguien en algo que no entiende? Seguramente la respuesta de Pablo a que su mente 'quedara sin fruto' es *dejar* de hablar en lenguas completamente. Anularlas. Prohibirlas".

Sin embargo, esa no es la conclusión de Pablo. Tan pronto como dice que su "mente queda sin fruto", al mismo tiempo da a conocer su resolución determinada: "*Oraré* con el espíritu, pero *oraré también* con el entendimiento; *cantaré* con el espíritu, pero *cantaré* también con el entendimiento" (1 Corintios 14:15, énfasis añadido). Sabemos que Pablo está refiriéndose a orar y cantar en lenguas porque, en el versículo siguiente, describe que dar gracias con el espíritu como algo no entendible para quienes podrían estar visitando una reunión en la iglesia.

Muchos cristianos están incómodos al leer a Pablo de esta forma. Ellos insisten que si la mente de uno queda sin fruto—es decir, si la mente de uno no está involucrada de una manera que el creyente pueda entender racional y cognitivamente lo que ocurre—la experiencia, de la naturaleza que sea, es inútil y quizá hasta peligrosa. Peor aún, incluso podría ser demoníaca. Después de todo, si nuestras mentes no están involucradas, ¿qué salvaguardas tenemos contra la transgresión de la herejía? La subjetividad de este tipo solo servirá para subestimar la importancia crucial de la Escritura en la vida de la comunidad creyente.

Estoy totalmente en desacuerdo. Si Pablo hubiera tenido temor de una experiencia *transracional* (lo cual, por cierto, es diferente, por mucho, de ser *irracional*), ¿no sería su siguiente paso repudiar el uso de la lenguas completamente, o por lo menos, advertirnos de sus peligros? Después de todo, ¿qué posible beneficio podría haber en una experiencia espiritual que la mente de uno no puede comprender? Cuando menos, deberíamos esperar que Pablo diga algo para minimizar su importancia para darlo por trivial, al menos en comparación con otros dones. Pero él no hace tal cosa.

Es apropiado dar unas breves palabras con referencia a mi uso de la palabras *transracional*. Podría haber tomado a algunos por sorpresa. Primero, permítame ser perfectamente claro: no tiene nada de beneficioso ser irracional. Ser irracional es ser ilógico, o simplemente, estar equivocado en las conclusiones a las que uno arriba o las creencias que tiene. El cristianismo es misterioso en muchas maneras, en el sentido de que excede los límites de nuestra mente finita. Sencillamente, no entendemos todo perfecta y ampliamente. Solo Dios lo hace. Pablo lo dice en 1 Corintios 13 cuando admite que "Ahora vemos por espejo, oscuramente; mas entonces veremos cara a cara. Ahora conozco en parte; pero entonces conoceré como fui conocido" (versículo 12). Sin embargo, Uno no tiene que conocer algo exhaustivamente para saber que algo es cierto. Nuestro conocimiento puede ser preciso, hasta donde se pueda, sin ser completo. Conozco la verdad de la encarnación, que "la Palabra se hizo carne" (Juan 1:14). Pero de ningún modo entiendo todas las implicaciones inmensurables de ello o siquiera cómo es posible para un ser espiritual infinito volverse un ser humano finito mientras permanece tanto como infinito y espiritual.

Entonces, cuando digo que algo es transracional, sencillamente significa que ciertas verdades o experiencias *trascienden* nuestra capacidad intelectual limitada y completamente humana. Y mi punto es que puede haber ciertas experiencias espirituales que no podemos comprender o reducir a una fórmula teológica agradable y genial, sin embargo, son profundamente beneficiosas y edificantes en maneras que no podemos entender completamente. Este es definitivamente el caso cuando se trata de hablar en lenguas en nuestro clóset privado de oración.

Tendré algo más que decir sobre este tema más adelante en el libro, especialmente de los comentarios de Pablo en 1 Corintios 14:14–19 y el porqué esto es una prueba sólida como una roca de que él oraba en lenguas no interpretadas en sus devocionales privados. Pero, por ahora, es suficiente decir que el apóstol muy seguramente creía en que había un valor espiritual personal en una práctica que no atravesaba el mecanismo cognitivo de su cerebro pensante.

Antes de dejar este tema, hay un texto más que confirma mi punto. En Romanos 8:26–27. Pablo se refiere a una experiencia inusual de todo creyente donde el Espíritu Santo "nos ayuda en nuestra debilidad". Entraré en más detalles sobre esto al responder aún otra pregunta más adelante en el libro, pero el apóstol prevé claramente un fenómeno que no es comprensible para nosotros. Él dice que ya que no sabemos cómo pedir como conviene, "el Espíritu mismo intercede por nosotros con gemidos indecibles" (Romanos 8:26). Si algo sucede en nosotros o a nuestro favor a través del Espíritu en tal forma que no lo podemos poner en "palabras", entonces es claramente incomprensible. Las palabras implican entendimiento. Pero este ministerio del Espíritu evita o, de alguna manera, excede nuestro vocabulario y comprensión mental. Y aun así tiene obviamente un valor espiritual tremendo.

10. ¿Está la expresión en lenguas dirigida principalmente al ser humano o a Dios?

En un capítulo anterior, respondí esta pregunta; sin embargo, al hacerla de nuevo, tengo algo ligeramente diferente en mente. En las iglesias carismáticas es muy común que la gente haga uso de las lenguas como una manera de comunicar horizontalmente un mensaje a otros cristianos. Muchas veces escucharemos de un "mensaje en lenguas" que llegó mientras estaban reunidos.

Pero hasta ahora, por lo que hemos visto en Hechos y en 1 Corintios que las lenguas casi siempre son en oración, alabanza o acción de gracias. Al decir que la persona que habla en lenguas "no les habla a los hombres, sino a Dios" (1 Corintios 14:2), Pablo está diciéndonos claramente que las lenguas son una forma de oración. ¡Eso es hablarle a Dios! Es oración, ya sea en forma de petición, súplica o intercesión. Tal como veremos más adelante en el libro, hablar en lenguas, y particularmente cantar en lenguas, es una forma de adoración o exaltación a Dios y a sus obras poderosas. (Vea 1 Corintios 14:14–15 y Hechos 2:11; 10:46). La expresión en lenguas es también una manera en la que un creyente puede darle expresión a su gratitud o acción de gracias sincera a Dios por lo que Él ha hecho (1 Corintios 14:16). Hablaremos más de esto después.

Mi punto, al dirigir su atención a estos textos, es hacerle una pregunta: ¿Es bíblico describir las lenguas como un *mensaje* dirigido horizontalmente a las personas en vez de verticalmente hacia Dios? Ya me he referido brevemente al hecho de que cuando las lenguas son interpretadas en la asamblea corporativa, se vuelven un equivalente funcional a la profecía. Es decir, sirven para edificar y animar a otros de la misma manera en que lo hace la profecía. Sin embargo, eso no significa que sean totalmente iguales. Cuando escucho a alguien alabar a Dios u orar a Dios, me anima y, incluso ocasionalmente, me siento redargüido por mi propia falta de celo y confianza en la capacidad de Dios para responder. ¿Acaso no nos bendicen los salmos, donde se documentan a David y otros adorando a Dios y dándole gracias? Pero esos salmos son verticales en su orientación: están dirigidos a Dios, y nosotros nos beneficiamos de ellos cuando escuchamos o leemos lo que alguien más le comunicó a nuestro Padre celestial.

Entonces, no tengo inclinación a pensar que las lenguas, tal como fueron diseñadas por Dios, funcionen como la enseñanza y la profecía. En cambio, las lenguas, como ya he dicho, son oración, alabanza y acción de gracias. Siendo así, lo que escuchamos cuando alguien habla en lenguas en un lugar público es su oración intercesora o su adoración a Dios. Entonces, deberíamos esperar que la interpretación que sigue corresponda a la expresión en lenguas. De otra manera, tenemos fundamentos suficientes para cuestionar si es una expresión genuina del don de interpretación.

Si la interpretación en lenguas no es más que profecía, ¿por qué molestarnos con las lenguas o la interpretación si, al final, obtenemos de todos modos, y más fácilmente, lo que habríamos obtenido solo con la palabra profética? Concuerdo en que las lenguas interpretadas *funcionan* como la profecía en cuanto a que edifican y animan a otros creyentes (1 Corintios 14:5). Sin embargo, eso no significa que las lenguas interpretadas sean idénticas a la profecía. Esto último sucedería solamente si uno asume (y luego comprueba) que la expresión en lenguas es reveladora.

Si lo que he dicho es correcto, ello sugeriría que los muchos supuestos "mensajes" en lenguas, dirigidos presumiblemente a las personas en forma de instrucción, represión o exhortación, de hecho *no* han sido interpretados apropiadamente. La ecuación correcta no sería que las lenguas + interpretación = profecía, sino más bien que las lenguas + interpretación = oración, alabanza o acción de gracias.

Habiendo dicho todo lo anterior, quizá debería ser más flexible en mi entendimiento de lo que Dios puede hacer a través del don de lenguas. ¿Es posible que el Espíritu pueda hacer uso de una palabra pronunciada en lenguas para comunicar un mensaje de ánimo, consejo, instrucción o represión a otro creyente, o quizás a varios creyentes? Creo que, por lo menos, deberíamos mantener abierta la posibilidad de que esto puede ocurrir. Sin embargo, al hacerlo, es importante que, cuando menos, reconozcamos que si sucede es sin aprobación bíblica, explícita.

11. Si las lenguas son principalmente una forma de oración en palabras que no entendemos ¿cómo puede sernos útil en nuestra relación con Dios?

Definitivamente, entiendo y aprecio la preocupación que hace surgir esta pregunta. Muchas veces, cuando empiezo a orar o a cantar en lenguas, me hallo haciendo la misma pregunta una y otra vez: "Dios, no tengo idea de lo que estoy diciendo. ¿Y tú? Supongo que solo puedo confiar en que mis expresiones tienen perfectamente sentido para ti. Después de todo. ¡tú eres omnisciente!".

De las preguntas que me hacen, esta es la más frecuente. Ellos están conscientes del porqué oran en su idioma natal. Saben lo que necesitan y no tienen problema alguno en ponerlo en las palabras que tanto ellos como los demás podrían entender. Sin embargo, cuando están orando en lenguas, no tienen idea de cuál es el contenido de esa expresión. ¿O sí?

La única manera que conozco para responder esta pregunta es describir mi propia práctica. No tengo un apoyo bíblico explícito para esto, como si dijera que Pablo o algún otro escritor del Nuevo Testamento diga lo mismo en alguna epístola. Pero dado que conozco las lenguas y la naturaleza de Dios, creo estar en tierra firme.

Antes de orar en lenguas, repaso mentalmente—en mi idioma natal—las muchas cargas que hay en mi corazón. Identifico a las personas por nombre. Me digo a mí mismo las necesidades de ellos y el amor que les tengo. Si mi corazón está cargado por el sufrimiento y las aflicciones de las personas en mi iglesia, trato de articularlos mentalmente y, en ocasiones, hasta los digo en voz alta. Claro está, lo primero que hago es orar en mi idioma natal. Posiblemente tenga un listado largo y escrito en el cual me baso. De cualquier modo, oro tan clara y apasionadamente como puedo durante tanto tiempo como me es posible. Sin embargo, casi invariablemente, me quedo sin energía. Se me acaban las palabras y las formas para dar expresión a las necesidades de ellos y a las mías. Entro rápida y directamente a la realidad que Pablo menciona en Romanos 8:26: no sé qué he de pedir como conviene. Supongo que quienes leen este libro, incluso los que se oponen a las lenguas en la iglesia hoy día, saben con precisión cómo se siente eso. Es frustrante. Muchas veces, me abruma una sensación de fracaso y de debilidad, tanto física como emocionalmente. ¿Qué debo hacer?

Por un lado, creo y confío en lo que Pablo dice en Romanos 8. Él nos asegura a todos que, felizmente, el Espíritu Santo compensa nuestra debilidad e intercede por nosotros ante el Padre, articulando perfectamente, en lugar nuestro, las necesidades para las que nos cuesta encontrar palabras que las expresen. Alabado sea Dios por esta promesa gloriosa.

Pero también respondo a este problema orando en lenguas. Este es un ejemplo de lo que digo y hago generalmente:

Padre celestial, vengo ante ti en el nombre de Jesús, tu Hijo y mi Salvador, y lo hago en el poder del Espíritu Santo. Y confieso que estoy desesperado. No me queda nada en mi tanque espiritual ni intelectual. He usado todas las palabras que conozco. ¡Mi diccionario está acabado! Pero creo que necesito continuar orando por esta persona o tal circunstancia. Así que, Padre, esta es mi oración. Esta es la hipótesis básica sobre la cual procedo. Voy a confiar en que el Espíritu Santo me concede las palabras de un lenguaje celestial (o angelical) que representa y expresa perfectamente los gemidos inarticulados y debilidades de mi corazón. Si tú has puesto estas cargas en mi corazón y me has animado a orar a favor de mí mismo y de estos muchos otros, confiaré en que el Espíritu llevará los "misterios" que pronuncio, las expresiones orales que no entiendo, y las moldeará, formará y las armará exactamente en las peticiones que disfrutas responder. Confieso que no sé lo que digo cuando oro en lenguas. Y, sinceramente, Padre, a veces temo que sea tan falto de sentido para ti como lo es para mí. Sin embargo, cuando eso sucede, me someto a disciplina y reprendo a mi propia alma y le predico a mi corazón con el recuerdo de que este don que me has dado es verdadero y poderoso y será usado por el Espíritu para darle a conocer a tu corazón lo que hay en el mío. Gracias, Padre, por escucharme con las palabras de este lenguaje celestial.

Allí es cuando me lanzo a orar en lenguas. No importa cuánto tiempo pueda tomar, si es largo o corto. Pero, en la mayoría de los casos, se extiende por un periodo de tiempo considerable. De hecho, casi sin excepción, me hallo orando mucho más allá de los límites de lo que diría si estuviera hablando solo en mi idioma natal. Con frecuencia me escuchan (sin intención) orando en lenguas cuando estoy trabajando en otras tareas. Oro en lenguas en la ducha, mientras me visto, durante el desayuno, mientras me dirijo al trabajo, cuando me estoy quedando dormido en mi almohada y en otras ocasiones también. Nunca hay un tiempo inapropiado. Y pareciera que nunca se me acaba la energía física ni espiritual cuando lo hago. Hablar en lenguas es verdaderamente energizante. Me siento lleno de júbilo y refrescado en vez de exhausto y agotado. Tal es el poder del Espíritu Santo cuando oramos en y a través de Él y del don que nos ha otorgado.

Entonces, ¿es la oración privada en lenguas incomprensibles y no interpretadas una actividad espiritualmente beneficiosa? ¡Por supuesto que sí!

Hay un versículo más en la discusión de Pablo sobre este tema que debería terminar, de una vez por todas, con cualquier preocupación sobre la bendición sustancial y espiritualmente beneficiosa que viene de decir las palabras que la mente de uno no comprende. En 1 Corintios 14:14–17, Pablo declara, sin equivocación, su determinación para orar tanto en lenguas como en el idioma que él y cualquiera que escuche pueda entender. A lo primero, él le llama orar "con mi espíritu" y a lo segundo, "con mi mente". Él usa la palabra *mente* para comunicar la idea de que él y otros podrían entender lo que se está diciendo. Es importante, dice Pablo, que no solo oremos con el espíritu (ejemplo: en lenguas), sino también con la mente.

> Porque si bendices sólo con el espíritu, el que ocupa lugar de simple oyente, ¿cómo dirá el Amén a tu acción de gracias? pues no sabe lo que has dicho.
> —1 Corintios 14:16

Ahora, note cuidadosamente lo que sucede aquí. El "simple oyente" es un visitante en el servicio. No está claro si Pablo intenta que entendamos que este persona es un cristiano o un no cristiano. Sin embargo, ya que él visualiza a esta persona diciendo "amén" a sus palabras de gratitud, es probable que él tenga en mente a una persona nacida de nuevo. Además, Pablo dice que esta persona puede ser "edificada" si pudiera entender lo que se dice.

Pero lo que quiero que vea principalmente es que cuando usted "da gracias" con su espíritu, es decir, en una lengua no interpretada, ¡usted está verdaderamente dando gracias! Hay un contenido sustancial en sus palabras a pesar del hecho de que ni usted ni el oyente saben lo que se está diciendo. *Dios* sabe lo que usted está diciendo. *Dios* escucha su expresión de gratitud. Sin embargo, es muchísimo mejor que, cuando están en la presencia de otros en la asamblea del pueblo de Dios, usted "dé gracias" con su "mente" para que todos puedan escucharlo, comprenderlo y decir "amén" en respuesta a ello.

Luego, Pablo añade esta declaración crucialmente importante:

> Porque tú, a la verdad, bien das gracias; pero el otro no es edificado.
>
> —1 Corintios 14:17

¿Puede ver la importancia? Estamos tratando de determinar si expresar palabras en lenguas no interpretadas, palabras que su mente no comprende, es beneficioso, útil o significativo. En efecto, Pablo dice aquí "Sí, por supuesto que es verdadero, significativo y sustancial. Usted está verdaderamente diciendo 'gracias' a Dios. Está expresando una gratitud sincera por todo lo que Él ha hecho y hará, independientemente del hecho de que su mente no lo comprende". ¡No lea este versículo tan rápido! Cuando habla o canta en lenguas en su vida devocional privada, está verdaderamente expresando su agradecimiento a Dios por su gracia, amor y bondadosa providencia, entre otras cosas. Claro está, si otras personas lo escucharan a usted haciendo esto sin tener interpretación, ellos no serían beneficiados. Para eso se requiere interpretación. Sin embargo, el hecho de que *ellos* no puedan ser edificados no significa que *usted* tampoco. ¡Usted puede serlo y lo es!

Así que la respuesta a nuestra pregunta, repito, es: "¡Sí! Hablar y cantar en lenguas en privado, incluso sin interpretación, es comunicación verdadera, adoración genuina y gratitud auténtica a Dios!".

12. ¿Es hablar en lenguas también una manera de adorar a Dios?

La respuesta sencilla y directa es: Sí, absolutamente. La vemos en unos cuantos textos bíblicos. Ya hemos tomado nota de lo que sucedió en Pentecostés. Allí, los discípulos hablaron exuberantemente en idiomas humanos que no habían aprendido previamente; y, al hacerlo, los escucharon declarando "las maravillas de Dios" (Hechos 2:11). Proclamar los múltiples hechos milagrosos y misericordiosos que Dios ha hecho es adorarlo a Él; es dar a conocer sus actos de misericordia al libertar a su pueblo y guardarlo en tiempos difíciles. El salmista nos exhorta a "Cantadle, cantadle salmos; hablad de todas sus maravillas" (Salmo 105:2). "Cantamos tus maravillas" declara Asaf (Salmo 75:1), y él habla de sí mismo al decir "Meditaré en todas tus obras, y hablaré de tus hechos" (Salmo 77:12). Tales expresiones de alabanza y honra se hallan por todo el libro de Salmos.

Estos es lo que también encontramos en Hechos 10, cuando Cornelio y sus acompañantes gentiles hablaron en lenguas. No importa si estaban "magnificando a Dios" (Hechos 10:46) en lenguas o simplemente lo hacían en conjunto con su expresión en lenguas. Lo que vemos consistentemente en estos textos es que, muchas veces, cuando uno hace uso de su don, el contenido o la consecuencia de ellos es la alabanza y adoración a Dios.

Cuando Pablo nos dice que el que habla en lenguas se dirige a Dios, no al ser humano, esto podría incluir más que oración. Después de todo, la expresión de alabanza no está menos dirigida a Dios de lo que está la oración de petición. Sin embargo, no puede haber equivocación sobre el papel de las lenguas como adoración cuando llegamos a la descripción de Pablo sobre su propia práctica personal. Cuando él declara su resolución de hacer uso de las lenguas a pesar del hecho de que su mente no entiende lo que se dice, incluye esta afirmación: "cantaré con el espíritu" (1 Corintios 14:15). La palabra traducida "cantaré" viene del verbo *psallō*, que significa tocar o hacer sonar las cuerdas de un instrumento musical. Otros lo traducen: "tocar un instrumento de cuerda" como una lira (o, en nuestros días, una guitarra) o "cantar con la música del arpa".[1]

Abordaré ese tema con más detalle más adelante; pero, por ahora, nótese que el don de lenguas de Pablo adoptó más de una expresión formal. Él no simplemente "hablaba" en lenguas, sino que muchas veces "cantaba" en lenguas también. Lo que podría decir en el curso de sus oraciones, podría—con la misma facilidad—ponerle música y adorar a Dios en una manera más melodiosa, y quizás, incluso poética. Entonces, no hay escape al hecho de que Pablo visualizaba las lenguas como una manera para cantarle sus alabanzas a Dios. La pregunta que ahora debemos enfrentar es si él creía que esto podría o debería hacerse en una reunión corporativa del pueblo de Dios, no simplemente a solas, sino al unísono con otras personas dotadas. Y si él creía que esto estaba permitido, ¿requería interpretación de la misma manera en que él insistía que debía ser cuando se trataba de la expresión oral en lenguas? Ahora, centremos nuestra atención en esa pregunta.

13. ¿Se le permite a la gente cantar en lenguas en una adoración corporativa?

Una pregunta que me hacen con frecuencia, y para la cual no tengo una respuesta definitiva, es si está bíblicamente permitido cantar en lenguas no interpretadas en una reunión corporativa. Muchos dirían inmediatamente que no, y señalarían al énfasis de Pablo en 1 Corintios 14:28: "Y si no hay intérprete, calle en la iglesia, y hable para sí mismo y para Dios [presumiblemente, en privado]".

De algo estoy seguro. Si la reunión corporativa en cuestión es un servicio oficial de la iglesia, el objetivo de este es edificar a otros creyentes (cf. 1 Corintios 14:26), las lenguas sin interpretación no son permitidas. Eso explica la exigencia de Pablo por el silencio en 1 Corintios 14:28. Sin embargo, la gente sugerirá frecuentemente posibles excepciones a esta regla. En ciertas denominaciones pentecostales es casi una práctica estándar que el pastor o el líder de alabanza, en algún momento en el curso de la alabanza corporativa, anime a todos los presentes a cantar en voz alta en el Espíritu, es decir, en lenguas. Raramente, si acaso, esta práctica tiene interpretación. Y ¿cómo puede ser eso? Si docenas, quizás incluso cientos, de personas están cantando en lenguas al mismo tiempo, sería totalmente imposible que hubiera interpretación para cada expresión.

Por ejemplo: Mark Cartledge, un teólogo anglicano y erudito del cristianismo pentecostal y carismático, describe su experiencia en tres conferencias distintas de *New Wine* durante los primeros años del siglo veintiuno, a las que asistieron entre cinco mil y ocho mil personas. *New Wine* es un ministerio de alcance, con base en el Reino Unido, compuesto principalmente de anglicanos comprometidos con la validez contemporánea de todos los dones espirituales. Según Cartledge, generalmente había un momento cuando el líder de adoración cantaba en lenguas ante el micrófono y animaba a los demás a hacerlo. "Es interesante notar", dice Cartledge, "que nunca he escuchado a nadie dar un mensaje audible en lenguas que fuera seguido por una interpretación".[2] La explicación que le dieron a Carledge para esto fue que la reunión era muy grande como para facilitar interpretación. Es más, la reunión no era un servicio de la iglesia, sino una conferencia de verano a la que se esperaba que asistieran solamente creyentes. Entonces, ¿esto podría ser una excepción a la regla importante de que las lenguas siempre deben ser interpretadas?

En las reuniones de la iglesia carismática es común que, de vez en cuando, quien dirige la adoración haga una pausa en la canción que todos están cantando en español (o en cualquier idioma que hablen regularmente) y empiece a cantar en lenguas por sí solo. Nadie más lo hace. A veces, es difícil de notar, pero en la mayoría de los casos es obvio que está sucediendo. El líder dirá típicamente que estaba absorto en la euforia de la alabanza y que pasó fácilmente de cantar en su idioma a cantar en lenguas. Repito, aunque es similar a lo que sucedió en la reunión de *New Wine*, casi nunca hay tiempo para pedir interpretación.

¿Qué deberíamos decir si la reunión es una a la que solamente asisten creyentes? ¿Qué sucede si el propósito de la reunión no es instrucción ni exhortación, sino alabanza e intercesión? Una de las preocupaciones de Pablo es que las lenguas no interpretadas confundirán a cualquier no creyente que pudiera estar presente. (Vea 1 Corintios 14:22–23). Sin embargo, si la reunión es, si así quiere llamarla, una reunión de "creyentes", quizá un grupo pequeño en la casa de alguien, esa posibilidad ya no existe. En tales reuniones, no comprender las lenguas no interpretadas, sean orales o cantadas, no es obstáculo para alcanzar el propósito por el que las personas se han congregado y, por lo tanto, no violarían el consejo de Pablo.

Esta, de ningún modo, es una respuesta definitiva. También me doy cuenta de que es, en gran manera, un argumento del silencio. No estoy sugiriendo que seamos precavidos sobre ejecutar las reglas de 1 Corintios 14 en contextos que Pablo no visualizó o en circunstancias que no sean las que evocan su consejo acertado. Lo que digo es esto: Si una reunión fuera decididamente de naturaleza y propósito diferentes a lo que Pablo asume en 1 Corintios 14, por ejemplo: una reunión, con el objetivo evidente y anunciado de que *no* era para la edificación instructiva del cuerpo, una reunión donde la presencia de los no creyentes no era esperada ni estimulada, el efecto de las lenguas no interpretadas, contra lo cual Pablo advierte en este capítulo, *pudiera* muy bien ser un punto discutible (y enfatizo la palabra "pudiera"). Si hubiera una reunión exclusivamente de cristianos, con el propósito de adorar y orar, una reunión en la que no aplican las circunstancias que evocan la prohibición de Pablo sobre las lenguas no interpretadas, ¿se mantendría la prohibición? Quizá no.

Capítulo 7

LA EXPRESIÓN EN LENGUAS PÚBLICAMENTE.

EN ESTE CAPÍTULO, abordaremos dos preguntas importantes y relacionadas. Pertenecen principalmente al lugar donde la expresión en lenguas debe ocurrir. Algunos argumentan que las lenguas solo deberían ejercerse en una reunión corporativa de la iglesia local y siempre con interpretación. Estas personas no creen que las lenguas fueran diseñadas para devocionales privados en el rincón de oración. Así que ¿qué es lo que la Palabra de Dios tiene que decir en respuesta a estas preguntas?

14. ¿Insiste Pablo siempre en interrumpir las lenguas si se usan en una reunión pública de la iglesia, y si es así, por qué?

La respuesta a esta pregunta es un sí indiscutible. Sin embargo, se requiere un poco más de explicación. Puede haber muy poca duda de que Pablo le da un valor alto a la edificación o al fortalecimiento espiritual de los creyentes en el cuerpo de Cristo. De hecho, él dijo antes, en 1 Corintios 12:7, que todos los dones espirituales, de cualquier tipo, el Espíritu los da "para el bien común". Por "bien común", él quiere decir la edificación de todos los cristianos en la iglesia local. Los dones no fueron diseñados por Dios principalmente para la edificación de quien los recibe. Más bien, cada uno de nosotros debemos usar nuestro don o dones para que otros sean animados e instruidos en las verdades del cristianismo. Eso no significa, sin embargo, que la persona que ejerce su don no debe o no puede recibir edificación por medio de este. Es inevitable, y bueno, que un creyente sea edificado espiritualmente cuando está usando su don. Solamente que no es el objetivo directo o principal. Sin embargo, es sin duda un efecto indirecto y secundario.

Al leer de cerca 1 Corintios 14, queda claro que la edificación de los demás es preeminente en el pensamiento de Pablo. La preferencia de Pablo por el don de profecía por encima del de las lenguas no interpretadas se debe al hecho de que lo primero edifica a otros creyentes. Las lenguas, cuando son interpretadas, también edifican a otros (1 Corintios 14:5). La profecía está especialmente adaptada para edificar, animar y consolar a nuestros hermanos y hermanas en el cuerpo de Cristo (1 Corintios 14:3). Sin duda, "el que profetiza, edifica a la iglesia" (1 Corintios 14:4).

En 1 Corintios 14:6–12, Pablo abre este principio en detalle. Su punto es que para que un don espiritual sea una bendición para alguien más, tiene que haber entendimiento. La comunicación incomprensible en la asamblea corporativa no beneficia a nadie. Usted tiene que entender y comprender lo que se dice a fin de beneficiarse de ello. Las lenguas no interpretadas en la asamblea reunida del pueblo de Dios, dice Pablo, lo único que logran es "hablar al aire" (1 Corintios 14:26).

Ahora bien, algunos han sacado una conclusión equivocada de esto. Piensan que ya que Pablo habla tan enérgicamente sobre el fracaso de las lenguas no interpretadas en la reunión de asamblea para edificar a los demás, él tiene que estar en contra del uso de las lenguas no interpretadas en todas partes. Sin embargo, eso no es lo que él dice. En un momento hablaremos de este tema, pero, primero, veamos de cerca la instrucción que Pablo da sobre la manera en que las lenguas deben ser usadas cuando toda la iglesia está reunida. Él escribe esto:

> Si habla alguno en lengua extraña, sea esto por dos, o a lo más tres, y por turno; y uno interprete. Y si no hay intérprete, calle en la iglesia, y hable para sí mismo y para Dios.
> —1 Corintios 14:27–28

Pareciera que algunos de los creyentes de Corinto habían cometido dos errores en el ejercicio de este don. Primero, habían sobre-enfatizado su importancia, pensando que quienes ejercían un don tan obviamente sobrenatural debían ser los extraordinariamente privilegiados de Dios. Su inmadurez infantil los llegó a concluir que la expresión en lenguas era evidencia de una espiritual trascendente y superior. Segundo, estaban utilizando (alardeando, sin duda) su expresión en lenguas, sin interpretación, en la asamblea pública. La respuesta de Pablo ante tal abuso *no* es prohibir el don de lenguas en las actividades de la iglesia. El abuso pecaminoso y egoísta no anula la realidad de un don divino. Su recomendación no es rechazo, sino corrección.

Brevemente, el consejo del apóstol en 1 Corintios 14:26–40 es este: Primero, se deben tomar medidas para prevenir una cacofonía simultánea de expresión en lenguas. Trate de imaginar un cuerpo de creyentes hablando fuertemente en lenguas, todos al mismo tiempo. Uno pensaría que esto es una señal de la presencia poderosa del Espíritu, pero Pablo lo prohíbe debido al fracaso obvio en edificar a otros que ocasionaría un escenario así.

Segundo, solo dos, o como máximo, tres, deberían hablar durante el curso del servicio. Esto es para que la reunión no se vuelva un desorden o difícil de manejar. Es más, él no quiere que quienes tengan el don de lenguas asuman un lugar en el cuerpo de Cristo más prominente de lo que se debe. Finalmente, los que hablan en lenguas nunca deben pensar que no pueden controlar el don. El Espíritu Santo no obliga ni abruma. Si ya han hablado dos o tres, Pablo espera que los otros permanezcan en silencio (lo que implica que ellos tienen control o dominio sobre su don). Nadie puede decir jamás: "Pero, no pude evitarlo. La presencia y el poder y el impulso del Espíritu Santo era demasiado fuerte para que yo pudiera contenerme. ¡Habría aplacado la obra del Espíritu Santo si me hubiera quedado callado!". No. El Espíritu Santo nunca, jamás, mueve o impulsa a alguien a violar lo que Él ha dicho previamente en la Escritura.

Hay otra interpretación de la instrucción de Pablo que debería ser mencionada. Algunos argumentan que él no está restringiendo la expresión en lenguas solo a dos o tres en el curso de una reunión corporativa; más bien, está diciendo que después de que dos o tres hayan hablado, se debe dar lugar a una interpretación de cada uno. Se asume que una vez que esto está hecho, entonces, dos o tres más pueden hablar en lenguas en cualquier servicio de la iglesia, pero debe haber interpretación solo después de que dos o tres hayan hablado. Si otros pueden o no hablar en lenguas después, es algo que él no aborda directamente.

No me inclino a aceptar este último punto de vista por el simple hecho de que habría caído en el juego de aquellos en Corinto que creían que las lenguas era un don tan superior que todos los demás debían darle una prominencia extraordinaria en la reunión de la iglesia. Es decir, ¿este punto de vista no posibilitaría que se justificara que quienes tienen el don de lenguas dominaran la reunión a tal grado que los que tienen otros dones espirituales nunca, o raras veces, tuvieran una oportunidad para ejercerlos?

15. ¿Enseña Pablo que las lenguas pueden usarse en oración devocional privada, o todas las expresiones en lenguas deben suceder en la asamblea corporativa de la iglesia, seguidas de interpretación?

Ya hemos encontrado evidencia en 1 Corintios 14 de que Pablo creía que la persona que oraba en lenguas en privado, sin interpretación subsecuente, tenía un beneficio espiritual. Yo argumenté antes que cuando Pablo dice que quiere que "todos hablen en lenguas"

(1 Corintios 14:5), él tiene en mente las lenguas no interpretadas. Esto lo sé porque él afirma inmediatamente su preferencia por la profecía sobre la base del hecho de que la profecía, a diferencia de las lenguas no interpretadas, "edifica a la iglesia" (1 Corintios 14:4). Sin embargo, si alguien interpreta la expresión en lenguas, "la iglesia puede ser edificada" (1 Corintios 14:5) por ello no menos de lo que serían cuando alguien profetiza.

Sin embargo, hay considerablemente más evidencia de que Pablo no solo creía en el gran valor de la oración en lenguas en privado, sino que él mismo la practicaba regularmente.

Volvamos, por un momento, a un versículo brevemente mencionado con anterioridad. Cuando la iglesia se reúne, las lenguas deben ser interpretadas. En la ausencia de alguien con ese don, Pablo dice que la persona con el don de lenguas "calle en la iglesia, y hable para sí mismo y para Dios" (1 Corintios 14:28). ¿Pero dónde debería suceder esto? Creo que es muy obvio. Dada la prohibición explícita de la expresión de lenguas no interpretada "en la iglesia", parece virtualmente innegable que Pablo tenía en mente la oración en lenguas en privado; ejemplo: en un contexto que no fuera la reunión corporativa.

Algunos insisten en que Pablo está instruyendo que quien habla en lenguas ore en silencio para sí y para Dios mientras esté aún en la reunión de la iglesia. Pero aunque si esto fuera cierto (que lo dudo), entonces tendríamos respaldo apostólico para la expresión de lenguas en privado. Si, tal como muchos cesacionistas sostienen, toda expresión en lenguas es reveladora y está diseñada solo para la comunicación racional, entonces el consejo de Pablo no tiene sentido. ¿Por qué impartiría Dios conocimiento infalible y revelador solo para que el receptor se lo dijera a sí mismo y luego a Dios? Parece como si el cesacionismo forzosamente visualizara a quien habla en lenguas esperando pacientemente hasta que llegue un intérprete, momento en el cual él puede hablar en voz alta. Pero esto es leer, en un texto, un escenario que brilla por su ausencia. La instrucción de Pablo es para una situación donde *no* hay intérprete. Él no dice nada sobre alguien que habla en lenguas esperando hasta que un intérprete llegue.

Es más, ¿es consistente con el énfasis de Pablo en 1 Corintios 14, sobre que todo funciona en unidad para la edificación mutua, que él tuviera que recomendar que algunos (quizá muchos) concentren su energía espiritual internamente (orando en lenguas) mientras alguien más habla externamente, aparentemente para edificar a la misma gente que, con el consejo de Pablo, ni siquiera están prestando atención? No, no lo creo. Permítame clarificar ese punto. Sencillamente, no tiene sentido de que Pablo le diga a la persona que tiene el don de lenguas: "Mira, si no hay nadie presente para interpretar tus lenguas, aún puedes usar tu don en la asamblea reunida. Solo habla bajo y calladamente, lo suficiente como para que nadie te escuche, excepto Dios". Sin embargo, si Pablo se opusiera al uso privado de las lenguas, donde nadie sino el que habla es edificado, este consejo no tendría sentido. El cesacionista no puede estar en lo correcto en ambas cosas. No puede argumentar que las lenguas nunca se diseñaron para uso privado y, luego, argumentar que la expresión en lenguas privada es precisamente lo que Pablo manda en 1 Corintios 14:28.

Antes de proceder, permítame abordar otra pregunta que se hace frecuentemente. Desafortunadamente, es una pregunta para la cual no se da una respuesta explícita en el texto bíblico. Entonces, es inevitable que cualquier respuesta sea de naturaleza especulativa.

La pregunta es esta: ¿Cómo la persona con el don de lenguas sabe si hay alguien a quien se le haya dado el don de interpretación? Pablo parece asumir que quien habla en lenguas debería saberlo. Él lo dice claramente: "Y si no hay intérprete, [ejemplo: el que habla en lenguas] calle en la iglesia, y hable para sí mismo y para Dios (1 Corintios 14:28). Hay un par de maneras posibles para responder esto.

Primero, deberíamos recordar que la mayoría de las iglesias locales en el primer siglo eran comparativamente pequeñas. La gente no se reunía en auditóriums enormes ni en centros de conferencias. Ellos se reunían en hogares. Supongo que, en promedio, la mayoría de las iglesias locales en el primer siglo raramente superaban las ciento cincuenta personas. Algunas casas tenían patrios o terrazas abiertas que tendrían posiblemente espacio para más. Pero aun en esas instancias, lo normal sería que virtualmente todas las personas conocieran a los demás miembros de una congregación en particular. Una vez, fui pastor de una iglesia de unas doscientas personas, yo conocía a todos por nombre y casi todos los demás se conocían también. En un escenario así, se esperaría que la persona que habla en lenguas viera a su alrededor e identificara a una persona conocida que tenía el don de interpretación. En ausencia de dicho individuo, Pablo esperaba que quienes hablaban en lenguas se quedaran callados.

Segundo, en 1 Corintios 14:13, Pablo exhorta a la persona que habla en lenguas a pedirle a Dios para recibir también el don de interpretación. Aquí está:

> Por lo cual, el que habla en lengua extraña, pida en oración poder interpretarla.
>
> —1 Corintios 14:13

Hay mucho que aprender de este pasaje, en particular que no todo don espiritual se otorga al momento de la conversión. La persona que tiene el don de lenguas es obviamente un creyente nacido de nuevo, y aun así, Pablo insta a ese individuo a pedir que el Espíritu se complazca en concederle otro don espiritual más. De este texto también aprendemos que aunque es la voluntad del Espíritu determinar quién recibe qué don (1 Corintios 12:11), Él espera que se los pidamos. La soberanía del Espíritu en la distribución de los dones espirituales no descarta la responsabilidad de cada creyente en orar por un don en particular, o quizás incluso por varios. Muy bien podría ser el Espíritu mismo quien ha evocado en el corazón de un creyente el deseo por un don en particular porque es la voluntad del Espíritu concedérselo.

De cualquier modo, lo que más nos importa aquí es que la

ausencia potencial de una persona con don de interpretación pueda ser superada al sencillamente orar que Dios le otorgue, a toda persona que se sienta guiada, la capacidad para hablar en lenguas. Quizás usted esté tentado a hacer esta pregunta:

"Bueno, si el Espíritu puede proveer una interpretación, ¿por qué molestarse en hablar en lenguas? ¿Por qué no solo saltarse las lenguas e ir directamente a la interpretación para que todos los demás sean edificados e instruidos por lo que se dice?". Pablo no responde la pregunta. Solamente podemos asumir que él creía que había algo profundamente importante y de valor para los demás al escuchar la palabra en lenguas seguida de su interpretación. Quizá sea el fenómeno sobrenatural en sí lo que él piensa que podría animar a otros, y él no quería que se perdieran la oportunidad de ver ese don en funcionamiento. Más allá de esto, podemos solo especular.

Ahora, al volver a la pregunta original de cómo la persona con el don de lenguas podría saber si había una persona con el don de interpretación presente, Pablo tiene una buena respuesta: Pídale a Dios en oración que él le dé a usted este don y que pueda ejercer ambos dones para el beneficio de los demás. Sin embargo, aún hay otra respuesta posible a nuestra pregunta. Vea el siguiente versículo, donde Pablo da esta instrucción:

> ¿Qué hay, pues, hermanos? Cuando os reunís, cada uno de vosotros tiene salmo, tiene doctrina, tiene lengua, tiene revelación, tiene interpretación. Hágase todo para edificación.
> —1 Corintios 14:26

Por esto, pareciera que Pablo visualizaba a las personas llegando a la reunión teniendo el don y un sentido de cómo debería ser utilizado. Cuando usted va a una reunión, dice Pablo, tal vez tenga en su corazón un himno para cantar, mientras que otros podrían haber preparado una "lección" o una palabra de instrucción teológica. Incluso, otros podrían haber recibido ya una revelación de Dios como una base sobre lo que van a profetizar. Alguien más podría estar fuertemente inclinado a hablar en lenguas, y otra persona más vendría con la interpretación en su corazón o, por lo menos, con la seguridad de que Dios la proveería en caso de que alguien hablara en lenguas.

Lo que esto sugiere es que, en cualquier reunión de la iglesia local, alguien con el don de lenguas que se sienta animado a hablar en voz alta, digamos, podría coordinarse o conectarse anticipadamente con quienes conoce que tengan el don de interpretación para ver si han llegado a la reunión con una interpretación en mente. O aquellos que proveen interpretación con regularidad podrían entrar a la reunión ya en posesión de algo que Dios les haya revelado y se comunicarían con la persona que habla en lenguas regularmente. Mi punto es que el lenguaje que Pablo usa en 1 Corintios 14:26 ("Cuando os reunís, cada uno de vosotros *tiene* salmo, *tiene* doctrina, *tiene* lengua, *tiene* revelación, *tiene* interpretación. Hágase todo para edificación", énfasis añadido) indica que la gente ya llega preparada para ejercer su don. Solo se requeriría que la persona que "tiene" lenguas se comunicara con la persona que "tiene" interpretación (o viceversa) para que se obedezcan más fácilmente las instrucciones de Pablo en 1 Corintios 14:27–28.

¡Pero me estoy desviando del tema! Nuestra preocupación aquí es encontrar la evidencia de que Pablo mismo oraba y cantaba en lenguas durante su devocional diario. Para eso, enfoquemos nuestra atención en 1 Corintios 14:14–19. Lo que sigue es, de alguna manera, repetitivo de lo que escribí antes, pero es tan vitalmente importante que requiere una consideración cuidadosa una vez más.

Pablo dice que la persona que habla en lenguas está verdaderamente orando a Dios (1 Corintios 14:14), alabando o adorando a Dios (1 Corintios 14:15), y agradeciendo a Dios (1 Corintios 14:16). Sin embargo, también dice que esto puede hacerse mientras su "mente" queda "sin fruto" (1 Corintios 14:14). Tal como escribí antes, la frase *sin fruto* significa una de dos cosas: "*yo* no entiendo lo que digo", u "*otras personas* no entienden lo que digo", o quizás ambas cosas (con énfasis principal en la primera). Me inclino a pensar que él visualiza su propia falta de entendimiento. Después de todo, dice *"mi* mente queda sin fruto", no que la mente de otros quede sin fruto. Es decir, Pablo no entiende lo que él ora o cómo da gracias o en qué manera adora. ¡Pero orar, alabar y dar gracias con toda seguridad sucede! Y todo esto al mismo tiempo que *él carece de conciencia cognitiva* de lo que está sucediendo.

La respuesta inmediata de muchos es decir: "Bueno, si la mente de uno queda sin fruto, si uno no entiende lo que dice, entonces no vale la pena. ¿Por qué alguien encontraría beneficio o bendición en algo que no entiende? Con seguridad la respuesta de Pablo a que su mente quede 'sin fruto' sería dejar de hablar en lenguas de una vez. Acallarlas. Prohibirlas".

Sin embargo, ¡esa no es la conclusión de Pablo! Ni bien ha dicho que su "mente queda sin fruto", él da a conocer su resolución determinada: *"Oraré* con mi espíritu, pero *oraré* con mi mente también; *cantaré* alabanza con mi espíritu, pero *cantaré* con mi mente también" (1 Corintios 14:15, énfasis añadido). Sabemos que Pablo se está refiriendo a orar y cantar en lenguas porque en el siguiente versículo él describe dar gracias con el espíritu de uno tan incomprensible para los visitantes a la reunión de la iglesia.

Esta lectura de la intención de Pablo hace que muchos cristianos se sientan incómodos. Ellos insisten en que si la mente de uno no está involucrada en una manera tal que el creyente pueda entender intelectual y cognitivamente lo que está ocurriendo, la experiencia, cualquiera que sea su naturaleza, es inútil, y quizá hasta peligrosa. Peor aún, ¿podría este tipo de práctica exponer a la persona a una influencia demoniaca? Una vez que se bajan los salvaguardas del discernimiento intelectual, ¿no estamos expuestos a la posibilidad de la herejía teológica? Dejar de involucrar a la mente, dice el argumento, sirve solo para disminuir la importancia de la Escritura en la vida de la comunidad de creyentes.

Estoy completamente en desacuerdo, y también lo está Pablo. Si el apóstol hubiera tenido temor de una experiencia transracional, (la cual, como dije anteriormente, está muy lejos de ser *irracional*), él habría repudiado hablar en lenguas y advertido a los demás de sus peligros inherentes. Después de todo, ¿qué beneficio puede haber en una experiencia espiritual que la mente de uno no puede comprender? Como mínimo, deberíamos esperar que Pablo dijera algo para minimizar su importancia o marginar su práctica. Pero él no hace tal cosa.

Veamos de nuevo, más de cerca, a la conclusión de Pablo. Él incluso la presenta preguntando, en vista de lo que se acaba de decir en 1 Corintios 14:14, "¿Qué pues?" (1 Corintios 14:15, RVA-2015), o "¿Qué debo hacer entonces?" (NVI). Sé que muchos piensan que él debería: "Poner un alto a esta práctica de hablar en lenguas ridícula e inútil. Solamente hay una respuesta viable, solo una conclusión razonable: Nunca volveré a hablar en lenguas, ya que mi entendimiento queda sin fruto". Sin embargo, eso no es lo que él dice.

Su respuesta se halla en 1 Corintios 14:15. Allí leemos que él está determinado a ¡hacer ambas cosas! *"Oraré en el espíritu"*, ejemplo: Oraré en lenguas; y *"oraré con mi mente también"*, ejemplo: oraré en griego o en el idioma de la gente para que los demás que hablan y entienden el idioma puedan beneficiarse de lo que digo". Claramente, Pablo creía que una experiencia espiritual más allá de lo que su mente podía captar (eso es a lo que me refiero por "transracional") era todavía más profundamente beneficiosas. Él creía que no era absolutamente necesario que una experiencia fuera racionalmente cognitiva para que fuera espiritualmente beneficiosa y glorificara a Dios.

Esto no es, en lo absoluto, una manera de denigrar o impugnar la importancia crucial del intelecto personal en la vida cristiana. Pablo insiste en que someternos a la renovación de nuestra mente no es represión (Romanos 12:1–2). Lo que digo, lo que creo que Pablo está diciendo, es que orar en lenguas es profundamente beneficioso y glorifica a Dios aun cuando excede o trasciende la capacidad para descifrar de nuestra mente.

¿Cómo? ¡No lo sé! Pablo no lo dice. En ninguna parte hace el intento de explicar las dinámicas espirituales de lo que sucede cuando una persona ora, alaba a Dios o le agradece en lenguas sin interpretar. Sencillamente, no sabemos cómo puede ser beneficioso y edificante. Sin embargo, Pablo, escribiendo bajo la inspiración del Espíritu, dice que lo es. Y lo confirma su práctica personal de orar en lenguas. Si eso no es suficiente para usted, no queda mucho más que yo pueda decir.

Esto nos lleva a una pregunta importante. Si Pablo está determinado a orar en el Espíritu, ejemplo: orar en lenguas no interpretadas, *¿dónde y cuándo lo haría?* Ya que él ha prohibido hacerlo en la reunión pública de la iglesia, seguramente se refiere a *su vida devocional privada.* La experiencia de Pablo en su tiempo de oración privado también estaba caracterizada por cantar "en el Espíritu" (1 Corintios 14:15), una referencia obvia a cantar en lenguas, lo que debe haber constituido una forma de expresión en lenguas libre, más melodiosa y musical.

Lo que Pablo continúa diciendo en 1 Corintios 14:18–19 es una ventaja para ambas partes en este debate. Los carismáticos recurren al versículo 18, mientras que los cesacionistas señalan el verso 19:

> "Doy gracias a Dios que hablo en lenguas más que todos vosotros".
>
> —1 Corintios 14:18

> "Pero en la iglesia prefiero hablar cinco palabras con mi entendimiento, para enseñar también a otros, que diez mil palabras en lengua desconocida".
>
> —1 Corintios 14:19

En el versículo 18, es como si Pablo abriera la puerta a su clóset de oración y nos permitiera un corto vistazo a su devocional privado con Dios. Sus "momentos de quietud" con el Señor no tenían nada de quietud, pues presentaban oración, canto y alabanza en lenguas, una experiencia por la que Pablo le estaba profundamente agradecido a Dios.

"Espere un momento", responde el cesacionista. "El tema crucial con Pablo no es si él habla en lenguas, sino qué es lo apropiado en la asamblea pública de la iglesia. Pablo está determinado a que se haga solo lo que es cognitivamente ración y, por lo tanto, edificar a otros en la reunión de la iglesia".

Es correcto. ¿Entonces, cómo resolvemos este problema? Realmente no es tan difícil. Pablo ha dicho que la expresión en lenguas en la reunión pública de la iglesia está prohibida a menos de que haya una interpretación. Ya que el propósito de tales reuniones es la edificación de otros creyentes, Pablo prefiere hablar en un lenguaje que todos pueden entender. Consecuentemente, él raramente habla en lenguas en un marco público y solo lo haría si estuviera seguro de que habrá interpretación posterior.

Sin embargo, si Pablo habla en lenguas más frecuente y fervientemente que cualquier otro, aunque en la iglesia casi nunca lo hace (prefiriendo hablar allí en una manera que todos puedan entender), ¿dónde habla en lenguas? ¿En qué contexto podría la afirmación en el versículo 18 tomar forma? La única respuesta posible es que Pablo ejercía este don extraordinario *en privado, en el contexto de su devocional íntimo y personal con Dios*. Repito, la única justificación que veo para objetar este escenario es la renuencia que tienen muchos cesacionistas por las experiencias espirituales que bordean o trascienden la mente.

Recordemos, este es el hombre que escribió Romanos. Este es el hombre cuya mente incomparable y poder de argumentación teológica dejó a sus oponentes teológicos incapaces de rebatir. Este es el hombre conocido en la historia como el teólogo más importante después de Jesús mismo. ¡Este es el hombre que enfrentó y venció a los filósofos en Atenas (Hechos 17)! *¡Sí, lógico, razonable, altamente educado, pero Pablo oraba en lenguas más que cualquier otro!*

Mi conclusión es que, aunque debemos afirmar vigorosamente la importancia crítica de amar a Dios con nuestra mente y procurar la edificación de otros en la iglesia, la exégesis carismática de este pasaje en 1 Corintios 14 da en el clavo. Sencillamente, no veo ninguna manera de evadir el hecho de que Pablo, no solo creía en el valor espiritual de orar en privado en lenguas no interpretadas, sino que además lo practicaba. De hecho, él declara tranquilamente que él ora en privado en lenguas no interpretadas y, por lo tanto, incomprensibles ¡más que todos los corintios juntos!

RESPUESTAS A LAS OBJECIONES

Thomas Edgar es un cesacionista que ha dedicado una cantidad de energía considerable al intento de probar que las lenguas nunca se diseñaron para la oración privada.[1] El erudito británico, especializado en el Nuevo Testamento, Max Turner ha respondido a cada uno de los argumentos de Edgar exactamente de la misma forma en que yo lo hubiera hecho. Así que voy a aprovechar la respuesta excelente de Turner para ayudarnos a navegar hacia una respuesta para esta pregunta.[2]

El primer argumento de Edgar es para dirigir nuestra atención a 1 Corintios 14:22 donde Pablo dice que las lenguas son una "señal" (también recurre al final ambiguo de Marcos 16:15–17)[3]. Si las lenguas fueron diseñadas para proveer una "señal", obviamente no tienen cabida en la vida de oración personal y necesariamente secreta de uno. Turner responde correctamente recordándonos que este es un ejemplo de reduccionismo injustificado.[4] Este último término se refiere a la tendencia a reducir el propósito de las lenguas (o de cualquier otro don) a un solo y único propósito. Sin embargo, las lenguas tienen claramente una multiplicidad de funciones, una de las cuales es edificar al creyente durante la oración privada. Edgar también tropieza en cómo reconciliar este punto de vista con lo que ya hemos visto en Hechos 10 y 19. En estos textos, no hay indicación de que las lenguas solo tengan ya sea un propósito evangelístico o de que sirvan como una señal.

Otro argumento es que un don usado en privado no podría edificar a la iglesia como un todo, y eso pondría a las lenguas en una categoría separada, diferente a todos los otros dones espirituales, cada uno de los cuales se espera que edifiquen al cuerpo de Cristo. Sin embargo, Turner se apresura a señalar que cuando las lenguas se ejercen en la reunión pública de la iglesia, siempre debe haber interpretación. Cuando eso sucede, la gente es claramente edificada. (Vea 1 Corintios 14:5). Y, tal como ya he argumentado, cada vez que un creyente es edificado espiritualmente, le resto de la iglesia sale beneficiado. Este argumento de Edgar también falla en notar que todo don espiritual sirve para edificar o instruir a quien lo utiliza. Cuando yo enseño, el ejercicio de mi don me edifica. Esa no es mi razón principal para enseñar, pero es un producto maravilloso, aunque indirecto, de mi don de enseñanza. Lo mismo sucede con todos los otros dones.

¿Pero el ejercicio privado de un don como el de lenguas no sería egocéntrico? No. Cuando es usado en oración, alabanza y acción de gracias, como dice Pablo refiriéndose a las lenguas en 1 Corintios 14, es profunda y claramente centrado en Dios.

Edgar argumenta además que si las lenguas pueden edificar a quien las usa, ¿no se las daría Dios a todos sus hijos? Repito, no obstante, esto falla en notar que todos los dones espirituales, y no solo las lenguas, tienen la capacidad para edificar a la persona que lo ejercita. Por lo tanto, "la persona que no ha recibido el don [de lenguas] no queda necesariamente desprovisto".[5]

Si el propósito de las lenguas es ayudarlo a uno en los devocionales de oración privados, ¿por qué habría necesidad del don de interpretación? Turner responde a esto señalando que "en el punto de vista de Edgar, debería ser una anomalía que el don de interpretación sea requerido".[6] Sin embargo, vemos en 1 Corintios 14 que, cuando las lenguas se acompañan de interpretación, edifica tanto a la congregación completa, como a la persona que habla. La interpretación es, por tanto, necesaria para la expresión corporativa y para el fruto edificativo de las lenguas aunque es innecesario cuando se usa en privado. No hay nada, en lo más mínimo, inconsistente con estas dos afirmaciones.

Sin embargo, las lenguas no edifican al que habla, dice Edgar.

¿Acaso Pablo mismo no dijo que su mente queda "sin fruto" cuando habla en lenguas sin interpretación? Sí, eso dice. Pero eso no significa que las lenguas no sean útiles para el que las habla. Sencillamente significa que no son comprensibles. Y eso, supongo, es la piedra de tropiezo para Edgar y otros cesacionistas que comparten ese pensamiento. No pueden entender cómo algo que no se comprende puede ser espiritualmente beneficioso. Pero Pablo claramente creía que sí lo era, o no habría decidido continuar orando en lenguas en privado.

Edgar también busca conectar el enunciado de Pablo en 1 Corintios 14:2 que hablar en lenguas es hablarle solamente a Dios, y su declaración en 1 Corintios 14:9 que hablar en lenguas sin interpretación es "hablar al aire". Es decir, tiene que haber algo negativo, sin beneficio, y por tanto, ser evitado. Pero la referencia de Pablo de "hablar al aire" es una acusación de estar haciendo uso del don sin interpretación en una asamblea pública, y no tiene relevancia en cuanto a si el don puede usarse en privado para adorar, alabar y para la edificación del hablante. Que Pablo apoya la oración privada en lenguas está claro según su deseo expresado en 1 Corintios 14:5 de que todos hablen en lenguas. Sabemos que esto es oración privada porque Pablo lo contrasta con la profecía, lo cual no necesita interpretación y por lo tanto edifica a otros con más facilidad. Ya que Pablo dice que las lenguas interpretadas son el equivalente funcional a la profecía e igualmente capaz de edificar a otros (1 Corintios 14:5), él pudo haber dicho solamente que el que profetiza es "mayor" que el que habla en lenguas si las lenguas visualizadas no son interpretadas. Y, por supuesto, tal como acabamos de ver en 1 Corintios 14:14–19, Pablo testifica claramente de su propia práctica de orar en lenguas en privado. A esto, podríamos agregar su exhortación de que si la interpretación no viene después de lo dicho en lenguas, que el creyente "calle en la iglesia, y hable para sí mismo y para Dios" (1 Corintios 14:28).

Edgar no cree que orar "con el espíritu", mencionado en 1 Corintios 14:14–16, sea orar en lenguas. Por consiguiente, él cree que

Pablo está desanimando el orar en el Espíritu y, en cambio, nos dice que solo oremos con la mente. Pero es virtualmente cierto que orar y cantar con el Espíritu es la manera en que Pablo describe el hablar en lenguas. ¿De qué otra manera podría Pablo contrastar estas con orar y cantar "con la mente"? Esto está claramente confirmado en 1 Corintios 14:19, donde Pablo contrasta hablar "con" su "mente" y hablar "en lenguas".

Finalmente, he encontrado recientemente aun otro intento de los cesacionistas para negar que Pablo habló en lenguas en privado o que él animaba a otros a hacerlo. El argumento es que cuando Pablo habló en lenguas, fuera de una reunión pública de la iglesia, lo hizo de la misma manera en que lo hicieron los primeros discípulos en Hechos 2. Es decir, este argumento propone que hay múltiples escenarios donde Pablo se hallaba que fueron como lo ocurrido en el día de Pentecostés. Por consiguiente, se nos pide que creamos que en un sinnúmero de ocasiones Pablo se hallaba entre una multitud de personas reunidas que provenían de diferentes partes del mundo, todos hablaban solo en su idioma natal, y que Pablo le declaraba a cada, uno en su propio dialecto, "las maravillas de Dios" (Hechos 2:11).

Existen varios problemas infranqueables con este punto de vista. Uno es que tendría que ignorarse toda la otra evidencia que he provisto en este capítulo que demuestra el uso legítimo de las lenguas como un lenguaje de oración privado, que también sirve para alabar y agradecer a Dios. Otro problema es que falla en explicar el lenguaje de Pablo en 1 Corintios 14:18 donde declara (y agradece a Dios por el hecho) que él habla en lenguas "más que todos ustedes". Parece que se nos pide creer que Pablo habló en lenguas en escenarios idénticos a Hechos 2 con mucha más frecuencia que los corintios lo hacían en sus devociones privadas o en las reuniones corporativas de la iglesia. Eso me parece altamente improbable, si no imposible, de creer.

Es más, Pablo acababa de describir su expresión en lenguas como oración, alabanza (cantar en lenguas) y acción de gracias.

Entonces, ¿se nos pide ahora que creamos que cuando Pablo se hallaba en medio de numerosas personas, quienes no hablaban su lenguaje, que él oraba en lenguas públicamente frente a ellas, cantaba alabanzas a Dios en lenguas frente a ellas, y expresaba su gratitud personal y profunda a Dios en lenguas frente a ellas, todo con el objetivo de guiarlas a Cristo? Yo creo que no.

No olvidemos que Pablo expresó su deseo de que todos los corintios (y todos los cristianos) hablaran en lenguas (1 Corintios 14:5). ¿Entonces se nos pide que creamos que lo que Pablo deseaba para la gente en Corinto (o en cualquier otra iglesia) es que todos se encontraran de la misma manera en escenarios similares a Hechos 2 para que pudieran hablar en lenguas en otra parte que no fuera dentro de la reunión de la iglesia? ¿Empieza usted a notar las múltiples debilidades de este intento para evadir el hecho inevitable de que Pablo oraba en lenguas en privado y recomienda que los demás hagan lo mismo?

Existe otro defecto fatal en este argumento cesacionista. No hay ni un solo versículo, ni siquiera una sílaba en el Nuevo Testamento, propuesta por esta teoría, para sugerir que Pablo hablaba en lenguas a nivel público. ¿Dónde en el Nuevo Testamento, en Hechos o en cualquier otra parte que describa el ministerio en público de Pablo, obtenemos siquiera una pista de que él hablaba en lenguas, de la misma forma en que sucedió en Hechos 2, en presencia de personas de tierras extranjeras? Ya que Pablo mismo dice que él habla en lenguas más que todos los corintios juntos, ¿no pensaría usted que tendríamos al menos un ejemplo (eso es todo, solo uno) de él dirigiéndose a las multitudes de extranjeros con expresiones en lenguas? Que no haya siquiera uno, un ejemplo aislado corroborando algo que Pablo dice que era un distintivo regular de su vida espiritual es sencillamente demasiado para que yo lo crea (y espero que para usted también).

Capítulo 8

LAS LENGUAS COMO UN DON ESPIRITUAL

Hemos visto repetidamente que el don de lenguas puede ser ejercido en la reunión corporativa de la iglesia local solamente si está acompañado de interpretación. Pablo basó esta restricción en su creencia de que para que una palabra dicha en público fuera edificante, tenía que ser comprensible. Así que, ahora, nos dirigimos a este don espiritual y enigmático conocido como la interpretación de lenguas.

16. ¿Qué es la interpretación de lenguas?

Cuando Pablo enumera los nueve dones del Espíritu en 1 Corintios 12:8–10, el último don es "la interpretación de lenguas". Más adelante en ese capítulo, vuelve a referirse a la interpretación al negar que sea un don otorgado a todos los cristianos (versículo 30). En su instrucción sobre cómo los creyentes deben llegar a cualquier asamblea corporativa, él dice que mientras uno puede llegar con un himno; otro, con una palabra de instrucción; otro, con una revelación de Dios; otro, con lenguas; otro podría llegar con "una interpretación" (1 Corintios 14:26).

Pablo visualiza que, en cualquier reunión del pueblo de Dios no más "dos o tres" pueden hablar en lenguas, "cada uno por turno", lo que significa no simultáneamente, sino uno después de otro. Una vez que hayan terminado, Pablo insiste en que "alguien interprete" (1 Corintios 14:27). Aunque el apóstol no lo dice muy explícitamente, podría ser que él visualice solo a una persona proveyendo la interpretación para las tres expresiones en lenguas. Es completamente posible, por otro lado, que cada expresión en lenguas tenga su propio intérprete individual. Si no hay un intérprete presente en la asamblea corporativa, nadie debería hablar en lenguas.

Hemos observado previamente la exhortación de Pablo a la persona que desea hablar en lenguas en público, al punto de que "debería pedir en oración que pueda interpretar" (1 Corintios 14:13). No hay indicación en lo que Pablo dice que esta persona haya interpretado antes una expresión en lenguas. Él o ella puede haberlo hecho, pero es igualmente posible que fuera su primera experiencia con este don espiritual. Pablo no nos dice cuándo debería ser expresada la oración, pero parece más probable que debiera suceder antes de que se dé la expresión en lenguas. Después de todo, si no hay interpretación, no debe haber nunca una palabra en lenguas. Entonces, parece razonable que la persona que se siente guiada a hablar en lenguas en voz alta, primero debería pedirle a Dios en oración que le conceda la interpretación. Si Dios no responde a tal oración dándole la interpretación, la persona debería refrenarse del todo de hablar en lenguas.

El procedimiento parece suficientemente claro, aunque el apóstol no da respuestas explícitas a todas nuestras preguntas. Lo que nos queda es determinar precisamente, lo mejor que podamos, cómo funciona el don de interpretación. ¿Qué tipo de información produce? ¿Cuál es la relación de una interpretación con la expresión en lenguas? Ahora volvemos nuestra atención a esas preguntas.[1]

LO QUE NO ES EL DON DE INTERPRETACIÓN

Nunca debemos confundir este don espiritual con la habilidad de la persona para interpretar la revelación divina a una mayor escala. La persona con este don no tiene necesariamente que ser extraordinariamente capaz o hábil en la interpretación de textos bíblicos. Existen principios de interpretación en la ciencia llamada hermenéutica que cualquiera que tenga el tiempo y la disciplina para estudiar puede aprenderlos fácilmente. Sin embargo, cuando Pablo habló del don de interpretación, lo que tenía en mente no era que uno se educara en los reglamentos que gobiernan la comunicación lógica. Este don es la capacidad facultada por el Espíritu para interpretar lo que se dice en *lenguas*. No hay indicación en la Escritura de que alguien que tenga *carisma* podría interpretar sueños, visiones y otro fenómeno revelador.

Aunque no se menciona en el Nuevo Testamento, podría muy bien haber un don espiritual de *interpretación*, ampliamente concebido. Lo digo debido a lo que vemos en la experiencia tanto de José como de Daniel en el Antiguo Testamento. Cuando el copero de faraón estuvo en prisión con José, tanto él como el panadero tuvieron un sueño "con su propia interpretación" (Génesis 41:11). El copero le reportó esto al faraón y dijo:

> Estaba allí con nosotros un joven hebreo, siervo del capitán de la guardia; y se lo contamos, y él nos interpretó nuestros sueños, y declaró a cada uno conforme a su sueño.
>
> —GÉNESIS 41:12

Faraón mandó llamar a José y le contó el sueño que había tenido recientemente. "Y dijo Faraón a José: 'Yo he tenido un sueño, y no hay quien lo interprete; mas he oído decir de ti, que oyes sueños para interpretarlos'. Respondió José a Faraón, diciendo: 'No está en mí; Dios será el que dé respuesta propicia a Faraón'" (Génesis 41:15–16). Claro está, nosotros sabemos que José procedió a interpretar el sueño con precisión perfecta, lo que resultó en su promoción a la corte de Faraón. Faraón le atribuyó a la habilidad de José en la interpretación de sueños al hecho de que "el Espíritu de Dios" estaba en él (Génesis 41:38).

De igual manera, Dios capacitó singularmente a Daniel para interpretar sueños reveladores. (Vea Daniel 2:22–23, 28; 4:4–33; y, especialmente, 5:14–16). Sin embargo, el don que Pablo tiene en mente funciona solamente en relación con el don de lenguas. Este don de interpretación no funciona por sí solo, como los otros dones, sino que está intrínsecamente unido al don de lenguas.

Este don también debe diferenciarse de la capacidad aprendida para traducir un idioma extranjero. Yo puedo traducir griego y un poco de hebreo y latín al inglés, pero eso no es lo que Pablo visualiza. Todos estamos familiarizados con escenas de las Naciones Unidas o de una conferencia política internacional donde se emplean traductores para interpretar los discursos de los representantes de varios países. Este es un talento impresionante, pero es una habilidad humana, natural y aprendida. Los intérpretes obtuvieron esta habilidad a través de una educación y práctica extensivas. El don que Pablo describe, por otro lado, es sobrenatural, no aprendido y no menos una "manifestación" del Espíritu Santo (1 Corintios 12:7) que el don de milagros o profecía.

Existe un fenómeno un poco relacionado descrito en Daniel 5, donde sobrenaturalmente una "mano" escribió un mensaje para el rey Belsasar que ninguno de sus asistentes pudo interpretar. Él manda a llamar a Daniel, quien procede a interpretar el significado. Mientras que la inscripción era reveladora, la interpretación no lo fue. Era más parecida a una traducción en tanto a que estaba escrita en arameo, un idioma que Daniel conocía bien. Si la interpretación de lenguas fuera simplemente la capacidad para traducir un idioma previamente conocido, este sería el único don espiritual que no requeriría participación o actividad de parte del Espíritu Santo.

Casi parecería que el entendimiento de las lenguas del teólogo Anthony Thiselton es obra de su conclusión referente a la naturaleza de interpretación. En un estudio previo,[2] y nuevamente en su comentario sobre 1 Corintios, Thiselton argumenta que el sustantivo "interpretación" en 1 Corintios 12:10 y el verbo "interpretar" en 1 Corintios 14:5 y 13 se refieren a la habilidad de poner algo en una expresión articulada que, de otra manera, permanecería sin forma y sin decirse. Él recurre al uso de estos términos en los escritos tanto de Philo como de Josephus donde ellos señalan "la capacidad para expresar en *palabras* o expresión articulada maravillas que, de otra manera, habrían dejado a una persona anonadada, o pudiendo reaccionar solamente de manera emotiva con asombro o gozo".[3] Por lo tanto, dice Thilseton, las lenguas son expresiones que "brotan, en experiencias de maravilla y alabanza, mientras el Espíritu Santo libera inhibiciones y censores, en maneras que reflejan anhelos, suspiros o 'acumulaciones' preconscientes y precognitivas que evaden la objeción y formulación cognitivas".[4] Estos anhelos e impulsos no articulados de alabanza incitada por la actividad del Espíritu Santo (Romanos 8:26) se hallan "aún 'sin procesar' y necesitan una comunicación entendible y consciente".[5] Esto último es lo que supuestamente suple el don de interpretación.

Esto parecería implicar la conclusión de que nadie tiene solo el don de interpretación. Más bien, algunos tienen el don de lenguas, mientras que otros tienen *ambos* lenguas e interpretación. Es decir, asegura Thiselton, "por esto, algunos tienen el don de lenguas (el cual libera los suspiros más profundos a Dios), y otros [además de su don de lenguas] tienen *adicionalmente* el don de posibilitar, lo que les permite reflejar y poner el contenido de la experiencia que ha generado la señal inarticulada del Espíritu en funcionamiento en una señal articulada y comunicativa de la cual todos pueden beneficiarse. Presumiblemente, solo aquellos que no estaban conformes en usar lenguas solo en privado fue a quienes Pablo, específicamente, les ordenó que oraran pidiendo este don adicional [vea 1 Corintios 14:13], o si no, que permanecieran autodisciplinados en la adoración pública".[6]

Eso podría muy bien ser que el modelo de lenguas (y el don de interpretación que le acompaña), por el que Thiselton argumenta que es, para usar su misma terminología, uno de las muchas *especies* o *tipos* de lenguas (1 Corintios 12:10) que Pablo visualizó en funcionamiento en la iglesia. Una respuesta cuidadosa y detallada a su exégesis está más allá de la cobertura de este libro, pero en este punto, no veo nada en su entendimiento que necesariamente descarte la *especies* de lenguas e interpretación por las que yo he argumentado, ni sugiere que las lenguas estén restringidas a la era apostólica. Dicho de otra manera, si el entendimiento de Thiselton comprobara ser el correcto, no tendría relevancia sobre la pregunta extendida acerca de la perpetuidad de cualquier don.

LO QUE SÍ ES EL DON DE INTERPRETACIÓN

Entonces, si el don espiritual de interpretación no es lo mismo que interpretar la Escritura, o darles lógica a los sueños, ¿qué es? Yo lo definiría como "la capacidad que el Espíritu otorga para entender y comunicar lo que de otra manera sería una expresión en lenguas no comprensible, sin beneficio espiritual para la congregación entera". No estoy seguro de usar la palabra *traducir* para describir este don, dado el hecho de que este término podría llevar a la gente a la conclusión de que siempre habrá una traducción palabra por palabra en la expresión en lenguas en el lenguaje coloquial de la gente. Sin embargo, en cualquier momento en que el don de interpretación se ejerza, siempre existirá un espectro desde la traducción literal, en un extremo, hasta la recapitulación amplia, en el otro extremo. Interpretar una expresión en lenguas podría tomar una de varias formas.

Por ejemplo: alguien con este don *podría* proveer una traducción palabra por palabra, literal, que corresponda, en todas las formas concebibles, al contenido de la expresión. Tendría la misma duración y el mismo énfasis. Si la expresión en lenguas fue dada en lo que parecen ser cinco oraciones, que duró cuarenta y cinco segundos, así sería la interpretación.

También podría haber una traducción un poco más flexible,

fluida, que captura la esencia de la expresión. Aquellos que se involucran en la traducción del texto original de la Escritura en otros idiomas, tales como español, muchas veces la llaman "equivalencia dinámica". La totalidad de lo que se dijo en lenguas se presenta en las palabras del intérprete, pero podría no ser en forma de palabra por palabra.

En otros momentos, se provee algún tipo de comentario donde el intérprete explica (quizá hasta exegeta) la expresión en lenguas. Después de todo, lo que se dice en lenguas podría ser enigmático, parabólico o simbólico y, por lo tanto, necesita una explicación. Esto es algo similar a lo que sucede en un museo de arte cuando el experto o el historiador "interpreta" una pintura. Él o ella podría proveer un comentario sobre el estado de ánimo del artista, su trasfondo y hasta el intento que se percibe en la creación de la pintura o escultura.

Luego, claro está, la interpretación podría estar más cerca de lo que llamamos una paráfrasis de lo que la expresión en lenguas significa. Si me permite nuevamente recurrir a la disciplina de la traducción de la Biblia, tengo en mente lo que la versión *La Biblia Viviente* nos presenta en comparación con La Biblia de las Américas. Esta última es una traducción esencialmente inexpresiva y bastante literal en cada palabra, tanto como sea posible, mientras que la primera es el esfuerzo propio del traductor para llevar el texto original al mundo del lector de tal manera que la segunda pueda tener mejor sentido de lo que dice el texto.

Finalmente, supongo que alguien podría interpretar una expresión en lenguas dándonos una recapitulación de la esencia de lo que se dijo. No se hace ningún intento para suplir una palabra en la interpretación que corresponda con precisión a una palabra en la expresión en lenguas. Mas bien, el intérprete toma la expresión en lenguas y la reduce a una declaración mucho más breve y resumida.

No hay nada en lo que Pablo dice sobre el don de interpretación que excluya la posibilidad de que el Espíritu Santo podría capacitar a alguien para interpretar una expresión en lenguas en cualquier punto de dicho espectro. Por ejemplo: La persona con el don de lenguas podría hablar durante cinco minutos, mientras que el intérprete habla solo tres minutos. No hay nada que impida que una sola expresión en lenguas sea interpretada por dos personas cuya "traducción" difiera en términos de duración y enfoque. Una persona podría proveer una interpretación algo larga, aparentemente palabra por palabra, mientras que la otra persona resume el contenido básico o provee una aplicación más práctica de lo que se dijo en lenguas. De cualquier modo, el movimiento siempre va de la oscuridad y la falta de entendimiento de la expresión en lenguas, a la claridad y comprensión de la interpretación, de tal manera que todos en la iglesia puedan decir amén a lo que se habló (1 Corintios 14:16). De esta forma, todo el cuerpo se edifica.

Véalo de esta forma. Si yo leyera en voz alta Juan 3:16 durante un servicio corporativo de la iglesia y, luego, pidiera que otros interpretaran su significado y aplicaran sus verdades a nuestra vida, las respuestas podrían ser notablemente diferentes. Alguien podría anclarse en la palabra "amó" y desarrollar las dinámicas del amor de Dios por nosotros que lo impulsó a enviarnos a su Hijo. Otro podría elegir hablar de la palabra "mundo" y su necesidad por un salvador. Alguien más podría ser guiado a hablar acerca de lo que significa "creer" en Jesús, o quizá, lo que Juan quiso decir por "vida eterna". Finalmente, alguien podría decidir hablar sobre la forma en que este versículo podría ser usado para compartir el evangelio con un amigo no creyente. Sin embargo, en cada uno de los casos se comunica la verdad entendiblemente basándose en algo del texto de Juan 3:16. De la misma manera, donde hay una expresión en lenguas, diferentes individuos con el don de interpretación podrían probablemente fijar su atención sobre un elemento en particular, palabra o frase, mientras que otro se siente guiado a hacer una aplicación práctica para la vida de los asistentes.

Aunque Pablo no lo dice en 1 Corintios, parece razonable pensar que la interpretación de lenguas debería estar sujeta a que los presentes la juzguen en casi la misma forma en que se sopesa o evalúa la expresión profética. (Vea 1 Corintios 14:29).

EL CONTENIDO DE LA INTERPRETACIÓN

Pareciera razonable concluir en que el contenido de la interpretación podría depender completamente del contenido de la expresión en lenguas. Por lo tanto, es menester que hagamos primero otra pregunta: *¿Qué se dice cuando uno habla en lenguas?* Antes observamos que las lenguas pueden ser:

+ Oración (1 Corintios 14:2; ya sea súplica, petición, intercesión, etc.)

+ Alabanza (1 Corintios 14:16; cf. Hechos 2:11; 10:46)

+ Acción de gracias (1 Corintios 14:16)

Si la interpretación tiene que corresponder a la expresión, la primera vendrá en forma de oraciones, alabanza y expresiones de gratitud a Dios. La interpretación será una expresión hacia Dios, no menos de lo que es la expresión en lenguas sobre la cual está basada.

Antes, en respuesta a la pregunta diez en el capítulo 6, abordé el tema controversial sobre si existe un *mensaje* en las lenguas; por ejemplo: un mensaje dirigido *horizontalmente* a las personas en vez de *verticalmente* hacia Dios. El punto de vista estándar entre la mayoría de los creyentes cristianos es que cuando se interpreta una expresión en lenguas, esta se vuelve el equivalente a la profecía. Como tal, su orientación es horizontal, es decir, está dirigida a las otras personas en la iglesia. Sin embargo, si las lenguas siempre son oración, alabanza o acción de gracias, ¿no sería lo mismo su interpretación?

Como dije en el capítulo 6, tal vez me equivoque al colocar este tipo de restricción sobre el contenido de la expresión en lenguas. Aunque Pablo lo visualiza claramente como una forma de oración y una manera en la que podemos agradar a Dios y expresarle nuestra gratitud, ¿significa esto que las lenguas *nunca* pueden funcionar de otra manera? ¿Nos vemos obligados a limitar la expresión en lenguas a estas tres expresiones dirigidas a Dios y a descartar cualquier expresión *dirigida a las personas*? Es decir, ¿estaba Pablo en 1 Corintios 14 proveyéndonos una descripción *exhaustiva* de lo que podría ser comunicado cuando uno habla en lenguas? ¿O podría este don servir para otros propósitos o funciones? Esa pregunta queda pendiente de responder.

17. ¿Por qué muchas veces las lenguas son tan repentinas?

Muchas veces, la gente se molesta por lo que escuchan cuando alguien habla, ora o alaba a Dios en lenguas. Los sonidos que salen de la boca de la persona son más repentinos y rápidamente pronunciados que como serían en caso de una expresión común en el lenguaje natal de uno, y la gente se pregunta por qué. Tengo que reconocer que no tengo evidencia bíblica explícita para la respuesta que voy a dar. Pablo parece estar totalmente despreocupado sobre la manera en que la expresión de lenguas les suena a otros, a menos, por supuesto, que sea hablada en una reunión pública de la iglesia, en cuyo caso él demanda una interpretación entendible.

Habiendo dicho eso, algunos argumentan que lo repentino de la expresión en lenguas se debe al hecho de que es el Espíritu Santo quien ora a través de nosotros. Sin embargo, eso es solo parcialmente verdadero. El Espíritu Santo no habla en lenguas, usted y yo sí. Claro está, cuando ejercitamos nuestro don es gracias al poder y la energía sustentadora del Espíritu. No debemos olvidar la manera en que las lenguas fueron representadas en el día de Pentecostés. Allí, Lucas dice que es el Espíritu quien "les daba habilidad para expresarse" (*cf.* Hechos 2:4; 1 Corintios 14:14–15). Esta podría ser la razón de que orar en lenguas implica un nivel más alto de energía espiritual. Adicionalmente, ya que es el Espíritu Santo quien faculta nuestras oraciones, no hay duda sobre qué palabras decir, no hay tartamudeo ni asombro sobre qué decir y cómo hacerlo, no "ehh" interrumpiendo nuestra expresión, ninguno de los temores o vergüenzas que caracterizan y, por lo tanto, retardan el habla normal. Cuando se ora en lenguas, uno nunca necesita "esperar" hasta pensar en qué decir. A lo mejor haya otras explicaciones igualmente válidas para la velocidad de la expresión en lenguas. Pero no se me ocurre ninguna.

18. ¿Por qué dicen algunos que hablar en lenguas es el don espiritual menos importante? ¿Lo es?

Tuve un amigo que una vez no estuvo de acuerdo con mi enseñanza sobre el don de lenguas y señaló que cuando Pablo enumeró los dones espirituales, el don de lenguas estaba cerca del final del listado. "Seguramente", dijo, "esto indica que el don de lenguas es un don menor del Espíritu, un don secundario, al menos en comparación a los otros. Si ese fuera el caso", concluyó, "¿deberíamos siquiera hablar de él, y mucho menos escribir un libro para defenderlo e invitar a la gente a que lo pida en oración?".

No soy de los que descartan una pregunta así. Después de todo, es cierto que Pablo coloca de último en el listado a los dones de lenguas e interpretación. En 1 Corintios 12:8–10 se mencionan nueve dones, el de lenguas y el de interpretación son los últimos dos. Repito, en 1 Corintios 12:28, el apóstol enumera ocho dones, el último es el de lenguas. Cuando él, en 1 Corintios 12:29–30, hace su serie de preguntas retóricas, las lenguas y la interpretación surgen de último. Ahora, ese último comentario podría sonar perjudicial, pero no lo es. Si yo pensara que las lenguas son un don de segunda categoría e innecesario, con toda seguridad no habría dedicado mi tiempo y energía a escribir este libro. Entonces, ¿qué explicación puede darse para "clasificar" estos dones de esta manera? Incluso la palabra "clasificar" es peyorativa, pues sugiere que algunos dones son más importantes que otros.

En primer lugar, nada se puede hacer del hecho de que en 1 Corintios 12:8–10 los dones de lenguas e interpretación están listados de último, por el simple hecho de que Pablo no usa los adverbios *primero, segundo, tercero* como lo hace en 1 Corintios 12:28–30.

Es más, en Romanos 12, Pablo provee nuevamente un listado de los dones espirituales representativos, pero sin un énfasis particular sobre su importancia comparativa. Allí, él menciona, en orden, profecía, servicio, enseñanza, exhortación, generosidad, liderazgo y mostrar misericordia (versículos 6–8). Dudo que alguien querría argumentar que el don de servir es más importante que la enseñanza o que la exhortación es más valiosa que el liderazgo y que mostrar misericordia. Sin embargo, ¿qué sucede con 1 Corintios 12:28–30, donde Pablo sí utiliza los adverbios *primero, segundo* y *tercero?* ¿Qué es lo que él quiere sugerir al listar los dones de esta manera?

A lo largo de 1 Corintios, y especialmente en los capítulos 12–14, Pablo se esfuerza para insistir en que ningún cristiano individual es superior o inferior a cualquier otro, especialmente con base en el don espiritual que él o ella posea. Él difiere elocuentemente en 1 Corintios 12:14–26 contra cualquier sugerencia que, debido a que un creyente tiene un don en particular, él no necesita o no se beneficia de la contribución de otro. Ningún "miembro" o "parte" del cuerpo de Cristo es "menos parte del cuerpo" sencillamente debido al don espiritual de la persona (1 Corintios 12:22–25). De hecho, es precisamente la diversidad de los varios miembros y las formas diferentes en que se sirven unos a otros lo que hace efectivo al cuerpo en el ministerio. Debe darse el mismo honor a cada uno.

También deberíamos observar que solamente los primeros tres dones en 1 Corintios 12:28 están clasificados por números, y esto "podría posiblemente ser la manera de Pablo de enfatizar el ministerio fundamental de la palabra, inicial y continuo, sin el cual la iglesia no sobreviviría por mucho tiempo".[7] También puede ser que mientras no se haga distinción entre el valor de las personas en la iglesia, sus dones espirituales funcionan en diferentes maneras y no todas son igualmente capaces de edificar a los demás. Esto, creo yo, es lo que Pablo tiene en mente cuando anima a los corintios a "procurar los dones mejores [o "más grandes"]" (1 Corintios 12:31). Estos dones sirven más fácilmente para instruir, animar y edificar a otros creyentes. El que profetiza, dice Pablo, "mayor es que el que habla en lenguas", porque la profecía no requiere interpretación (1 Corintios 14:5). Todos entienden instantáneamente lo que se dice y, así, cada uno es más fácilmente edificado que si escucharan lenguas sin interpretar. No obstante, tal como observamos antes, si la expresión en lenguas va acompañada de la interpretación, esta puede tan fácil y efectivamente edificar a otros como lo hace la profecía (1 Corintios 14:5).

Por otro lado, Craig Blomberg, especialista en el Nuevo Testamento, cree que la enumeración de estos primeros tres dones señala su prioridad cronológica. Él explica:

> Para establecer una congregación local, se requiere de un plantador de iglesias. Luego, la proclamación regular de la Palabra de Dios debe suceder. A continuación, los maestros deben suplir al evangelismo con discipulado y la comunicación de las verdades cardinales de la fe. Solo en este punto existe una hermandad cristiana viable para permitir que todos los otros dones entren en juego.[8]

El contraataque a este punto de vista viene de la observación de que el don de lenguas fue, de hecho, el "primer" don cronológicamente dado al pueblo de Dios (vea Hechos 2). Y, además, las lenguas descritas en 1 Corintios 12–14 están designadas para el uso en la oración devocional privada o en la asamblea corporativa, cuando están acompañadas de interpretación, para que otros puedan ser edificados. Las lenguas en Hechos 2, 10 y 19, por otro lado, funcionaron de una manera completamente diferente (tal como se discutió anteriormente).

Otro argumento contra la idea de que Pablo está clasificando dones según su importancia o valor es el hecho de que él enumera "profetas" antes de "maestros" (1 Corintios 12:28). Esto es extraño dado el hecho de que los "maestros", quienes están capacitados y conocen bien la Palabra de Dios, era probablemente de quienes se esperaba que fueran los primeros en juzgar sobre la exactitud de cualquier cosa que dijera un profeta. Y tan útil como es seguramente el don profético, ¿realmente se nos pide creer que es más efectivo que la enseñanza en la edificación de otros creyentes?

Cualquier decisión que uno acepte, es innegable el caso de que ningún don espiritual es más importante que otro y ciertamente ningún individuo es más valioso que otro en el cuerpo de Cristo con base solo a la naturaleza del don que Dios ha dado. Si acaso, el que Pablo relegara las lenguas al final de estos otros dones puede simplemente haber sido su manera no tan sutil de reprender a aquellos en la iglesia de Corinto que se creían espiritualmente superiores a los demás basándose solamente en el hecho de que hablaban en un lenguaje celestial.

19. ¿El hecho de que las lenguas se mencionen solo en el libro de Hechos y 1 Coritios es una indicación de que los escritores del Nuevo Testamento lo consideraban comparativamente irrelevante en la vida cristiana?

Un argumento común entre los cesacionistas es que las lenguas no están explícitamente mencionadas en otras instancias de la conversión en Hechos, aparte de las tres que observamos en el capítulo 2. Esto, argumentan, es significado de su falta de importancia como un ministerio progresivo en la vida de la iglesia. Este tipo de argumento, que tiene el silencio como origen, demuestra poco, si acaso demuestra algo. ¿Cuántas veces es necesario que se mencione un don para que sea una expresión válida de la vida espiritual? Fuera de 1 Corintios, la ordenanza de la Santa Cena nunca se menciona en las epístolas de Pablo. ¿Querrían los cesacionistas que, a raíz de esto, concluyamos que la Santa Cena no es importante? Supongo que se podrían citar un sinnúmero de otros ejemplos. El simple hecho es que las lenguas se mencionan tres veces en Hechos y varias veces en 1 Corintios 12–14. Que no es el don o ministerio más importante es obvio. ¿Quién sugeriría que lo es? Sin embargo, eso no nos da pie a ignorarlo, marginarlo o descuidarlo por completo.

En un estilo relacionado, se hace un argumento de que hablar en lenguas no era el factor principal en esparcir el evangelio ni en la práctica de la iglesia apostólica. Sin embargo, tal como se observó previamente, en los veintidós libros del Nuevo Testamento que van después de los Hechos, solo 1 Corintios menciona la Santa Cena. ¿Qué debemos concluir de eso? Nada, aparte del hecho de que debido a que la instrucción de Pablo sobre la Santa Cena fue tan clara y decisiva en 1 Corintios, no había necesidad de mencionarla repetidamente en sus otras cartas. ¿No estamos justificados al concluir, por la falta de referencia a las lenguas en sus otras epístolas, que este don no era un problema para esas iglesias y que los lineamientos de Pablo para este ejercicio, tal como se dan en 1 Corintios, eran suficientes para la vida y el ministerio de los creyentes en otras congregaciones? Yo creo que sí.

Otros consideran que es altamente significativo que Pablo no mencionara las lenguas en su listado de dones espirituales en Romanos 12 y Efesios 4. Ellos argumentan de esto que el don de lenguas no era un tema de importancia o que no era practicado por los cristianos en Roma, Éfeso y los demás lugares. Sin embargo, virtualmente todos los expertos del Nuevo Testamento reconocen que ninguna epístola del Nuevo Testamento contiene un listado exhaustivo de todos los dones espirituales. Ya sea 1 Corintios 12, Romanos 12, Efesios 4 o 1 Pedro 4, que lo que tenemos son listados *representativos*, no completos. En Romanos 12, Pablo menciona solamente siete dones espirituales; sin embargo, todos reconocen que hay un mínimo de diecinueve dones listados en el Nuevo Testamento. Entonces, ¿harán los cesacionistas que nosotros creamos que estos doce dones que Pablo no menciona no eran importantes o, peor aún, no existían en la iglesia en Roma? En Efesios 4, solamente se mencionan cinco dones (algunos expertos creen que son solo cuatro). Así que supongo, sobre la lógica de los cesacionistas, que quince dones espirituales estaban ausentes de la iglesia en Éfeso o el apóstol los consideró insignificantes.

También he sabido que se dice que preocuparse por la expresión en lenguas es infantil (1 Corintios 14:20). Repito, esto es engañoso. Hablar en lenguas *per se* no es infantil. Es un don de Dios bueno y glorioso. El deseo de poseer este don tampoco es una señal de inmadurez. Lo que Pablo caracteriza como infantil e inmaduro es (a) la creencia de que las lenguas (por encima de los otros dones) era una señal de espiritualidad enaltecida y (b) la determinación de parte de algunos en Corinto para dominar la reunión con la expresión de lenguas sin interpretación.

Algunos, al igual que yo, hallan problemático el argumento entre los carismáticos de que uno puede "desarrollar" el don de lenguas o aprender a ejercerlo con mayor facilidad. Si lo que ellos quieren decir con esto es que nadie puede hacer algo para inducir o persuadir a Dios para que le dé un don contrario a la soberana voluntad del Señor, claro está, yo estoy de acuerdo. Sin embargo, quiero asegurarme de que nadie pretenda sugerir que una vez otorgado el don, no podemos desarrollarlo, crecer o mejorar y aprender cómo usarlo más eficazmente. Virtualmente, esto aplica a todos los dones, tales como el don de enseñanza, evangelismo, liderazgo, generosidad o cualquiera y todos los dones espirituales. Si los cristianos no pueden "aprender" cómo ejercer un don, ¿por qué estamos ofreciendo cursos de homilética (predicación) en nuestras universidades y seminarios? ¿Qué pretendemos al ofrecer seminarios sobre cómo compartir más eficientemente nuestra fe con los no cristianos? Y la lista podría continuar.

Respecto a eso, podría ser útil tomar nota de lo que Pablo dijo en Romanos 12:6. Allí, él incentiva el ejercicio de la profecía "en proporción a nuestra fe". Esta traducción es ligeramente confusa, ya que el pronombre posesivo "nuestra" no está en el texto original. De manera más literal, se lee "según la proporción de la fe". Algunos argumentan que "la fe" aquí mencionada se refiere a las verdades objetivas del cristianismo personificado en la tradición del evangelio. Sin embargo, yo lo pienso más como que Pablo está diciendo que la gente opera en su don particular con mayor o menor grado de habilidad y exactitud, y con mayor o menor grado de confianza o seguridad de que lo que ha profetizado viene verdaderamente de Dios.

Mi punto es que la gente que recibe el don de profecía puede y debería desarrollarse en la capacidad de su ejercicio. Lo mismo sucede con casi todos los demás dones espirituales. Confío que soy un mejor maestro y más persuasivo hoy día de lo que era cuando empecé en el ministerio pastoral hace cuarenta y cinco años. Supongo que Billy Graham habría afirmado que su don de evangelismo aumentaba en poder y eficacia mientras más ministraba. Y podríamos continuar virtualmente con cada don espiritual. A medida que hacemos uso de nuestro(s) don(es) espiritual(es), con el tiempo aprendemos de nuestros errores. Nos volvemos más perceptivos. Hemos aumentado las oportunidades para recibir retroalimentación de parte de otros a fin de que podamos mejorar. Observamos la manera en que el mismo don espiritual funciona en otros creyentes y, así, aprendemos de ellos la forma en que podríamos hacer un uso mejor y más eficiente cualquier manifestación del Espíritu que Dios nos haya otorgado.

Capítulo 9

LAS LENGUAS Y LA ORACIÓN

En este capítulo, quiero señalar varios versículos bíblicos fuera de Hechos y 1 Corintios que muchos han considerado que se refieren a las lenguas. Me preguntan con frecuencia si las lenguas están consideradas en Efesios 6:18 y Judas 20, donde leemos sobre orar "en el Espíritu". Y, ¿qué significa Romanos 8:26–27? ¿Y es Marcos 16:17 parte auténtica del texto original de la Escritura? Al cierre de este capítulo, también hablaré de un par de preguntas pastorales respecto al uso de las lenguas. Así que empecemos con esos versículos.

20. ¿Qué significa "orar en el Espíritu"? ¿Es esto una referencia a hablar en lenguas?

Dos veces en el Nuevo Testamento, fuera de 1 Corintios 14, leemos acerca de orar "en el Espíritu". Los dos textos son Efesios 6:18 y Judas 20–21. Véalos a continuación:

> Orando en todo tiempo con toda oración y súplica en el Espíritu, y velando en ello con toda perseverancia y súplica por todos los santos.
>
> —Efesios 6:18

> Pero vosotros, amados, edificándoos sobre vuestra
> santísima fe, orando en el Espíritu Santo, conservaos en el
> amor de Dios, esperando la misericordia de nuestro Señor
> Jesucristo para vida eterna.
>
> —Judas 1: 20–21

Hay unos cuantos versículos más que usan la misma frase: "en
el Espíritu". En Lucas 10:21, se nos dice que Jesús "se regocijó en
el Espíritu". Marcos se refiere al rey David cuando habló "por el
Espíritu Santo" la verdad del Salmo 110 (Marcos 12:36). Y Pablo
les recuerda a los corintios (1 Corintios 12:3) que "nadie que hable
por el Espíritu de Dios llama anatema a Jesús". Y, de nuevo, en el
mismo versículo, "nadie puede llamar a Jesús Señor, sino por el Espíritu Santo".

La razón por la que surge este problema es que cuando Pablo
presenta su propia práctica tanto de orar como de cantar en lenguas, él las describe como sucediendo "en el espíritu" (1 Corintios
14:15). Quiero evitar volverme muy técnico aquí, especialmente en
lo que se refiere a mi recurrencia al texto original en griego de la
Escritura. Sin embargo, usted no debe preocuparse del hecho de
que la mayoría de las versiones traducen la palabra griega *pneuma*
("espíritu") con e minúscula en vez de la E mayúscula. Algunos llevan este punto más allá de lo que era la intención de Pablo. Ellos
argumentan que en 1 Corintios 14:15, Pablo está refiriéndose exclusivamente a su espíritu humano, pero que en Efesios 6:18 y Judas
1:20, está claro que Dios el Espíritu Santo es quien está considerado. Sin embargo, en 1 Corintios 14 hay un cambio de un lado a
otro, por así decirlo, entre las referencias al Espíritu Santo y el espíritu humano. Muchas veces, Pablo habla como si ambos están en
consideración, es decir que el espíritu "humano" es facultado por el
Espíritu Santo para dar expresión a algún don espiritual.

Veamos varios de estos. En 1 Corintios 14:2, Pablo dice que la
persona que habla en lenguas "dice misterios en el Espíritu". ¿Es
este el Espíritu Santo de Dios o el espíritu humano? Me inclino por

143

decir: "¡Sí!". Un poco más abajo, en el versículo 15, Pablo se refiere a sus práctica regular de orar en lenguas y la describe como orar "con mi espíritu (TLA)". Esto probablemente señala su espíritu humano (note que la versión TLA usa el pronombre posesivo "mi"); sin embargo, no sin la manifestación facilitadora del Espíritu Santo quien está detrás y es responsable del ejercicio de todos los dones espirituales, lo que incluye las lenguas. Lo mismo sucede en 1 Corintios 14:16, donde Pablo menciona dar gracias en lenguas o dar gracias "con su espíritu". Un texto más para ver es 1 Corintios 14:32, donde Pablo dice: "los espíritus de los profetas están sujetos a los profetas". (Vea también Apocalipsis 22:6). Muchos toman esto como una referencia exclusiva al espíritu humano de cualquiera que profetice. Sin embargo, creo que deberíamos seguir el consejo del teólogo pentecostés Gordon Fee, quien sugiere que traduzcamos cada uno de estos versículos como "E/espíritu".[1] Su punto es que, en cada caso, el espíritu humano se expresa por medio del poder y la presencia sustentadoras del Espíritu Santo. Nunca uno está excluido de otro.

En cada ocasión de lo que acabamos de citar, la frase traducida "en el Espíritu" o "en mi espíritu" está en caso dativo (la palabra griega *pneumati*). Tanto en Efesios 6:18 como en Judas 1:20, la preposición *en* está incluida. No hay controversia sobre el hecho de que Pablo está describiendo la oración y el canto en lenguas cuando usa la palabra *pneumati* (singular dativo del griego *pneuma*, que significa espíritu; vea 1 Corintios 14:15). Pero ¿qué hay de Efesios 6:18 y Judas 1:20? ¿La inclusión de la preposición *en* sugiere que algo que no son las lenguas está visualizado? Probablemente no, pero eso no necesariamente significa que ellos tienen en mente la misma experiencia que Pablo describe en 1 Corintios 14.

Decir en la Escritura "por el Espíritu Santo" (Marcos 12:36) o regocijarse y adorar "en el Espíritu Santo" (Lucas 10:21) o declarar "por el Espíritu de Dios" que "Jesús es Señor" (1 Corintios 12:3) claramente significa hacerlo bajo la influencia del Espíritu o por virtud de la presencia fortalecedora del Espíritu. Debería tomarse en contraste con cualquier ejercicio hecho solamente en el poder propio del ser humano o su fuerza de voluntad.

La mayoría de los expertos entienden que tanto Efesios 6:18 como Judas 1:20 usan la palabra *Espíritu* de la misma manera; es decir, ellos argumentan que "orar en el Espíritu" es llevar peticiones y súplicas a Dios en el poder del Espíritu Santo. Se visualiza al Espíritu como Aquel que, quizá, trae a la mente lo que necesita decirse en oración. O el Espíritu es Quien lo anima o urge a uno a orar. O el Espíritu es Aquel en quien confiamos para representarnos acertadamente ante el trono de la gracia. O el Espíritu es Quien suple la resiliencia y la energía para perseverar en oración en lugar de rendirnos rápidamente, como somos muy propensos a hacer.

Así que, yo sugeriría, antes que nada, que cualquiera y todos los cristianos pueden orar "en el Espíritu" tengan o no el don de orar en lenguas. Así, orar "en el Espíritu" es definitivamente más que solo orar en lenguas. ¿Pero es menos que orar en lenguas? En otras palabras, ¿podría ser que tanto la exhortación de Pablo (Efesios 6:18) como la de Judas (Judas 20) a "orar en el Espíritu" puede *incluir* orar en lenguas (para quienes tienen el don), pero no necesariamente se refiere a hacerlo exclusivamente así (como si la exhortación no aplica a aquellos que no tienen el don)? Creo que la respuesta es sí.

Lo que sugiero, entonces, es esto. Para alguien como yo, cada vez que oro en lenguas, estoy orando "en mi espíritu [humano]" por medio de o "en el Espíritu [Santo]". Pero para alguien más, que no tiene este don espiritual, esa persona puede orar "en el Espíritu" mientras hace uso de su idioma natal. Mi razón principal para decir esto es que tanto Efesios 6:18 como Judas 20 parecen ser exhortaciones extendidas a todos los cristianos, tanto hombres como mujeres. Ya que sabemos que no todos los creyentes hablan en lenguas (vea 1 Corintios 12:30; 14:5), aparte de la pregunta de si todos podrían o deberían hacerlo (a lo que nos referiremos más adelante), todos son responsables de dar los pasos para asegurarse de que su devoción a la oración y la práctica de esta sea sustentada, facultada y dirigida por el Espíritu Santo de Dios.

21. ¿Se refiere Romanos 8:26–27 al don de lenguas?

Hay aún otro texto que muchos creen que describe orar en lenguas, y ese es Romanos 8:26–27. Pablo confiesa que todos hemos experimentado, en un momento u otro, quizá lo que algunos experimentan regularmente: "no sabemos orar como debiéramos "(Romanos 8:26, LBLA). En vez de que estoy traiga desánimo a nuestro corazón, Pablo nos recuerda que "el Espíritu nos ayuda en nuestra debilidad" (Romanos 8:26, LBLA). ¿Y cómo lo hace el Espíritu? ¿Qué es lo que hace que vence nuestra ignorancia y debilidad al saber por qué orar? Pablo dice:

> Y de la misma manera, también el Espíritu nos ayuda en nuestra debilidad; porque no sabemos orar como debiéramos, pero el Espíritu mismo intercede por nosotros con gemidos indecibles; y aquel que escudriña los corazones sabe cuál es el sentir del Espíritu, porque Él intercede por los santos conforme a la voluntad de Dios.
>
> —Romanos 8:26–27, LBLA

Los cristianos carismáticos señalan rápidamente esta declaración en apoyo a sus creencias y prácticas en lo que se refiere a orar en lenguas. Sin embargo, otros no están tan seguros de que esto sea lo que Pablo tiene en mente.

Debemos, primero, observar el contexto donde ocurren los versículos 26 y 27 de Romanos 8. Pablo ha estado hablando sobre el sufrimiento que soportamos mientras esperamos en esta vida por la redención final o la glorificación de nuestros cuerpos (versículos 18–25). De hecho, ¡hay muchísimo "gemir"! La creación material, habiendo estado sujeta a la maldición provocada por Adán, "la creación entera gime y sufre dolores de parto hasta ahora" (versículo 22). ¡Pero no gime sola! Sin duda, "también nosotros mismos, que tenemos las primicias del Espíritu, aun nosotros mismos gemimos en nuestro interior, aguardando ansiosamente la adopción como hijos, la redención de nuestro cuerpo" (versículo 23). Repito, no quiero ser sumamente técnico, pero es importante que conozca las palabras exactas que Pablo usa aquí.

En el versículo 22, toda la creación material o natural ha estado "gimiendo" con dolores de parto. El verbo es *systenazō* "gemir con". En el versículo 23, Pablo usa el verbo relacionado *systenazō* "gemir". La única diferencia es que el primer verbo enfatiza que la creación no gime sola, sino en conjunto, ya sea con el resto de la creación o en conjunto con nosotros, los cristianos. Cuando Pablo llega al versículo 26 para describir lo que el Espíritu Santo hace dentro y de parte de los cristianos débiles, él usa la forma sustantiva y relacionada de estos verbos, *stenagmos*. Como dije, hay muchísimo gemir sucediendo en Romanos 8. La creación material gime, nosotros, los cristianos, gemimos e, incluso, ¡el Espíritu Santo mismo gime!

Sin embargo, ¿es este "gemir" del Espíritu Santo literal o físicamente audible, o podría ser metafórico? El "gemir" de la creación material es claramente metafórico. Es decir, el mundo natural está personificado y se le asignan atributos o acciones que solo son posibles entre los humanos. Los árboles, los ríos y los valles no "gimen" audiblemente; pero se les representa como pariendo bajo la maldición de pecado y, en un sentido, anhelando el día cuando la maldición sea quitada. Claro está, nosotros, los humanos, "gemimos" literal y audiblemente mientras esperamos ansiosamente y con expectación ser liberados de los cuerpos perecederos y dolorosos en los que vivimos ahora. Sin embargo, parece extraño sugerir que Dios el Espíritu Santo pudiera gemir audiblemente. Más probablemente, esta es la manera en que Pablo le da expresión al hecho de que el Espíritu Santo se identifica con nuestro hondo, profundamente sensible, pero inarticulado deseo, por las respuestas a nuestras oraciones que nos sentimos muy débiles e ignorantes como para pronunciarlas. Como nuestro intercesor (Romanos 8:26–27), Aquel que lleva nuestras peticiones inexpresables al Padre, el Espíritu Santo toma nuestro gemir y lo transforma, en una manera misteriosa, en peticiones llenas de significado que se adaptan a la voluntad de nuestro Padre celestial.

Cuando Pablo dice que, en nuestra condición actual, muchas veces no sabemos cómo pedir, no está hablando de nuestro estilo, postura o manera, sino del *contenido* en la oración. Somos ignorantes de lo que nosotros o los demás necesitamos, ignorantes de lo que Dios ha prometido e incapaces de expresar en palabras el clamor de nuestro corazón. Pero anímense, dice Pablo, porque el Espíritu Santo toma la palabra donde nosotros, debido a nuestra debilidad, nos detenemos. Si no sabemos qué pedir, el Espíritu sí. Él intercede por nosotros "con gemidos que son muy profundos como para decirlo con palabras". La única palabra griega tras la traducción "muy profundos para expresarlos con palabras" se usa solo aquí en el Nuevo Testamento (*alalētois*). ¿Eso significa inefable, por ejemplo: incapaz de ser expresado en un idioma humano (cf. 2 Corintios 12:4)? Si así fuera, los gemidos podrían muy bien ser audibles, aunque desarticulados. ¿O significa sencillamente no pronunciados, sin llegar jamás al nivel auditivo? Si lo primero es correcto, los gemidos son probablemente nuestros y el Espíritu Santo los inspira y aviva en nuestro interior. Pero si lo último es más probable. Los gemidos provienen del Espíritu Santo. El experto en el Nuevo Testamento, Douglas J. Moo, explica:

> Ya que no podemos estar absolutamente seguros...es preferible entender estos "gemidos" como el "lenguaje de oración" propio del Espíritu, un ministerio de intercesión que sucede en nuestro corazón (*cf.* versículo 27) en una forma perceptible para nosotros. Yo lo tomo como si Pablo está diciendo que nuestro fracaso en conocer la voluntad de Dios y la consecuente inhabilidad para pedirle a Él específica y confiadamente está cubierto por el Espíritu de Dios, quien le expresa a Dios esas peticiones intercesoras que se adaptan perfectamente a la voluntad de Dios. Cuando no sabemos qué pedir—sí, incluso cuando oramos por

cosas que no son las mejores para nosotros—no debemos desesperarnos, pues podemos depender del ministerio del Espíritu de intercesión perfecta "por nosotros"... [Según el versículo 27] Dios, quien ve el ser interior de las personas, donde se lleva a cabo el ministerio de intercesión del Espíritu que habita dentro de nosotros, "sabe", "reconoce" y responde a esas "intenciones" del Espíritu que son expresadas en sus oraciones por nosotros.[2]

Pareciera aquí, que lo que Pablo está describiendo es al Espíritu mismo orando o intercediendo "por" nosotros para compensar nuestra falta de claridad o conocimiento en lo que más necesita ser articulado. Es decir, es el Espíritu quien ora, no nosotros. Tal como lo observamos antes, mientras que todos los dones espirituales, incluyendo el de lenguas, son "manifestaciones" (1 Corintios 12:7; 14:12) del Espíritu, las cuales no podemos, y probablemente ni deberíamos intentar, diferenciar entre lo que el Espíritu hace y lo que nosotros hacemos en nuestro espíritu humano; en Romanos 8, Pablo dice claramente que es el Espíritu quien ora. Nosotros no. De hecho, no podemos. Somos demasiado débiles. Por lo tanto, no me inclino a hallar en Romanos 8 una referencia a orar en lenguas.[3] O, quizá, debería decir que si orar en lenguas está incluido en el pensamiento de Pablo en Romanos 8, de ninguna manera está exclusivamente relacionado con las lenguas. Sería muy similar a lo que vimos en relación con orar "en el Espíritu". Toda oración en lenguas es orar en el Espíritu, pero no toda oración en el Espíritu es orar en lenguas. De la misma manera, bien podría ser que Pablo incluyera lenguas en la realidad de los "gemidos" del Espíritu por nosotros, pero él no restringiría lo último a orar en lenguas. En otras palabras, Romanos 8:26–27 es una verdad gloriosa que aplica universalmente a todos los cristianos, tanto a quienes oran en lenguas como a quienes no lo hacen.

Lo último es incluso una razón más por la que no creo que Pablo esté pensando exclusivamente en la oración en lenguas. El argumento contextual de Romanos 8:18–19 es que todos los cristianos sufren en este tiempo presente, que todos los cristianos gimen bajo la maldición impuesta por el pecado y que, por lo tanto, todos los cristianos luchan en su debilidad para saber con precisión cómo y qué llevar en oración ante Dios. Así, la promesa de la obra del Espíritu por nosotros en Romanos 8:26–27 aplica a todo creyente, a cada hijo de Dios, independientemente del don espiritual que tengan o no tengan.

22. ¿Podemos aprender algo sobre las lenguas de Marcos 16:17?

La pregunta que surge aquí nos lleva al mundo altamente complejo y técnico de lo que se conoce la crítica textual del Nuevo Testamento. Debo confesar anticipadamente que no soy un crítico textual. Aprendí los principios básicos de esta diciplina mientras estaba en el seminario, y puedo deducir con alguna medida de comprensión lo que los expertos en este campo de estudio nos dicen. Pero no aseguro estar lo suficientemente capacitado en crítica textual como para poder hablar con autoridad sobre el tema de la autenticidad de Marcos 16:9–20.

Habiendo dicho eso, mi mejor dictamen es que James Edwards tiene razón al concluir: "Es virtualmente cierto que 16:9–20 es una adición posterior y no el final original del evangelio según San Marcos".[4] La nota en la Biblia de Estudio NVI de Zondervan habla de la mayoría de evangélicos cuando dice: "Casi mundialmente, los expertos están de acuerdo en que esta sección [16:9–20] es in intento posterior, quizá de algún escriba del segundo siglo, para rectificar el problema percibido del versículo 8 Los primeros y mejores manuscritos no tienen estos versículos; son desconocidos para muchos de los padres de la Iglesia primitiva; y el vocabulario y estilo difieren del resto de Marcos".[5]

La versión de la Biblia de Estudio ESV [en inglés] provee una explicación más amplia y más informativa para el problema que enfrentamos aquí. Vale la pena leerla completa [traducción libre, NdelT]:

Algunos manuscritos antiguos del evangelio de Marcos contienen estos versículos y otros no, lo que presenta un acertijo para los expertos especializados en la historia de tales manuscritos. Este final más largo falta en varios de los manuscritos en griego antiguos y confiables (específicamente Sinaiticus y Vaticanus), así como también en varios manuscritos del latín primitivo, siriaco, armenio y georgiano. Los padres de la iglesia primitiva (por ejemplo: Orígenes y Clemente de Alejandría) parecen no saber de estos versículos. Eusebio y Jerónimo declaran que esta sección no se encuentra en la mayoría de los manuscritos disponibles en su época. Y algunos manuscritos que contienen los versículos 9 al 20 indica que los manuscritos más antiguos no tienen esta sección. Por otro lado, algunos de los primeros manuscritos y muchos de los posteriores (tales como los manuscritos conocidos como A, C, y D) contienen los versículos 9 al 20, y muchos de los padres de la Iglesia (como Irenaeus) evidentemente conocían estos versículos. Con relación a los versículos en sí, estos contienen varias palabras en griego y expresión que no son comunes en Marcos, y contienen también diferencias de estilo. Muchos piensan que esto demuestra que los versículos 9–20 son una adición posterior. En resumen, los versículos 9–20 deberían leerse con cautela. Al igual que en muchas traducciones, los editores de la ESV han colocado la sección entre corchetes, para mostrar sus dudas sobre si esta era originalmente parte de lo que Marcos escribió, pero también para reconocer su larga historia de aceptación de parte de muchos en la iglesia.[6]

Supongo que esto ya es información extra sobre el problema textual en Marcos 16 de lo que muchos desearían haber sabido. En conclusión, permítame decir dos cosas sencillas. Primera: de lo poco que sé de crítica textual, estoy de acuerdo con quienes argumentan que los versículos 9–20 probablemente no eran parte del evangelio original de Marcos, sino que un escriba los añadió en algún momento del segundo siglo. Por lo tanto, deberíamos ser extremadamente cautelosos en tratar de obtener una verdad doctrinal con base únicamente a lo que leemos en esta edición "más extensa" del evangelio de Marcos. Segunda: la única información posible que el versículo 17 podría proveer en lo que se refiere a las lenguas es el enunciado de que es una "señal" que acompaña a quienes creen en Jesús (evidentemente para confirmar que el mensaje del evangelio que proclamaban de Él es verdadero y digno de confiar). A continuación, los dos versículos en cuestión:

> Y estas señales seguirán a los que creen: En mi nombre echarán fuera demonios; hablarán nuevas lenguas; tomarán en las manos serpientes, y si bebieren cosa mortífera, no les hará daño; sobre los enfermos pondrán sus manos, y sanarán.
>
> —MARCOS 16:17–18

De cualquier modo, no creo que haya algo en el final extendido de Marcos que añada a nuestro entendimiento de las lenguas como se informa en el resto del Nuevo Testamento. Por lo tanto, no veo beneficioso gastar más tiempo y espacio en este pasaje.

23. ¿Puede una persona orar por otra en lenguas sin interpretación?

Otra pregunta importante que escucho con regularidad es si es apropiado o no que una persona que tiene el don de lenguas ore por otra, quien podría tener el don o no. Estoy hablando de la práctica de orar por alguien que está presente. Yo oro por un montón de personas: amigos, familia, miembros de la iglesia y personal, en mi experiencia devocional privada. Y cuando lo hago, muchas veces oro en lenguas por ellos. Claro está, ellos no pueden oírme. ¿Pero sería permisible que yo orara por uno de ellos en lenguas mientras impongo manos sobre esa persona o estoy cerca de ella? La pregunta asume que la persona por quien se ofrece esta oración puede escucharme orar. Así que, en conclusión: ¿Debe estar presente alguien para interpretar mi oración por otra persona antes de que se me permita orar por ellos en lenguas? Mi respuesta, aunque cauta, es no.

Recordemos por qué Pablo insistió en la interpretación en la reunión corporativa del pueblo de Dios. Cuando una iglesia local se reúne, uno de los objetivos principales es edificarnos e instruirnos unos a otros. Si ha de ocurrir instrucción y ánimo útiles, lo que nos decimos unos a otros tiene que ser entendible. De ahí, la exigencia del apóstol por la interpretación.

Sin embargo, cuando oro por otra persona, quizá en un grupo pequeño o al frente de nuestro auditórium, después del servicio dominical, o en una reunión personal, mi objetivo no es instruir o enseñar. Mi propósito es hablar a Dios en favor de esa persona. Ella no necesita entender lo que digo para beneficiarse espiritualmente de lo que estoy hablándole a Dios. Claro está, si se me da la interpretación o si alguien más con ese don está presente para proveerla, mucho mejor. Pero mi meta es muy específica, concretamente, llevar a esta persona y sus necesitas ante el trono de la gracia.

Dos palabras más de clarificación podrían ser útiles. Primera: usted puede rebatirme y decir: "Pero, Sam, ¿cómo puede orar sinceramente por esa persona si ninguno de ustedes entiende nada de lo que se está diciendo?". Buena pregunta. Por eso, antes de orar en voz alta en lenguas, le pido a Dios en silencio, que confeccione mi lenguaje y le dé forma a mis peticiones para que representen perfectamente, ante el trono de la gracia, las necesidades específicas que esta persona pueda tener. Básicamente se reduce a si confío en el Espíritu Santo para que lo haga cuando yo oro en lenguas. Yo *sí* confío en Él. Así que, incluso si yo no entiendo lo que oro (y nunca lo entiendo), puedo confiadamente saber que Dios está escuchando precisamente lo que el Espíritu sabe que debe decirse. No olvide lo que Pablo dijo en Romanos 8:26: "el Espíritu mismo intercede por nosotros". Repito, "y aquel que escudriña los corazones sabe cuál es el sentir[a] del Espíritu, porque Él intercede por los santos conforme a la voluntad de Dios" (Romanos 8:27, NBLH). No, tal como observamos antes, esta probablemente no es una referencia a las lenguas, Pero sí afirma la verdad de que Dios el Padre sabe lo que el Espíritu le dice por nosotros porque el Espíritu siempre confeccionará las peticiones en oración "conforme a la voluntad de Dios [el Padre]".

Mi segunda palabra de clarificación es un consejo práctico. A menos que yo conozca a la persona por quien oro y esté consciente de sus creencias sobre orar en lenguas, siempre le pediría permiso primero. Incontables veces, me he detenido antes de orar y dicho algo como esto: "Juan/Juanita, quiero orar por ti en nuestro idioma por tantas cosas como Dios traiga a mi mente. Pero, muchas veces, llega un momento en que me quedo sin palabras. Sencillamente, llego al límite de mi entendimiento y no puedo pensar en nada más para orar. Pero creo que hay muchísimo más que a Dios le gustaría que yo llevara ante el trono de la gracia por ti. ¿Te parece bien si, en ese momento, yo oro en lenguas? Si no te sientes bien con eso, lo entiendo perfectamente. Por favor, no te sientas presionado a decir que sí". Ni una vez, hasta el momento en que escribo este libro, alguien me ha dicho "no, por favor, no lo haga". Eso no significa que ellos siempre estén de acuerdo conmigo en cuanto a la práctica de orar en lenguas, pero generalmente tienen suficiente confianza en mi amor y preocupación por ellos que están contentos de que yo oro en cualquier lenguaje que me parezca.

24. ¿Cómo podrían ayudarnos las lenguas en nuestra batalla espiritual contra Satanás y sus fuerzas demoniacas?

Una vez más, nos encontramos una pregunta para la que el Nuevo Testamento no tiene una respuesta explícita. Al menos, no conozco ningún texto bíblico que aborde directa o incluso indirectamente este punto. Sin embargo, eso no significa que no podamos hacer algún esfuerzo para encontrar una respuesta.

Me inclino a creer que orar en lenguas es una buena manera para combatir al enemigo en nuestra batalla continua contra las fuerzas espirituales (Efesios 6:10–17). Digo esto por dos razones. La primera: el pasaje que habla de la realidad de la guerra espiritual con más claridad que cualquier otro es Efesios 6. Después de que Pablo hubo delineado y descrito las diferentes partes de la armadura de Dios con la que nos ataviamos, él pasa al tema de la oración. Vimos previamente que Pablo anima a todos los cristianos a estar "orando en todo tiempo en el Espíritu, con oración y súplicas" (Efesios 6:18). Si orar en lenguas está, al menos, incluido en lo que significa orar en el Espíritu, esto sugeriría que el lenguaje de oración de uno serviría para apuntalarnos o fortalecernos en nuestro permanecer firmes contra las tácticas de Satanás. De hecho, algunos incluso dicen que deberíamos extender la discusión de Pablo a la armadura de Dios para incluir la oración. Yo pienso que es mejor decir simplemente que el apóstol espera que todos nosotros bañemos nuestra batalla en oración. Quizá, él intenta decir que debería ser el marco espiritual dentro del cual ponemos cada elemento de la armadura de Dios. La oración debería ser antes de ponernos la armadura, debería ser practicada mientras nos ataviamos y debería ser ejercitada mientras utilizamos la armadura para vencer el ataque de Satanás.

Mi segunda razón para sugerir que la oración en lenguas sería útil en nuestra batalla contra el enemigo es que estoy convencido de que, aunque Satanás es inteligente, él no puede entender el lenguaje que el Espíritu ha confeccionado para nosotros. Una cosa debe decirse de antemano. ¡Satanás no es omnipresente! Él es un ser espiritual cuya presencia está limitada a un lugar en el espacio. Si él está en la presencia de un pastor en India, no puede, al mismo tiempo, estar en mi presencia en la ciudad de Oklahoma. Claro está, hay un sinnúmero de demonios que hacen el intento. Aunque no son omnipresentes, al igual que Satanás mismo, hay suficientes de ellos para garantizar la conclusión de que, en cualquier momento en que oramos o ministramos a alguien, que está oprimido, es muy probable que haya un demonio cerca.

Muy seguramente, Satanás tiene un plan para afectar o dividir a la iglesia y hacer tropezar y seducir al cristiano individual. Aunque es tremendamente pecador, no es tonto. No actúa descuidadamente o sin un objetivo en mente. Pablo dice claramente en 2 Corintios

2:10–11 que Satanás tiene "designios", como: una estrategia, un plan para debilitar la unidad en la iglesia en una ciudad (y, sin duda, en cada ciudad, ¡incluyendo la suya!). Esto se parece a lo que el apóstol dice en Efesios 6:11 al referirse a las "asechanzas" (lit., *methodeia*, o "método") del diablo. Es decir, él es engañoso y astuto, y utiliza estratagemas cuidadosamente preparadas (cf. Efesios 4:14) en su ataque contra los hombres y mujeres cristianas y la iglesia local. Satanás energiza y da forma a los sistemas de valores del mundo; a las instituciones; a las organizaciones; a los movimientos filosóficos y a los sistemas políticos, sociales y económicos. Prepara sus objetivos y luego utiliza y explota los medios más eficaces, mientras evita todo obstáculo, para lograr sus fines diabólicos.

Por varios textos, sabemos que Satanás y sus demonios pueden sembrar planes y propósitos pecaminosos en la mente de hombres y mujeres. Él "llenó" el corazón de Ananías "para mentirle al Espíritu Santo" sobre las ganancias de la venta de una propiedad (Hechos 5:3). Y él hizo uso de la naturaleza impetuosa de Pedro para tratar de disuadir a Jesús de ir a la cruz (Mateo 16:21–23).

También buscó el permiso de Dios para "zarandear" a Pedro como trigo (Lucas 22:31). Él quería destruir a Pedro al incitarlo a negar a Jesús. Sin embargo, la intención de Dios al permitir a Satanás hacer esto era totalmente distinta. Los propósitos de Dios para Pedro eran instruirlo, humillarlo, quizá disciplinarlo, y definitivamente lo usó como un ejemplo para los demás, tanto de la arrogancia humana como de la posibilidad de perdón y restauración. El punto es sencillamente que muchas veces no podemos decir con facilidad "Satanás lo hizo" o "Dios lo hizo". En casos como este, ambas cosas son ciertas (con el entendimiento de que la voluntad de Dios es soberana, suprema y predominante), sin embargo, sus objetivos respectivos eran claramente opuestos.

Pablo también nos advierte en 2 Corintios 2:5–11 que Satanás busca activamente abrumar el corazón del pecador arrepentido que no es recibido amorosamente a su regreso a la hermandad de la iglesia. Por medio de esto, no hay duda de que él apunta a sembrar semillas de discordia y división entre el pueblo de Dios. También sabemos que puede explotar nuestras decisiones pecaminosas al intensificar el curso de acción que ya hemos elegido. (Vea Efesios 4:26–27).

Se podría decir mucho más, pero el punto ha quedado claro. Sin embargo, en ninguna parte de la Escritura dice que Satanás pueda leer nuestra mente o entender nuestro lenguaje de oración en lenguas. Supongo, pero no puedo probarlo, que esto podría ser una posibilidad solo si un creyente viviendo en pecado sin arrepentimiento le diera acceso a Satanás a su mente y corazón. Pero, aparte de eso, creo que podemos confiadamente creer que cuando oramos en lenguas, Satanás no puede descifrar lo que se dice. Él, por lo tanto, no tiene más recurso que frustrar nuestras oraciones o los esfuerzos que puedan venir de ellas.

Una vez, leía a alguien que argumentaba de 1 Corintios 13:1 que Satanás y sus demonios podían entender nuestras oraciones en lenguas. Usted recordará que en este versículo, Pablo mencionó hablar "en las lenguas de los hombres y de los ángeles". Ya que Satanás y sus demonios son ángeles, aunque caídos y rebeldes, podrían seguramente entender cualquiera y todos los dialectos angelicales. Mientras que eso podría ser cierto, yo también creo que la mayoría de las expresiones en lenguas hoy día es un lenguaje de oración especialmente confeccionado, construido o diseñado por el Espíritu Santo, un lenguaje único para cada hijo de Dios. Y no veo razón alguna para pensar que Satanás o un demonio pueda ser capaz de descifrar lo que el Espíritu Santo ha creado personalmente.

Esta conclusión está respaldada por algo que vimos antes en Romanos 8. En el versículo 27, Pablo dice que "el que escudriña los corazones sabe cuál es la intención del Espíritu". El "el" aquí es obviamente Dios el Padre. En ninguna parte de la Escritura se representa a Satanás como alguien que puede "escudriñar" nuestro corazón o conocer nuestros pensamientos más profundos. Este es un poder que solamente tiene el omnisciente Dios de la Escritura. (Vea 1 Samuel 16:7; 1 Reyes 8:39; Salmo 44:21 y 139:1–2, 23; Proverbios 15:11; and Jeremías 17:10). Si Satanás no puede leer nuestra mente o escudriñar nuestro corazón, parece lógico que cuando le damos expresión a nuestros pensamientos y deseos orando en lenguas, él sería incapaz de descifrar o saber lo que se dice. Esta ignorancia o limitación de su parte podría, entonces, servir para impedir o reducir la efectividad de sus intentos para dañarnos o entrometerse en nuestros planes o, de alguna manera, evitarnos hacer lo que sabemos que Dios desea.

Así que, aunque mi respuesta es algo especulativa, en el sentido de que desearía tener evidencia más explícita de parte de la Escritura en sí, puedo decir con una medida de seguridad que es una buena estrategia utilizar la oración en lenguas cuando nos dirigimos a aquellos que están oprimidos por el demonio o quizás incluso endemoniados. Claro está, esta estrategia puede usarse en todos los casos, en cualquier momento en que oramos por algún tema o por algún individuo.

Tristemente, demasiados cristianos están aterrados de Satanás y tienen poco o ningún entendimiento de la autoridad que se les ha dado en el nombre de Jesús. (Vea especialmente Lucas 10:17–20). Si hubiera una manifestación demoníaca, ellos tienden a retraerse y a buscar rápidamente a un "experto" en el ministerio de liberación. He descubierto que esto sucede en mi propia experiencia, y otros han testificado de lo mismo. Cuando oro o canto en lenguas, mi fe se profundiza y mis temores son derrotados (o, cuando menos, grandemente reducidos). Orar en el Espíritu de esta manera tiene una forma única de fortalecer mi ser interior y de despertar en mí una consciencia expandida de la autoridad que me ha sido otorgada debido a la vida, muerte y resurrección de Jesús. Mi sentido de la presencia del Espíritu en mi interior, en mi corazón, se intensifica, y me siento notablemente más confiado en la verdad de Lucas 10. Otros han hablado de un compromiso renovado y de una valentía sobrenatural de cara al enemigo, que simplemente no estaba presente antes del tiempo que pasaron orando en lenguas.

Ahora bien, yo no haría que nadie concluyera por esto que las lenguas es la única manera en que un creyente puede ser facultado y recibir la confianza en la autoridad del Cristo resucitado operando por medio de ellos. Uno no necesita orar en lenguas para ser lleno del Espíritu y para hallar un insólito sentido de valentía para lidiar con los espíritus demoniacos. A todos los cristianos, y no solo aquellos que hablan en lenguas, Jesús les afirma que Él nos ha "dado potestad de hollar serpientes y escorpiones, y sobre toda fuerza del enemigo" (Lucas 10:19). Sin embargo, si un creyente común, a quien se le ha dado esta autoridad, no entra a la guerra espiritual en un espíritu de oración y dependencia consciente en el Espíritu Santo, esa persona está buscando problemas. Mi punto es sencillamente que cuando una persona dotada de las lenguas hace uso de esta forma de dependencia en Dios por medio de la oración, muchas veces hay una consciencia sensible, hasta tangible, de la presencia del Espíritu y el poder que se nos da para echar fuera y vencer a nuestros opresores demoniacos.

Cuando uno le añade a esto lo que ya hemos observado, específicamente, que los demonios no pueden entender lo que estamos diciendo a Dios en nombre de la persona oprimida o endemoniada, ganamos una ventaja estratégica. Claro está, esto no es para decir, mucho menos recomendar, que podemos o debemos hablarle a un espíritu demoniaco en lenguas. Mas bien, le hablamos a Dios en lenguas en favor de la persona afligida y hablamos en un lenguaje comprensible, en el nombre de Jesús, a cualquier ser demoníaco que los esté hostigando.

Capítulo 10

LAS LENGUAS Y LA REVELACIÓN

En una u otra parte, en los primeros nueve capítulos, he hablado sobre los argumentos que algunos cristianos usan para negar que el don de lenguas es válido y está funcionando en la actualidad. En este capítulo, quiero abordar dos objeciones más sobre las lenguas que los cesacionistas expresan.

25. ¿Son reveladoras las lenguas?

La primera de estas dos objeciones pertenece a la pregunta de si las lenguas son un don de Dios *revelador*. Es decir, cuando la gente habla en lenguas, ¿lo hacen como resultado de alguna actividad reveladora de Dios donde el Espíritu está impartiendo información no divulgada hasta el momento y que es comunicada vía este don al resto del cuerpo de Cristo? Muchos responden sí a esta pregunta, lo cual, luego, sirve como una razón por la que creen que el don ya no es válido hoy en día. Ellos creen que cualquiera y todos los dones reveladores, tales como la profecía, la palabra de conocimiento y las lenguas han cesado para evitar que la finalidad y la suficiencia de la Escritura se vea comprometida.

En primer lugar, la validez constante de los dones reveladores de profecía y palabra de conocimiento no debilita ni compromete la finalidad y suficiencia del canon bíblico. He discutido extensivamente este punto en otros lugares y no voy a repetirlo aquí. Sencillamente, le voy a referir mi artículo: *"Revelatory Gifts of the Spirit and the Sufficiency of Scripture: Are They Compatible?"* que se encuentra en el libro *Scripture and the People of God*.

Mi intención aquí es sencillamente discutir, de manera muy breve, que las lenguas *no* son un don revelador. La mayoría de cesacionistas recurren a la palabra "misterios" que Pablo utiliza en 1 Corintios 14:2, un término—argumentan—que se refiere al contenido histórico-redentor de la revelación. Pero si esto fuera cierto, ¿por qué procede Pablo a definir el contenido de las lenguas como una oración, bendición y gratitud simplemente humana (1 Corintios 14:14–27), pues, si acaso, los términos tienen poca relación con la comunicación divina de las verdades histórico-redentoras? ¿Y por qué diferenciaría Pablo entre las lenguas y la revelación, tal como lo hace en 1 Corintios 14:6, afirmando su preferencia por esta última sobre la primera? (Vea también 1 Corintios 14:26). ¿Y por qué, en su descripción del ejercicio de los dones en la asamblea local, limita Pablo la impartición de revelación solo para quienes profetizan y no la extiende también a quienes ministran en lenguas (1 Corintios 14:27–30)? No hay indicio aquí de que Pablo creyera que hablar en lenguas dependía de una revelación divina y espontánea, lo cual es claramente el caso con la profecía.

Tampoco servirá discutir que la actividad del Espíritu en la expresión en lenguas (como se describe en 1 Corintios 14:14) comprueba la condición de capacidad reveladora es esta última. Cuando Pablo dice "mi espíritu ora", no está afirmando inspiración verbal y directa para lo que se dice en lenguas. El hecho de que la "mente" no entienda lo que el "espíritu" ora difícilmente comprueba la infalibilidad de este último. Solamente demuestra el punto de Pablo sobre la necesidad de la interpretación en un lugar público. Los cesacionistas argumentan frecuentemente que, debido a que la mente humana no funciona en la producción de lo que se dice en lenguas, lo dicho tiene, infaliblemente, que ser inspirado. Sin embargo, contraria a la impresión que esto deja, *glosolalia* no es una experiencia donde el Espíritu se apodera del órgano del habla, reduciendo así al creyente a un instrumento pasivo y robótico a través del cual, sin mediador, el Espíritu mismo ora. En cambio, el Espíritu le imparte soberanamente *al* creyente una capacidad por medio de la que el creyente ora o alaba en un lenguaje que él mismo no puede interpretar. Las lenguas son un poder o capacidad impartida por el Espíritu que siempre permanece dentro del control voluntario del creyente. El hecho de que el Espíritu Santo energice al espíritu humano para expresar palabras de súplica y agradecimiento de ninguna manera implica, mucho menos requiere, un acto revelador de Dios que vuelve infalible a dicha expresión. *Toda* oración, según Efesios 6:18, es "en el Espíritu". ¿Debemos concluir por esto que *toda* oración es inspirada y que no tiene errores?

Toda esta línea de argumentación asume que la palabra "espíritu" en 1 Corintios 14:14 no puede ser el espíritu humano de Pablo, sino que se refiere al Espíritu Santo o al don de lenguas dado por el Espíritu. Esto se basa en la creencia de que en Pablo "espíritu" y "mente" son intercambiables o, en gran medida, coinciden en su significado. Solo como hipótesis, voy a ceder en el último punto, *excepto* cuando el cristiano es el receptor de una capacidad por medio de la cual él suplica y alaba en un idioma incomprensible, por ejemplo: ¡en lenguas! El cesacionista admite creer que las lenguas son incomprensibles, algo que trasciende o evade la mente. Es decir, el don de lenguas es precisamente la excepción paulina a lo que podría, de otra manera, ser una regla válida. No hay otro lugar donde esto se vea mejor que en 1 Corintios 14:14–19, donde Pablo sostiene un contraste inconfundible entre, por un lado, lo que es su ("mi") "espíritu" habla (o canta) y *no* entiende; y, por el otro, que su ("mi") "entendimiento" habla (o canta) y *sí* entiende.

Recordemos que los así llamados dones de "palabra" (ya sea enseñanza, exhortación o lenguas, por ejemplo) ciertamente, todos los dones espirituales de cualquier naturaleza, son obra del Espíritu

(1 Corintios 12:7–11). En esta última cita bíblica, las lenguas de ninguna manera se diferencian de otros dones en términos de cómo y hasta dónde está involucrado el Espíritu en su producción y ejercicio. Es el "mismo Espíritu" y el "mismo Dios" quien trabaja todos estos dones en todas las personas. ¿Están los cesacionistas preparados para discutir sobre esa base por la infalibilidad de *todos* los dones? Si no, entonces para inconsistente hacerlo solo por las lenguas.

Muchos cesacionistas también sostienen que no hay una base bíblica sustancial para el uso privado, devocional de las lenguas. La razón por la que abrazan este punto de vista tiene sentido, pues si todas las lenguas son reveladoras, como ellos sostienen, uno tiene que explicar por qué Dios revelaría verdades sagradas de manera incomprensible a alguien que, a su vez, procede a repetírselas a Dios en privado. Pero, tal como lo vimos previamente, las lenguas no son reveladoras. Es más, el hecho de que orar en lenguas era una experiencia principal en la vida devocional privada de Pablo es evidente por lo que vemos en, por lo menos, dos textos. Primero, en 1 Corintios 14:18–19, Pablo declara: "Doy gracias a Dios que hablo en lenguas más que todos vosotros; pero en la iglesia prefiero hablar cinco palabras con mi entendimiento, para enseñar también a otros, que diez mil palabras en lengua desconocida". Tal como observamos en un capítulo anterior, esta declaración de Pablo exagera un poco la manera de decir que él casi nunca habla en lenguas en la iglesia. En la ausencia de interpretación, él definitivamente no lo haría. Ahora bien, si en la iglesia Pablo virtualmente nunca ejercita este don, pero habla en lenguas más frecuente, fluida y fervientemente que cualquiera, incluso más que los corintios que hablan en lenguas por cualquier cosa, dónde lo hace (en efecto, si las lenguas son reveladoras, *por qué* lo haría)? Seguramente tiene que ser en privado. Segundo, esto lo confirma 1 Corintios 14:28, donde Pablo instruye sobre lo que se debe hacer en la ausencia de interpretación: "[que el que habla en lenguas] hable para sí mismo y para Dios" (nvi). ¿Dónde? Dad la prohibición explícita de la expresión en lenguas sin interpretación "en la iglesia" parece probable que Pablo tenía en mente orar en lenguas en privado, en un contexto diferente al de la reunión corporativa.

El famoso cesacionista O. Palmer Robertson está en desacuerdo y argumenta que Pablo está instruyendo a los que hablan en lenguas a que oren en silencio, para sí mismos y para Dios, mientras aún están en la reunión de la iglesia. Sin embargo, aunque así fuera (que lo dudo), entonces tendríamos respaldo apostólico para la expresión en lenguas *privada*. Si, tal como Robertson sostiene, toda expresión en lenguas es reveladora y está diseñada solo para la comunicación racional, el consejo de Pablo no tiene sentido. ¿Por qué impartiría Dios un conocimiento revelador infalible e *incomprensible* (esto último, en sí, me suena estrambótico) solo para que el receptor lo dijera para sí mismo y se lo repitiera a Dios? Robertson visualiza al que habla en lenguas esperando pacientemente hasta que llegue el intérprete, momento en el cual él puede hablar audiblemente. Sin embargo, esto es leer en el texto un escenario que brilla por su ausencia. La instrucción de Pablo es para una situación en la que *no* hay intérprete. Él no dice nada sobre que el que habla en lenguas espere hasta que haya un intérprete presente.

Es más, tal como observamos antes, es inconsistente con el énfasis que Pablo hace en 1 Corintios 14, sobre que todo funciona para la edificación mutua, que Pablo deba recomendar que algunos (quizá muchos) concentren su energía espiritual internamente (orar en lenguas) mientras alguien más habla externa y ostensiblemente para edificar a la misma gente que, por consejo de Pablo, ni siquiera están prestando atención.

Algunos cesacionistas han insistido en que el consejo de Pablo, en 1 Corintios 14:28, para el que habla en lenguas que "hable para sí mismo y para Dios", no puede referirse al ejercicio privado del don porque el contexto corresponde a la asamblea de la iglesia. Sin embargo, si este fuera el caso, esto parecería ponerlos en la posición de endosar la legitimidad de la expresión *personal, sin interpretación, no evangelística, sin señal* en lenguas *en la reunión corporativa de la iglesia*; un punto de vista que, estoy muy seguro, ellos no quisieran aceptar. Es entender al apóstol Pablo como elogiando el uso personal, no interpretado de la oración en lenguas fuera de la asamblea de la iglesia, en la privacidad de la vida devocional de uno.[1]

Robertson se rehúsa a aceptar que alguien pueda ser edificado aparte del entendimiento racional. Por lo tanto, él insiste en que Dios no solo capacita a una persona para hablar en un idioma no aprendido previamente, sino que también lo capacita para entender lo que está diciendo (contrario a 1 Corintios 14:14). Pero, entonces, ¿por qué habría necesidad del don de interpretación? Cada persona que hable en lenguas ya sabría lo que está diciendo y, a su vez, podría comunicárselo a la congregación. ¿Por qué prohibirle a una persona que hable en lenguas en la ausencia de un intérprete (1 Corintios 14:27–28) si el que habla en lenguas es su *propio* intérprete? Y si el que habla en lenguas puede entender lo que dice, ¿por qué motivarlo a que ore para que pueda interpretar (1 Corintios 14:13)?

Para Robertson, no será suficiente decir que el que está dotado con la interpretación tiene una exactitud que "sobrepasa el entendimiento del sentido de la revelación que posee el que habla en lenguas",[2] porque él cree que cada vez que Dios le revela una verdad a la mente humana, hay una garantía *anticipada* de que tanto la *recepción* de lo que se revela como su *transmisión* son perfectamente acertadas. Es decir, para Robertson *toda* revelación viene con la garantía de perfección y la exactitud divina tanto en la comprensión como en la comunicación.

De todo esto, mi conclusión es que el intento de probar que las lenguas están basadas en una revelación de Dios, inspirada e infalible, sencillamente no está sustentada por una lectura cuidadosa de lo que dice Pablo. Por lo tanto, no hallo razón para cuestionar la validez contemporánea de las lenguas basándome en la noción equivocada de que son de naturaleza reveladora.

26. ¿Son las lenguas una señal de juicio contra los judíos no creyentes?

Durante mis cuatro años en el seminario, escuché repetidamente este argumento. Virtualmente, cada libro escrito contra la validez de las lenguas en la iglesia actual recurría a la idea de que su propósito principal (sino el único) era declarar el juicio de Dios contra el pueblo judío por haber rechazado a Jesús como el Mesías. El pasaje al que se referían como apoyo es 1 Corintios 14:20–25. Allí, leemos:

> Hermanos, no seáis niños en el modo de pensar, sino sed niños en la malicia, pero maduros en el modo de pensar. En la ley está escrito: En otras lenguas y con otros labios hablaré a este pueblo; y ni aun así me oirán, dice el Señor. Así que, las lenguas son por señal, no a los creyentes, sino a los incrédulos; pero la profecía, no a los incrédulos, sino a los creyentes. Si, pues, toda la iglesia se reúne en un solo lugar, y todos hablan en lenguas, y entran indoctos o incrédulos, ¿no dirán que estáis locos? Pero si todos profetizan, y entra algún incrédulo o indocto, por todos es convencido, por todos es juzgado; lo oculto de su corazón se hace manifiesto; y así, postrándose sobre el rostro, adorará a Dios, declarando que verdaderamente Dios está entre vosotros.
>
> —1 Corintios 14:20–25

"Allí lo tienes, Sam", me dirían. "Pablo explícitamente declara que las lenguas son una señal no para creyentes, sino para los no creyentes". Esto pareciera sugerir que la respuesta a la pregunta veintiséis es sí. Pero veámoslo más de cerca.

Pablo empieza por citar un texto de la profecía de Isaías. En Isaías 28:11, Dios declara: "con balbuceo de labios y en otro idioma hablará Dios a este pueblo" (rva-2015). Para determinar el significado de este versículo, debemos regresar un poco más en el Antiguo Testamento hasta una advertencia que Dios le dio a Israel en Deuteronomio 28:49. Deuteronomio 28 es el capítulo que enumera las muchas maldiciones o juicios que Dios traerá contra su pueblo, Israel, si ellos fallan en "obedecer la voz" de Dios y se rehúsan a "cumplir todos sus mandamientos y estatutos" (Deuteronomio 28:15). Si Israel transgrede el pacto, Dios los castigará enviándoles a un enemigo extranjero, que habla un idioma extranjero: "El Señor traerá, desde el extremo de la tierra, una nación lejana que se abalanzará sobre ti como el águila, una nación cuyo idioma no entiendas" (Deuteronomio 28:49, rva-2015). Por lo tanto, un idioma complicado y confuso serviría como una señal del juicio de Dios contra un pueblo rebelde. Este es el juicio que Isaías dice que ha llegado sobre Israel en el siglo ocho a. C. cuando los asirios invadieron y conquistaron a los judíos (*cf.* También con lo que sucedió en el siglo seis a. C.; vea Jeremías 5:15).

Muchos cesacionistas argumentan que Dios está juzgando a los judíos incrédulos en el primer siglo, la señal de lo cual es un idioma que no pueden entender (por ejemplo: las lenguas). El propósito de las lenguas, por lo tanto, es para indicar el juicio de Dios contra Israel por haber rechazado al Mesías y, de este modo, el impacto los llevaría al arrepentimiento y a la fe. Las lenguas, según dice el argumento, son un don de señal evangelística. Ya que las lenguas dejaron de funcionar en esta capacidad cuando Israel fue dispersado en el 70 d. C., el don fue válido solo para el primer siglo.

Sin embargo, hay numerosos problemas con este punto de vista. Primero, debemos estar alertas al error del reduccionismo. Lo que quiero decir con esto es la tendencia a tomar un propósito de un don, quizá incluso el propósito más importante y principal de un don, y *reducir* el don a *solamente* este propósito en particular. Apliquemos eso aquí en nuestro texto en 1 Corintios 14. Mi punto es que, aun si las lenguas sirvieron como un don de señal evangelística (un punto que no creo que sea cierto, sino que hago la concesión solo como hipótesis), el Nuevo Testamento en ninguna parte restringe ni reduce ese don a este único propósito. Simplemente porque se dice que las lenguas funcionan en una capacidad no significa que no puedan funcionar en otras. Decir que mi tarea principal en *Bridgeway Church* es predicar y enseñar la Palabra de Dios no significa que eso es todo lo que hago. Mi responsabilidad no puede ser *reducida* al ministerio de la Palabra. También aconsejo a las personas y dirijo un personal muy grande y evangelizo a los perdidos y me hago cargo de muchas otras tareas. Es importante que entendamos los dones espirituales en casi la misma manera. Ya hemos visto que las lenguas también sirven para el "bien común" del cuerpo de Cristo (1 Corintios 12:7), y que, cuando se usan apropiadamente, pueden edificar o instruir espiritualmente a la persona que habla u ora. (Vea 1 Corintios 14:4).

Segundo, si la expresión en lenguas no fuera del todo un don espiritual para la iglesia, ¿por qué Pedro habría permitido que fuera ejercido y usado en la iglesia? Si se interpretaba, la expresión en lenguas era completamente permitida. Pero esto parece ser difícil de explicar si su propósito único o principal era declarar juicio contra los judíos incrédulos.

Tercero, si las lenguas sin interpretación estaban designadas a pronunciar el juicio de Dios contra el pueblo judío, y quizás animarlos al arrepentimiento, ¿por qué Dios facilitó al don acompañante de interpretación? La interpretación, según parece, podría servir solo para debilitar este presunto propósito de las lenguas en declarar juicio contra aquellos en la comunidad judía que habían rechazado a Jesús como Mesías. El don espiritual de interpretación tiene sentido solamente si la expresión en lenguas es de provecho y beneficio para los cristianos en la asamblea. Asegurémonos de sentir el peso completo de este punto. Considere, nuevamente, lo que el cesacionista dice. Las lenguas incomprensibles fueron dadas por Dios para servir como señal de su juicio contra el pueblo judío, principalmente por el pecado de haber rechazado a Jesús como Mesías. Sin embargo, si ese es el propósito de las lenguas, no hay razón para que Dios diera también el don acompañante de la interpretación. Para que las lenguas logren su propósito, tienen que permanecer sin interpretación y, por lo tanto, confusas. Dicho simplemente, este punto de vista del cesacionista sencillamente no puede explicar la razón por la que Dios otorga el don de interpretación.

Cuarto, si Dios quería que la expresión en lenguas sirviera como una señal para los judíos incrédulos, Pablo no habría aconsejado *en contra* de su uso cuando los no creyentes están presentes (1 Corintios 14:23). Y, aun así, eso es precisamente lo que hace. Hablar en lenguas sin interpretación cuando los no creyentes están presentes sencillamente lo expone a usted a que le digan que "está loco" (1 Corintios 14:23). Por eso, Pablo recomienda que la profecía, no las lenguas, sea utilizada cuando asistan personas que no son de su congregación.

Finalmente, los contrastes en este contexto están entre el creyente y el no creyente, no entre judío y gentil. Ciertamente, la mayoría de los comentadores concuerdan en que el no creyente en 1 Corintios 14:23–24 es probablemente un gentil y no un judío.

Por todas estas razones, concluimos que el punto de vista de que la lenguas son solamente (o solo principalmente) una señal de juicio sobre los judíos incrédulos del primer siglo, no es convincente. Entonces, ¿cuál es el principio que Pablo encuentra en Isaías 28:11 que aplica a Corinto (y a nosotros)? Es este: Una manera en que Dios trae castigo sobre la gente por su incredulidad es a través de hablarles en un lenguaje incomprensible. Una expresión que no se puede entender es una forma en que Dios demuestra su enojo. Un lenguaje incomprensible no guiará, no instruirá, ni llevará a la fe y al arrepentimiento, sino que solo confunde y destruye.

Ahora apliquemos esto a la situación visualizada en Corinto, en el primer siglo. Si los extranjeros o los no creyentes visitan su reunión corporativa de la iglesia y usted habla en un idioma que ellos no entienden, lo único que logrará es ahuyentarlos. Les estará dando una "señal" negativa a los no creyentes que es totalmente equivocada, porque la dureza de su corazón no ha alcanzado el punto donde ellos merezcan esa señal severa de juicio. Así que cuando se reúnan (1 Corintios 14:26), si alguien habla en lenguas, asegúrese de que haya interpretación (1 Corintios 14:27). De lo contrario, el que habla en lenguas debe estar callado en la iglesia (1 Corintios 14:28). La profecía, por otro lado, es una señal de la presencia de Dios con los creyentes (1 Corintios 14:22), y, por lo tanto, Pablo anima su uso cuando los no creyentes están presentes a fin de que ellos puedan ver esta señal y, de este modo, vengan a la fe cristiana (1 Corintios 14:24–25).

Por lo tanto, en 1 Corintios 14:20–25, Pablo *no* está hablando de la función del don de lenguas en general, sino solamente del resultado *negativo* de un *abuso* particular de la expresión en lenguas (específicamente, su uso sin interpretación en la asamblea pública). Entonces, no permita la expresión en lenguas sin interpretación en la iglesia, pues al hacerlo, correrá el riesgo de comunicarles una señal negativa a las personas y esto las ahuyentará.[3]

Capítulo 11

LAS LENGUAS Y EL CREYENTE

Muchos cristianos, aunque tienen curiosidad por las lenguas, también sienten temor de ellas. Temen que desear y orar por este don, o abrirse al Espíritu, hará que se arriesguen a exponerse a la influencia demoniaca. ¿Por qué piensa la gente así?

Antes que nada, los cristianos que crecieron y fueron instruidos en iglesias fuertes, con base bíblica, tienen un temor extraordinario de la más mínima artificialidad en su experiencia cristiana. Ellos exigen una garantía virtual, por adelantado, de que lo que hacen sea genuino. Muchas veces, esta precaución nace de un temor que paraliza inevitablemente la fe, así como también la disposición para tratar y arriesgarse. Después de hablar por primera vez lo que ellos tienen la esperanza de que sean lenguas, la más mínima duda de su autenticidad los impulsa a no volver a intentarlo nunca. No estoy sugiriendo que no nos apasionemos por lo que es genuino. Pero no debemos permitir que el temor controle nuestra vida.

Otro factor es que, muchas veces, después de hablar en lenguas por primera vez, la gente concluye que no se "siente" lo suficientemente sobrenatural. No parece significativamente diferente de lo que se requiere para orar en su idioma natal. Así que, o no es real o no vale la pena el esfuerzo.

La experiencia inicial de uno con las lenguas puede ser desconcertante cuando no "suena" como un idioma. Parece como un parloteo irracional e incoherente, distinto a cualquier expresión que se haya escuchado antes. "¿Cómo puede algo tan trillado y repetitivo tener algún valor espiritual?". Tal desilusión lleva al total abandono de la práctica.

Finalmente, muchos se mantienen al margen de las lenguas por temor a "sonar como tontos". Parecer tonto en presencia de personas cuyo respeto y amor aprecia, muchas veces puede paralizar la pasión de uno por este don espiritual. Estas preocupaciones nos llevan a la siguiente en nuestro listado de las treinta preguntas cruciales sobre hablar en lenguas.

27. Si no tengo el don de lenguas, pero lo quiero, ¿qué debo hacer?

Dejemos algo en claro desde el principio. No existe ni la menor evidencia, bajo ningún concepto, de que ningún escritor del Nuevo Testamento creía que un deseo por las lenguas o el ejercicio de estas podría exponer a una persona a la influencia demoniaca. La iglesia en Corinto estaba llena de hombres y mujeres recién convertidos cuyo trasfondo se caracterizaba por los rituales paganos y demoníacos. ¡Fue a estas personas exactamente a quienes Pablo dijo: "Quiero que todos hablen en lenguas" (1 Corintios 14:5) En ninguna parte, Pablo dice o sugiere: "Quiero que todos tengan *temor* de las lenguas". Ni Pablo ni ningún otro dijo jamás: "¡Cuidado! Las lenguas son peligrosas. Cuando usted abre su corazón y es vulnerable en la búsqueda de este don, Satanás podría fácilmente aparecer y ejercer su poder en su vida". ¡No! No vemos esto en ninguna parte en el Nuevo Testamento. Cuando Pablo se refiere al tema de las lenguas, él dice de este don lo mismo que dice acerca de todos los demás: son expresiones del "mismo Espíritu" y "el mismo Señor" y "el mismo Dios" quien "fortalece todos los dones en cada uno"

(1 Corintios 12:4–6). Las lenguas no son menos una "manifestación del Espíritu" dada para el "bien común" que cualquier otro don.

Además, cuando él empieza su descripción detallada del don, nos dice que el que habla "en lenguas se edifica a sí mismo" (1 Corintios 14:4). Él no dice que la persona abre una puerta a un demonio. Y cuando concluye su argumento con una exhortación final, esta es específicamente que nadie debe jamás "prohibir que se hable en lenguas" (1 Corintios 14:39). ¿Suena eso como el consejo de alguien que quería que sus discípulos tuvieran miedo de las lenguas y se pusieran a la defensiva en caso de que los invadiera un espíritu demoníaco? Algo similar que deberíamos recordar son las palabras de Jesús mismo:

> ¿Qué padre de vosotros, si su hijo le pide pan, le dará una piedra? ¿o si pescado, en lugar de pescado, le dará una serpiente? ¿O si le pide un huevo, le dará un escorpión? Pues si vosotros, siendo malos, sabéis dar buenas dádivas a vuestros hijos, ¿cuánto más vuestro Padre celestial dará el Espíritu Santo a los que se lo pidan?
> —Lucas 11:11–13

Si usted, uno de los hijos amados de Dios, se acerca a su inmensurablemente buen Padre celestial y le pide este don del Espíritu Santo, ¡Él no le va a dar un demonio!

Ahora que hemos descartado ese argumento absurdo, permítame sugerir varios pasos prácticos que usted podría querer dar.

Primero, no le permita a nadie que apague su celo diciéndole que, si Dios quisiera que usted tuviera el don de lenguas, Él ya se lo habría dado. Este mal consejo se basa en una creencia igualmente mala y no bíblica sobre cuántos dones espirituales Dios podría decidir otorgales a sus hijos y cuándo decidiría hacerlo. Algunos creen que cada cristiano recibe todo don espiritual que Dios tiene la intención de darles al momento de su conversión, cuando son bautizados en el Espíritu. Esto es falso. Claro está, es cierto que "a cada" cristiano el Espíritu le da, al menos, un don espiritual (1 Corintios 12:7). El apóstol Pedro lo confirma cuando dice:

> *Cada uno según el don que ha recibido*, minístrelo a los otros, como buenos administradores de la multiforme gracia de Dios. Si alguno habla, hable conforme a las palabras de Dios; si alguno ministra, ministre conforme al poder que Dios da, para que en todo sea Dios glorificado por Jesucristo, a quien pertenecen la gloria y el imperio por los siglos de los siglos. Amén.
>
> —1 PEDRO 4:10–11, ÉNFASIS AÑADIDO

Sin embargo, en ninguna parte del Nuevo Testamento, ningún escritor dice o siquiera implica que una vez que usted haya recibido un don, al momento de su conversión, no debería esperar, mucho menos pedir, dones adicionales.

En realidad, existen varios textos que comprueban lo contrario. Nadie puede decir confiadamente que hay un límite a la cantidad de dones que el Espíritu podría otorgar. El apóstol Pablo probablemente tenía los dones de evangelismo, apostolado, profecía, milagros, sanidad, lenguas y enseñanza, solo para mencionar algunos. Así que, ¿qué evidencia bíblica hay de que podemos y deberíamos orar par que Dios nos otorgue dones por encima de los que ya tenemos? A continuación incluyo varios textos.

Debemos empezar con la exhortación de Pablo, en 1 Corintios 12:31, donde dice que deberíamos "procurar los dones mejores". Al decir "mejores" Pablo quiere decir más efectivos en la edificación del cuerpo de Cristo. Sin embargo, si los corintios ya habían recibido, al momento de la conversión, los únicos dones que tendrían, ¿cómo pudo Pablo haberlos exhortado a "procurar" obtener más? Un punto similar se hace en 1 Corintios 14:1 donde, nuevamente, Pablo exhorta a los corintios (y a nosotros) a "procurar los dones espirituales, especialmente que profeticemos". Aquellos a quienes se les dio esta exhortación eran creyentes nacidos de nuevo.

Obviamente, Pablo creía que era posible, y muy deseable, que Dios continuara otorgando más dones de los que la persona ya tenía. Eso aplica especialmente a la profecía debido a su capacidad superior para edificar a otros.

En 1 Corintios 14:5, Pablo expresa su deseo de que "todos" los corintios hablaran en lenguas. ¿Por qué haría esto si él hubiera creído que el Espíritu no otorgaba dones después de la conversión? Más adelante, en el mismo capítulo, Pablo dice de los corintios: "Así también vosotros; pues que anheláis dones espirituales, procurad abundar en ellos para edificación de la iglesia" (1 Corintios 14:12). Si recibimos dones espirituales solamente al momento de la conversión, Pablo debió haber dicho algo como "Dejen de anhelar manifestaciones o dones del Espíritu porque Él no va a darles nada más de lo que ya tienen". Pero, por supuesto, ¡eso no es lo que él dice!

En versículo siguiente, Pablo gira esta exhortación: "Por lo cual, el que habla en lengua extraña, pida en oración poder interpretarla" (1 Corintios 14:13). El que ya habla en lenguas es obviamente un cristiano, aun así Pablo exhorta a esa persona a pedir que Dios le otorgue otro don más, la habilidad para interpretar las lenguas.

Un texto más confirmará mi punto. Pablo le escribe 1 Timoteo a su joven protegido e hijo espiritual. Le dice: "No descuides el don que hay en ti, que te fue dado mediante profecía con la imposición de las manos del presbiterio" (1 Timoteo 4:14). Entonces, aquí está Pablo recordándole, al Timoteo nacido de nuevo, cómo recibió un don espiritual cuando los ancianos oraron por él. Pablo tenía probablemente mucho de lo mismo en mente cuando, más adelante, le escribe a Timoteo diciéndole: "aviva el fuego del don de Dios que está en ti por la imposición de mis manos" (2 Timoteo 1:6). Si Timoteo, al momento de su conversión, había recibido todos los dones espirituales posibles para él, estas exhortaciones de Pablo no tienen sentido. Claramente, a Timoteo se le otorgaron dones adicionales cuando fue ministrado en oración por los ancianos de

Éfeso, así como también en esa ocasión cuando Pablo impuso sus manos sobre Timoteo y oró por él.

Entonces, confío que para ahora, es perfectamente legítimo para usted y cualquier otro cristiano desear, procurar y pedir en oración dones del Espíritu adicionales, incluyendo el don de lenguas. Es importante, claro está, que tenga dos cosas presentes. Primera, usted no puede obligar al Espíritu. No puede forzarlo a darle algo que es opuesto a la voluntad de Él. Pablo dice claramente, en 1 Corintios 12:11, que todos los dones espirituales los "hace uno y el mismo Espíritu, repartiendo a cada uno en particular como él quiere". Obtener cualquier don espiritual no depende de lo que nosotros queremos, sino que se basa en lo que el Espíritu desea. Así que, ¿por qué insistiría Pablo en decirnos "procuren" y "oren" por dones espirituales? La respuesta no es muy difícil de discernir. Una de las maneras en que se alcanza la "voluntad" del Espíritu para nosotros es cuando Él mismo aviva un deseo, por un don en particular, en nuestro corazón. Muchas veces, nos hallamos hambrientos o desesperados o anhelando una realidad espiritual precisamente porque el Espíritu ya está en acción, antecediendo nuestro deseo, despertando en nosotros la aceptación de nuestra necesidad.

Hay una cosa más que debemos tener presente, especialmente si usted se encuentra entre aquellos que piensan que, debido a que la "voluntad" del Espíritu Santo determina qué don recibe cada quién, nunca deberíamos orar o procurar un don que todavía no tenemos. Pablo nos dice en Efesios 1:11 que Dios "hace todas las cosas según el designio de su voluntad". Sin embargo, yo dudo seriamente que usted responda a eso diciendo: "Bueno, supongo que no tengo que pedirle a Dios que haga algo, ya que su 'voluntad' es el factor máximo y determinante en todo lo que sucede". O, dudo que usted diría: "No es necesario, ni siquiera útil, predicar el evangelio a las almas perdidas, u orar para que la gente sea sanada, porque la 'voluntad' de Dios determina esos asuntos". En otras palabras, sabemos que la voluntad de Dios es superior y decisiva, pero también sabemos que la manera (quizá la forma principal) en que Dios cumple su voluntad es por medio de estimularnos y motivarnos a usar la prédica y la oración como medios por los que Él hace que esa 'voluntad' se cumpla.

He conversado con algunos que están reacios a orar por las lenguas porque temen que si Dios fuera a otorgarles el don, ellos perderían el control de sí mismo y cometerían alguna tontería o irreverencia y quizá caerían en algún giro físico, grotesco. Pero cuando Pablo describe el ejercicio de las lenguas, él nunca representa a la gente como perdiendo el control de sus sentidos o cayendo bajo la influencia de un poder extraño. Esto también lo vemos en Hechos. En todas las tres ocasiones, cuando la gente habla en lenguas en Hechos, se les ve en calma, tranquilidad y serenos. El hecho de que, en el día de Pentecostés, algunos no creyentes los acusaron de estar ebrios no se debe a que estos creyentes estuvieran tambaleándose y arrastrando sus palabras. Su ataque era el desdén de un corazón endurecido por el celo entusiasta de estos discípulos o se debía al hecho de que ellos no entendían ninguno de los idiomas en los que se hablaba. Así que recuerde: el propósito de Dios al otorgar el don de lenguas no es abrumarlo ni humillarlo, sino facultarlo para bendecir a Dios, bendecir a otros y edificar su propia alma. No puedo pensar en ningún lugar o actitud que sea más segura que estar bajo la influencia del Espíritu Santo de Dios. Así que, repito: ¡No hay razón alguna para que tenga miedo!

Una vez, una mujer me preguntó si Dios la obligaría a dejar su iglesia y a unirse a una congregación carismática si ella recibía el don de lenguas. Ella estaba dedicada a su iglesia y no tenía deseo alguno de dejarla. No puedo predecir lo que Dios pueda pedirle con relación a la asistencia a una iglesia, pero dudo seriamente de que eso tuviera algo que ver con el don espiritual particular que Él le ha otorgado. Claro está, podría ser que su iglesia se oponga firmemente a las lenguas y quizás incluso acuse a quienes ejercitan el don de estar patológicamente desequilibrados o hasta endemoniados. En tal caso, supongo que el sentido común indicaría que hacer un cambio de iglesia es lo que procede. Sin embargo, aun así, Dios podría querer que usted permanezca en su iglesia como testigo y fuente de motivación para los que tengan un punto de vista no bíblico sobre las lenguas.

Si decide quedarse en una iglesia que niega la validez de las lenguas en la actualidad, honre su deseo de no ejercer el don en ninguna parte excepto en su propia vida de oración privada. Dios no nos otorgó estos dones para ser de división. Tampoco quiere que usted esté a la defensiva o que sea un discutidor. Sea paciente y amoroso con ellos, y dele tiempo para que crezca el fruto de este don. Podría ser útil buscar apoyo y ánimo en un grupo pequeño de estudio bíblico o una reunión de oración en el hogar respaldada por otra iglesia a la que asistan creyentes que aceptan los dones del Espíritu.

También podría enfrentar el ataque de: "Ah, supongo que esto significa que tú crees que eres mejor que nosotros. Tú eres el que 'tiene' y nosotros los 'necesitados'". Este es un malentendido trágico, no solo del don de lenguas, sino de nuestra relación con la obra del Espíritu en general. Sencillamente, tranquilícelos tan gentil, pero firmemente, como sea posible diciéndoles que el don de lenguas *no* le ha hecho mejor cristiano que ellos. Quizá, la mejor manera de responder es decir: "No creo que ahora yo sea mejor cristiano que ustedes. Sencillamente, creo que ahora estoy en camino a convertirme en un mejor cristiano de lo que *yo* era antes de recibir este don". Dios nos prohíbe compararnos con los demás, como si, a causa de un don en particular, fuéramos mejor que ellos. (Vea 1 Corintios 4:7). Sin embargo, es parte esencial de la vida cristiana que crezcamos en nuestra fe y profundicemos en nuestra devoción a Jesús a través del incremento y la expansión de la obra del Espíritu en nuestra vida.[1]

Además, tal como argumenté en un capítulo anterior, hablar en lenguas no es un ejercicio antiintelectual, donde usted tiene que congelar su cerebro. Muchas veces, las lenguas son una experiencia espiritual extremadamente estimulante y cargada de emoción. Pero, con la misma frecuencia, es muy mundana, y cuando oro en lenguas no se siente considerablemente diferente a como cuando oro en mi idioma. Y mi amor por la Escritura y las cosas profundas de Dios ha crecido desde que recibí este don. Así que no viva atemorizado de que una vez que empiece a hablar en lenguas su materia gris se volverá papilla. ¿No cree que si hubiera una conexión de causa y efecto entre las lenguas y el desprecio por la doctrina, Pablo nos lo habría informado y advertido? Recordemos siempre que fue el apóstol Pablo, escritor de la Epístola a los Romanos y otros tratados doctrinales, quien dijo, "Doy gracias a Dios que hablo en lenguas más que todos vosotros".

Entonces, ¿qué vamos a hacer cuando llegue el momento de ayudar y apoyar a quienes anhelan este don? Muchos piensan que deben "cebar la bomba" animando a la persona a decir repetidamente "banano" al revés. Esto, raras veces es útil y carece de respaldo bíblico. Tampoco apoyo a quienes sugerirían que la persona empiece simplemente a decir sílabas carentes de significado o palabras inventadas, en espera, digamos, de que el Espíritu, de alguna manera, se apropie o haga uso de sus capacidades orales. Y, sin embargo, no quiero ser excesivamente dogmático en este punto, pues he escuchado de algunas personas que esta es, de hecho, la manera en que el Espíritu les impartió las lenguas.

El simple hecho es que no hay un método o procedimiento prescrito en la Biblia para la manera en que el Espíritu imparte el don de lenguas a hombres y mujeres. Yo no estaba tratando de hablar en lenguas cuando sucedió. No empecé voluntariamente expresando sílabas y palabras extrañas con la esperanza de que el Espíritu tomara control de mi patrón del habla y lo transformara en lenguas genuinas. Yo estaba orando en mi idioma cuando, repentinamente y sin previo aviso, estaba orando en palabras que yo nunca había escuchado ni aprendido. Pero eso sucedió solo una vez, en el principio.

Leemos en Hechos 2:4 que "todos llenos del Espíritu Santo, y comenzaron a hablar en otras lenguas, según *el Espíritu les daba que hablasen*" (énfasis añadido). Eso suena muy parecido a lo que me sucedió la primera vez que hablé en lenguas. Sin embargo, en 1 Corintios 14, Pablo visualiza claramente un escenario donde las personas tienen control sobre si hablan en lenguas, cuándo hablan en lenguas y por cuánto tiempo. Ellas pueden empezar y detenerse a voluntad.

Algunos tendrán una experiencia similar a la mía. Otros, podrían sencillamente dar un paso de fe y empezar a decir las palabras que lleguen a su corazón, confiando que el Espíritu es la fuente de su expresión y la sustentará dentro de ellos. Usted podría sentir algo profundamente emocional y vivificante. Pero algunos podrían no sentir absolutamente nada. No saque conclusiones de la legitimidad de su expresión basándose en sus sentimientos. Algunos vacilarán en hablar, temiendo que lo que salga de su boca sonará tonto o artificial, peor aún, carnal o demoníaco. ¡No teman! Para todos, se resume a si creen o no lo que dijo Jesús en Lucas 11:11–13, citado previamente.

Muchos han compartido conmigo cómo hablaron la primera vez en lo que ellos tenían la esperanza de que fuera el don de lenguas, solamente para después abandonar la práctica porque no se "sentía" sobrenatural. ¡Pero no tiene que *sentirse* sobrenatural para *ser* sobrenatural! Pablo dice, en 1 Corintios 12:6, que Dios, con su poder, lo hace todo en todos (DHH). ¡Todos! No solo los que parecen o se sienten más abiertamente milagrosos, sino todos: servicio, compasión, enseñanza, etc. Nunca concluya que no son lenguas genuinas si habla y no se siente fuera de lo común, especial o súper espiritual. Cada don es una manifestación del Espíritu. En ese sentido, todo don espiritual es sobrenatural.

Este es un tramo difícil de pasar para aquellos de nosotros que crecimos en iglesias intensamente cerebrales o profundamente intelectuales, donde la precisión teológica y la autenticidad doctrinal eran valoradas por encima de todo lo demás. No lo tome como que eso significa que no deberíamos ser rigurosamente bíblicos en todo lo que creemos y hacemos. Sin embargo, hay un poco de un mecanismo de defensa incrustado en muchos cristianos que los hace extraordinariamente sensibles y renuentes al más pequeño indicio de falsedad. Así que, en el primer intento de hablar en lenguas, si no está acompañado de un testigo que avale la autenticidad absoluta, tendemos a cerrarnos o retraernos. A veces, esto puede ser bueno, especialmente entre aquellos que están en el mundo carismático, quienes, en ocasiones, son ligeramente más crédulos e ingenuos que otros sobre afirmaciones de milagros. El discernimiento es siempre apropiado para todo creyente. Sin embargo, el discernimiento también puede fácilmente degenerar en un cinismo que visualiza virtualmente todo fenómeno subjetivo o empírico con profunda desconfianza.

Existe aún otro paso práctico más que usted puede dar y que muchos hallan útil en su búsqueda, en oración, del don de lenguas. Tiene que ver con la adoración. Esfuércese tanto como pueda para hallar un tiempo y lugar propicio para esperar a solas con el Señor. Somos un pueblo excesivamente orgulloso, que se intimida fácilmente por los demás y se preocupa por lo que dirán de nosotros. Así que, encuentre un momento, cuando nadie esté cerca y usted no necesite preocuparse de que su comportamiento pueda provocar el desprecio o la burla de ellos. Empiece a cantar sus alabanzas de la misma manera en que el líder de alabanza canta las suyas mientras usted escucha su listado favorito de canciones. Necesita hacer todo lo que pueda para dedicar un tiempo considerable, quizás hasta algunas horas, para estar a solas con el Señor en meditación ininterrumpida sobre su Palabra y cantándole de corazón a Él. En lo personal, he descubierto que es especialmente útil combinar esto con un periodo de oración. Dedíquese a sí mismo en adoración enfocada e incondicional de la belleza de Cristo y el gozo de que Él se regocija en usted (Sofonías 3:17, NBV). Abra su corazón, abra su boca, y las canciones de amor que Él ha puesto en su interior. Lo que suceda después es entre usted y Dios.

Cualquier otra cosa que haga, sea paciente. Persevere. Continúe. Sea incansable. Nunca deje de pedir hasta que Dios diga "cállate". (¡Aunque no estoy seguro de que lo vaya a hacer!). O nunca cese de pedir hasta que pierda el sincero deseo por este don. Si en el análisis final, Dios no le otorga este don, nunca, nunca, jamás concluya que es porque Él lo ama menos de lo que ama a la persona a quien le concede el don de lenguas. Si usted, fiel, ferviente y frecuentemente le pide a Dios el don de lenguas, una de dos cosas sucederá. O Dios dirá que no, en cuyo caso usted debe agradecerle por los dones espirituales que ya tiene; o Dios dirá que sí, y de alguna manera, en algún momento, el Espíritu le impartirá la habilidad para orar, alabar y dar gracias en palabras que usted no entiende, pero que expresan perfectamente sus deseos y esperanzas más profundas. No hay una tercera opción.

28. ¿Todos los cristianos pueden o deberían hablar en lenguas? ¿Son las lenguas un don que Dios tiene el propósito de dar a cada creyente, o solo se les da a algunos?[2]

Muchas veces, esta pregunta provocará respuestas tanto acaloradas como dogmáticas, ambas sí y no. La mayoría de creyentes evangélicos, no carismáticos, piensan que incluso hacer la pregunta difícilmente vale la pena. El simple hecho de que tantos millones de creyentes nacidos de nuevo no hablen en lenguas les parece una confirmación empírica de que la respuesta es decididamente no. Es decir, ¿cómo puede ser posible que la voluntad de Dios sea siempre que todos hablen en lenguas cuando tantos millones de seguidores de Jesús, que creen en la Biblia y son nacidos de nuevo, a lo largo del curso de dos mil años de la historia de la iglesia nunca lo han hecho? ¿Debemos explicar esto argumentando que todos ellos viven en desobediencia a algo que Dios requiere y ordena muy claramente en su palabra? Por otro lado, pocos cesacionistas ni siquiera están familiarizados con la profundidad del argumento que han presentado aquellos que responderían sí a la pregunta. Así que, tomemos un momento y tratemos de obtener alguna claridad bíblica sobre este asunto.

Ciertos acontecimientos dentro de la Convención Bautista del Sur ilustran la controversia continua sobre las lenguas. Muchos habrán escuchado o leído que el Consejo Internacional de Misiones (conocido como el IMB por sus siglas en inglés) de la Convención Bautista del Sur se retractó sobre la pregunta de si deberían o no asignar misioneros bautistas del sur que utilizan un "lenguaje de oración privado" (la forma en que ellos se refieren a la práctica de orar en lenguas).

La decisión inicial de la IMB de prohibir la expresión en lenguas entre sus misioneros se anunció en 2005. Según un artículo en la página de internet de *The Texas Baptist Standard*, "La agencia de Convención Bautista del Sur ya excluye a las personas que hablan en lenguas en adoración pública de desempeñarse como misioneros. Sin embargo, el 15 de noviembre, los administradores del consejo votaron para enmendar su listado de restricciones misioneras para excluir a quienes usan un 'lenguaje de oración' en privado".[3] El artículo continua diciendo que "la restricción del 'lenguaje de oración'—una versión privada de la práctica de adoración carismática de hablar en lenguas—fue aprobada por una votación de 25–18... Algunos administradores no votaron sobre el tema durante su reunión en Huntsville, Alabama, reportó la agencia".[4] Sin embargo, cuando David Platt fue nombrado presidente de la IMB, él se aseguró rápidamente de que esta política fuera revertida.[5] Nadie puede predecir con facilidad en qué dirección irá la IMB ahora que Platt ha renunciado a la presidencia y regresado a pastorear la iglesia local.

Cito este escenario variable solo para señalar que la controversia sobre el don de hablar en lenguas no muestra señas de desaparecer. Mientras haya cristianos que creen que el don es válido en la actualidad, al mismo tiempo que otros insisten en que no lo es, este tema será discutido y debatido. Y nada relacionado al don de lenguas es tan potencialmente divisivo como la pregunta de si Dios diseñó el don para que fuera recibido por todo creyente nacido de nuevo.

Aquellos carismáticos que responderían sí a nuestra pregunta están perplejos de que alguien pudiera no estar de acuerdo. En lo que a ellos respecta, la declaración de Pablo en 1 Corintios

14:5 resuelve el debate de una vez por todas. Allí, el apóstol dice: "quisiera que todos vosotros hablaseis en lenguas". ¿Es el "deseo" expresado de Pablo un reflejo de su entendimiento de que la "voluntad" de Dios es igual?

No

Quienes insisten en que Dios no diseñó las lenguas para todos los creyentes recurren a varios textos en 1 Corintios. Por ejemplo, ellos dirigen nuestra atención a 1 Corintios 7:7, donde Pablo usa un lenguaje idéntico a lo que encontramos en 1 Corintios 14:5. Pablo habla de su propio celibato, diciendo: "Quisiera más bien que todos los hombres fuesen como yo; pero cada uno tiene su propio don de Dios, uno a la verdad de un modo, y otro de otro" (1 Corintios 7:7). Pocos, si acaso, afirmarían que Pablo está insistiendo en que todos los cristianos permanezcan solteros como él. Su "deseo", por lo tanto, no debería considerarse como una expresión de un deseo incondicional y universal. El mismo entendimiento, argumentan ellos, debería aplicarse al "deseo" de Pablo expresado en 1 Corintios 14:5 de que todos los cristianos hablen en lenguas.

Otro argumento, de parte de los que creen que las lenguas son un don otorgado solo a algunos cristianos, es el lenguaje que Pablo usa en 1 Corintios 12:7–11. Allí, él dice que el don de lenguas, al igual que los otros ocho dones mencionados, se otorga a las personas según la voluntad del Espíritu Santo. Si Pablo quiso decir que "todos" los creyentes iban a experimentar este don, ¿por qué usó la terminología de "uno… de un modo, y otro de otro", etc.? Es decir, Pablo parece sugerir que el Espíritu discierne entre los cristianos y distribuye uno o más dones a esta persona y a otra más, un don diferente para esta persona y otro más a aquella, y así sucesivamente.

Aquellos que responden no a nuestra pregunta insisten en que no hay salida a lo que Pablo dice en 1 Corintios 12:28–30. En este texto, el apóstol argumenta que no todos hablan en lenguas, así como no todos tienen dones de sanidades o todos son maestros o apóstoles. Veamos de cerca la manera en que Pablo enmarca esta pregunta:

> ¿Son todos apóstoles? ¿son todos profetas? ¿todos maestros? ¿hacen todos milagros? ¿Tienen todos dones de sanidad? ¿hablan todos lenguas? ¿interpretan todos? Procurad, pues, los dones mejores. Mas yo os muestro un camino aún más excelente.
>
> —1 Corintios 12:29–31

Es difícil, si no imposible, escapar de la conclusión de que Pablo espera que nosotros respondamos diciendo no. Esto es reforzado cuando observamos cómo tales preguntas se plantearon en griego. Pero, primero, considere cómo hacemos las preguntas en español cuando ya sabemos la respuesta. Los que hablan español tiene una manera de enfatizar ciertas palabras, de modular su voz, y hasta de utilizar ciertas expresiones faciales cuando intentan que el oyente sepa que la respuesta a nuestra pregunta es decididamente no. Por ejemplo:

+ "No vas a saltar de ese estante y te vas a matar, ¿o sí?".

+ "No todos son fanáticos del fútbol, ¿o sí?".

En cada uno de estos casos, anticipamos una respuesta negativa: no.

Sin embargo, el griego tiene una estructura gramatical específica que está diseñada para provocar una respuesta negativa a la pregunta que se formula. Eso es precisamente lo que Pablo utiliza aquí en 1 Corintios 12. La traducción que provee La Biblia de las Américas lo hace ligeramente más explícito que la Reina Valera 1960.

> ¿Acaso son todos apóstoles? ¿Acaso son todos profetas? ¿Acaso son todos maestros? ¿Acaso son todos obradores de

milagros? ¿Acaso tienen todos dones de sanidad? ¿Acaso hablan todos en lenguas? ¿Acaso interpretan todos?

—1 Corintios 12:29–30, lbla

Por la forma en que las preguntas están redactadas, puede ver claramente que el escritor quiere que usted responda diciendo: "No, claro que no".

SÍ

Muchos creen que esto resuelve el argumento. Pero quienes insisten en responder "sí" a nuestra pregunta están prestos para recordanos que 1 Corintios 7:7 no es el único lugar donde Pablo usa el término "quiero". Uno debe también abordar versículos como los siguientes:

> Porque no quiero, hermanos, que ignoréis que nuestros padres todos estuvieron bajo la nube, y todos pasaron el mar [en realidad, una traducción más literal diría algo entre líneas como: "Porque no quiero que sean ignorantes, hermanos "].
>
> —1 Corintios 10:1

> Pero quiero que sepáis que Cristo es la cabeza de todo varón, y el varón es la cabeza de la mujer, y Dios la cabeza de Cristo.
>
> —1 Corintios 11:3

> No quiero, hermanos, que ignoréis acerca de los dones espirituales.
>
> —1 Corintios 12:1

En cada uno de estos tres versículos, se usa el mismo verbo griego (*thelō*) que hallamos en 1 Corintios 14:5 ("quiero" o "deseo"), y en todos ellos lo que el apóstol quiere aplica igual y universalmente a todo creyente. Es más, en 1 Corintios 7, Pablo continúa diciéndonos explícitamente por qué su "deseo" de celibato universal no puede y no debe ser cumplido. Es porque "cada uno tiene su propio don de Dios" (1 Corintios 7:7). Sin embargo, en 1 Corintios 14, no se hallan pistas contextuales como esas que sugieran que el "deseo" de Pablo de que todos hablen en lenguas no puede ser cumplido. Entonces, una vez más, el uso de Pablo de *thelō* en 1 Corintios 14:5 podría solamente sugerir que este es el *deseo* de Pablo, sin indicarnos si él (o nosotros) podríamos considerar el deseo dentro del ámbito de la posibilidad. Como mínimo, podríamos concluir que Pablo estaría complacido si todos hablaran en lenguas. Sin embargo, eso no necesariamente significa que todos deberían hacerlo.

Quienes creen que la respuesta a nuestra pregunta es "sí" plantean una interrogante más. Ellos preguntan: "¿Por qué *no* querría Dios que cada creyente funcionara en este don en particular?". Es decir, ellos preguntan: "¿Por qué Dios retendría de cualquiera de sus hijos un don que les permite orar a Él y alabarlo tan eficazmente, un don que también sirve para edificarlos en su fe?". ¿Pero acaso no podría hacerse la misma pregunta de virtualmente cada uno de los demás dones espirituales? ¿Por qué no querría Dios que todo su pueblo pudiera enseñar o mostrar compasión o servir o dar generosamente u orar por sanidad con gran victoria o evangelizar? En cualquier caso, creo que deberíamos evitar especular sobre lo que creemos que Dios pueda o no "desear" para todos nosotros a menos que tengamos instrucción bíblica explícita para ello.

La declaración de Pablo, en 1 Corintios 14:23, también se toma en cuenta en el debate. Allí, él dice: "Si, pues, toda la iglesia se reúne en un solo lugar, y todos hablan en lenguas, y entran indoctos o incrédulos, ¿no dirán que estáis locos?". La pregunta de Pablo revela un escenario en la Iglesia de Corinto que el apóstol halla bastante problemático. Aquellos que tienen el don de lenguas estaban hablando en voz alta sin el beneficio de la interpretación. Si lo hacía simultáneamente o en sucesión, no lo sabemos. Sin embargo, el problema que esto plantea para los visitantes no regenerados era obvio. Estos últimos no tendrían idea alguna de lo que se está diciendo y posiblemente concluirían que los que estaban hablando estaban locos o trastornados, o en algún sentido, habían perdido la razón; ¡un escenario difícilmente propicio para un evangelismo efectivo! Esto muy probablemente explica la exigencia subsecuente de Pablo de que solo dos o tres hablen en lenguas y que siempre se acompañe de interpretación. Pero aparte de ese problema, el argumento es que Pablo, por lo menos, visualiza la *posibilidad hipotética* de que cada cristiano en Corinto podría hablar en lenguas, incluso si su advertencia va en contra de su uso en la reunión corporativa de la iglesia. ¿O podría ser que él esté simplemente hablando en un lenguaje deliberadamente exagerado cuando dice: "todos hablen en lenguas"?

Un punto de vista que muchos carismáticos están apoyando ahora es que 1 Corintios 12:7–11 y 12:28–30 se refieren al don de lenguas en el *ministerio en público*, es decir, un ministerio ejercido durante la reunión corporativa de toda la iglesia, mientras que 1 Corintios 14:5 describe el don en *devoción privada*. En 1 Corintios 12:28, Pablo dice específicamente que está describiendo lo que sucede "en la iglesia" o "en la asamblea" (cf. 1 Corintios 11:18; 14:19, 23, 28, 33, 35). El Espíritu no dota a todos para hablar en lenguas durante la asamblea reunida del pueblo de Dios. Sin embargo, el potencial sí existe para que cada creyente hable en lenguas en privado. Estos no son dos dones diferentes; sino dos contextos diferentes en los que un don podría ser usado. Una persona que ministra a toda la iglesia en lenguas es alguien que ya usa las lenguas en su vida de oración.

El bien conocido pastor pentecostal, Jack Hayford, argumenta de una manera muy parecida, usando términos diferentes. Él sugiere que el *don* de lenguas está (1) limitado en distribución (1 Corintios 12:11,30), y (2) su ejercicio en público debe ser controlado de cerca (1 Corintios 14:27–28); mientras que la *gracia* de lenguas está tan ampliamente disponible que Pablo desea que todos disfruten su bendición (1 Corintios 14:5), lo que incluye: (1) una comunicación distintiva con Dios (1 Corintios 14:2); (2) edificar la vida privada del creyente (1 Corintios 14:4); y (3) adoración y acción de gracias con belleza y decoro (1 Corintios 14:15–17).[6] La diferencia entre estos procedimientos del Espíritu Santo es que *no todo* cristiano tiene razón para esperar que él o ella ejercerán el *don* público, mientras que *cualquier* cristiano podría esperar y recibir la *gracia* privada del lenguaje espiritual en su tiempo personal de oración y comunión *con* Dios (1 Corintios 14:2), adoración llena de alabanza *ante* Dios (1 Corintios 14:15–17), y oración intercesora *a* Dios (Romanos 8:26–27).

El punto de Pablo, al final de 1 Corintios 12, es que no todo creyente contribuirá al cuerpo de Cristo en precisamente la misma manera. No todos ministrarán una palabra profética, no todos enseñarán, y así sucesivamente. Pero que todos pudieran o no orar privadamente en lenguas es otro tema que no está dentro de la esfera de Pablo sino hasta 1 Corintios 14.

Sin embargo, debe notarse que Pablo, o cualquier otro escritor del Nuevo Testamento, en ninguna parte diferencia explícitamente entre las lenguas como un "don" y las lenguas como una "gracia". Todos los "dones" son expresiones de la "gracia" de Dios para nosotros a través del Espíritu Santo. En efecto, como la mayoría están indudablemente conscientes, la palabra griega para un "don" espiritual (*carisma*) está claramente relacionada a la palabra griega para "gracia" (*caris*). Todos los dones espirituales, no solo el de lenguas, son expresiones de la gracia divina. Debo confesar una incomodidad de mi parte en establecer una distinción entre dos expresiones de lenguas con base a una supuesta diferencia en palabras que no se halla en ninguna parte del Nuevo Testamento.

Todos aquellos que aceptan este punto de vista hallan lo que ellos creen que es un paralelo a la perspectiva de Pablo sobre quién puede profetizar. "¿Acaso todos son profetas?" (1 Corintios 12:29, LBLA). No, claro que no. Sin embargo, Pablo se apresura a decir que el potencial existe para que "todos" profeticen (14:1, 31). ¿Por qué no podría ser igual para las lenguas? ¿Acaso no podría estar diciendo Pablo que mientras que no todos hablan en lenguas como una expresión de ministerio corporativo, en público, es posible que todos puedan hablar en lenguas como una expresión de alabanza y oración privada? Así como la pregunta retórica de Pablo, en 1 Corintios 12:29, no está diseñada para eliminar la posibilidad de que todos puedan expresar una palabra profética, así, también, su pregunta retórica en 1 Corintios 12:30 no está diseñada para excluir a nadie de ejercer el don de lenguas en su experiencia devocional privada.

Un problema con el punto de vista que Hayford defiende es que cuando Pablo dice: "Y a unos puso Dios *en la iglesia*, primeramente apóstoles, luego profetas, lo tercero maestros" (1 Corintios 12:28, énfasis añadido), y así sucesivamente, él no se está refiriendo a lo que sucede en la reunión o asamblea corporativa "en la Iglesia". La frase "en la Iglesia" significa "en el cuerpo de Cristo" en general (ya sea en Corinto o Tesalónica o Roma o cualquier otro lugar donde se encuentre el pueblo de Dios). Sin embargo, en varios otros textos, Pablo tiene muy claramente a la vista la reunión pública del pueblo de Dios. (Vea 1 Corintios 11:18; 14:19, 23, 28, 33, y 35). Sin embargo, en el único pasaje donde Pablo niega que a todos se les ha dado el don de lenguas, él se está refiriendo al "cuerpo de Cristo" (1 Corintios 12:27), del cual somos "miembros individualmente". El experto en el Nuevo Testamento, Max Turner, también señala que

> …las otras funciones, indicadas en 12:28–30, seguramente no están restringidas a lo que sucede cuando los creyentes de Corinto se reúnen formalmente. Tenemos que asumir que la profecía, la enseñanza, las sanidades, los milagros, el liderazgo y la administración estaban todos tanto dentro y fuera de la 'asamblea' formal. Sin embargo, todo esto, a su vez, significa que la pregunta de 12:30, '¿Acaso todos hablan en lenguas? (¡No!)', no puede limitarse al significado de '¿Acaso todos tienen un don especial para hablar en lenguas "en la asamblea"?'. Tiene que significar que solo *algunos* hablan en lenguas *si acaso*, ya sea en privado en la asamblea.[7]

Entonces, mi percepción es que Pablo no hace distinción entre las lenguas que se ejercen en público y las que permanecen como algo esencial en la oración devocional privada. Aunque ciertamente hay una variedad de "tipos" o "especies" de lenguas, la diferencia no está entre lenguas privadas y lenguas públicas.

Como puede ver, existen buenos argumentos en ambos lados de la frontera en lo que se refiere a responder esta pregunta. Debo confesar que parece improbable que Dios retuviera el don de lenguas a uno de sus hijos y él o ella lo desea apasionada y sinceramente. Mi suposición es que, habiendo igualdad en todo, si usted desea profundamente este don, probablemente (pero no con seguridad) se debe a que el Espíritu Santo ha estimulado su corazón para que lo busque. Y Él ha estimulado su corazón para buscarlo porque es la voluntad del Espíritu otorgárselo. Así que si usted anhela el don de lenguas, persevere en sus oraciones. Mi percepción (aunque sin garantía) es que Dios le responderá, en el tiempo de Él, con un "sí" satisfactorio.

Por otro lado, es importante recordar que hasta donde sabemos, no hay otro don espiritual que haya sido descrito, definido o representado jamás en el Nuevo Testamento como uno que Dios otorga, o quiere otorgar, a cada cristiano. En otras palabras, tal como lo señalé antes, si acaso unos pocos argumentarían que Dios quiere que todos tengan el don de enseñanza, o el don de compasión o el don de liderazgo o el don de evangelismo. ¿Por qué, entonces, serían las lenguas el único entre los muchos *carismata* que Dios desea que todos los creyentes ejerzan?

En el análisis final, me inclino a concluir que no necesariamente es la voluntad de Dios que todos los cristianos hablen en lenguas. ¡Sin embargo, estoy dispuesto a ser persuadido de lo contrario![8]

Capítulo 12

LAS LENGUAS EN EL
CRISTIANISMO PRIMITIVO, PARTE I

L A PREGUNTA QUE estaremos abordando en este capítulo es parte
de un debate mucho mayor entre los cristianos evangélicos.
Aquellos a quienes yo llamo "cesacionistas" argumentan que ciertos
dones espirituales, de naturaleza más expresamente milagrosa o sobrenatural (en particular aquellos de 1 Corintios 12:8–10), cesaron
en algún momento posterior a la muerte del último apóstol o quizás
inmediatamente después de que se escribiera el libro de Apocalipsis.
Nosotros, los continuistas, por otro lado, no encontramos evidencia
en la Escritura que sugiera que esos dones o cualquier otros fueron diseñados para funcionar solamente dentro un marco de tiempo
corto de unos cincuenta o sesenta años en el primer siglo. Todos
los dones de Dios están diseñados para todo el pueblo de Dios a lo
largo de todo el curso de la historia de la iglesia.

He dedicado una energía considerable en abordar este debate
en otros libros y artículos y no veo la necesidad de repetirlos aquí.[1]
Nuestra única preocupación en este capítulo es si tenemos o no una
buena razón para creer que las lenguas es un don del Espíritu y

que fue diseñado no solamente para la Iglesia del primer siglo, sino también para la Iglesia de nuestros días. Además, en el siguiente capítulo exploraremos brevemente la presencia de la expresión en lenguas a lo largo del transcurrir de los diecinueve siglos de la historia de la Iglesia.

29. ¿Tenemos razones bíblicas buenas para creer que el don de lenguas sigue siendo válido para el presente?

La pregunta frente a nosotros es si tenemos razones bíblicas sólidas para creer que las lenguas son un don que Dios desea que esté presente y en funcionamiento en la vida de su pueblo en el presente, tanto de forma individual como en la experiencia corporativa de la iglesia local. Mi respuesta inicial a esta interrogante es: "¿Qué evidencia posible hay en el Nuevo Testamento para que una pregunta así haya surgido en primer lugar?". Nuestra evaluación del propósito de la expresión en lenguas y respuesta a los malentendidos cesacionistas de lo que son las lenguas y cómo funcionaban, llevan a la sencilla conclusión de que el Nuevo Testamento está desprovisto de cualquier texto o argumento que podría hacernos dudar de si la intención de Dios para las lenguas es que funcionen en el mundo cristiano del presente. Dicho de manera simple, no existen razones buenas ni persuasivas para que alguien pueda relegar a las lenguas al primer siglo de la historia de la iglesia.

A esto le añadimos varios puntos más. Por ejemplo, mientras analizábamos cuidadosamente cada texto donde se menciona la expresión en lenguas, descubrimos que estas desempeñaban consistentemente un papel positivo y espiritualmente beneficioso en la vida del pueblo de Dios. Aunque los corintios obviamente habían elevado a las lenguas desmesuradamente y las habían señalado probablemente como una señal de espiritualidad intensificada, el consejo de Pablo es que nunca se prohíba el don, sino que, en cambio, se regule para que los demás puedan ser bendecidos. Mientras las lenguas en la asamblea corporativa estén acompañadas de interpretación, nunca, jamás deberían prohibirse. Pablo no pudo haber sido más claro cuando dijo: "no impidáis el hablar lenguas" (1 Corintios 14:39). Independientemente de los abusos que pudo haber en Corinto, el apóstol no cree que fueran motivo para prohibir el don o suprimir su ejercicio.

También vimos que las lenguas sirven para edificar y fortalecer a quien hace uso de ellas en su vida devocional privada. Si no menos que el apóstol mismo oraba a Dios, alababa a Dios y expresaba su gratitud a Dios con regularidad en lenguas sin interpretación, en la soledad de su propio "clóset de oración", es lógico que nosotros, hoy día, deberíamos recibir este don precioso del Espíritu y hacer buen uso de él con el mismo propósito.

Esta línea de razonamiento aplica igualmente a todos los otros dones del Espíritu. Algunos han intentado argumentar que, ya que ciertos dones milagrosos servían para autenticar el mensaje apostólico, no deberíamos esperar que estén en funcionamiento en la iglesia del presente. Sin embargo, no hay razón alguna para pensar que estos dones no podrían o no deberían funcionar en la Iglesia del siglo veintiuno de la misma manera cuando proclamamos el Evangelio. Decir que esta labor de autenticación o confirmación ya no es necesaria debido a que ahora ya hemos completado el canon de la Escritura inspirada es un argumento enteramente ausente del Nuevo Testamento. En ninguna parte de la Biblia se nos dice que, debido a que ahora tenemos la Biblia, ya no necesitamos o no podríamos beneficiarnos de lo que los dones milagrosos del Espíritu pueden lograr. En ninguna parte.

También debemos oponernos a la tendencia hacia el reduccionismo. Lo que quiero decir con esto es pensar que sencillamente porque el don espiritual "A" nos funciona bien en una capacidad específica, no puede funcionarnos bien en otra más. Siempre me da gusto reconocer que los dones milagrosos del Espíritu sirvieron para confirmar la autenticidad del mensaje apostólico. Pero, ¿por qué es esa una razón por la que tales dones ya no pueden funcionar en una gran cantidad de otras capacidades más allá del primer siglo e incluso en el siglo veintiuno? De hecho, Pablo deja muy en claro que la tarea principal de todos los dones espirituales, tanto de los llamados dones más milagrosos así como la de los llamados dones mundanos, es edificar y fortalecer el cuerpo de Cristo. Esto queda especialmente claro en 1 Corintios 12:7–10, donde hallamos lo que generalmente se conoce como dones del Espíritu "milagrosos" o "sobrenaturales". Allí, Pablo declara explícitamente que el Espíritu da estos dones "para el bien común" (versículo 7). ¿Debería comprobarse (y no es posible) que Dios diseñó los dones sobrenaturales para autenticar el mensaje apostólico solo en el primer siglo? Nosotros aún tenemos otros propósitos donde estos dones podrían aplicarse.

También existe el argumento de la suficiencia de la Escritura. Aunque la mayoría de los cesacionistas piensan que esta doctrina es una buena razón para rechazar hoy en día la validez de los dones milagrosos y reveladores del Espíritu, lo contrario es precisamente cierto. Creo que la negación cesacionista de la validez continua de los dones milagrosos, como las lenguas y la profecía, es lo que pone en riesgo la suficiencia de la Escritura. Permítame explicar.

La "suficiencia de la Escritura" puede significar muchas cosas, pero en el centro de la doctrina está nuestra creencia de que la Biblia contiene toda verdad teológica y toda norma ética que se requiere para llevar una vida que exalta a Cristo y glorifica a Dios. Lo que la Biblia contiene y enseña es "suficiente" para facultarnos a llevar vidas piadosas en la era actual.

Luego, esto hace surgir la pregunta: "¿Precisamente, qué dice la Biblia que Dios ha hecho o provisto para facultarnos para ser edificados, instruidos y debidamente equipados para toda buena obra?". Entre la plétora de cosas está la bendición de los muchos dones espirituales, aquellos en 1 Corintios 12:7–10 particularmente. La Palabra de Dios "enteramente suficiente" nos manda explícitamente a procurar "los dones mejores" (1 Corintios 12:31), lo cual Pablo pasa a identificar principalmente como la profecía. Nuevamente, él nos insta "procurad los dones espirituales, pero sobre todo que profeticéis" (1 Corintios 14:1). Una vez más, "Así que, quisiera que todos vosotros hablaseis en lenguas, pero más que profetizaseis" (1 Corintios 14:5a). Y si quedara duda de lo que Pablo quiere decir, él cierra este capítulo con la exhortación: "Así que, hermanos, procurad profetizar, y no impidáis el hablar lenguas" (1 Corintios 14:39).

Observe bien: Es en las Escrituras enteramente suficientes que hallamos estas exhortaciones. Es en la Biblia que creemos que nos dice todo lo que necesitamos para el crecimiento y la devoción cristiana que encontramos estos mandatos. ¿Creemos que la Biblia nos dice qué aceptar y qué evitar? Sí. ¿Creemos que la Biblia es completamente suficiente para darnos cada mandato que necesitamos obedecer y cada advertencia que debemos acatar? Sí. ¿Creemos que la Biblia nos advierte sobre esas creencias y prácticas engañosas que bien podrían amenazar su propia suficiencia? Sí.

Bien, entonces ¿qué dice la Biblia tanto de los dones del Espíritu milagrosos como de los mundanos? Dice que los necesitamos porque sirven "para el bien común" (1 Corintios 12:7). Dice que la profecía es dada al pueblo de Dios "para edificación, exhortación y consolación" (1 Corintios 14:3). Dice que en lo que se refiere a la reunión corporativa del pueblo de Dios "cada uno de vosotros tiene salmo, tiene doctrina, tiene lengua, tiene revelación, tiene interpretación" y que todas las cosas se deben hacer "para edificación" (1 Corintios 14:26). Y, sin embargo, en ninguna parte sugiere jamás, ni remotamente, mucho menos afirma explícitamente, que la validez permanente de los mismos dones que respalda es una amenaza peligrosa para la realidad de la suficiencia propia de la Escritura.

Así que permítame dirigirme a mis amigos cesacionistas que han tenido la valentía de leer a lo largo de este libro hasta el final. ¿De dónde creen ustedes que nosotros, los continuistas, extraemos nuestra creencia de la validez permanente de los dones milagrosos del Espíritu? No urdimos la idea por cuenta propia. ¡Obtenemos nuestro punto de vista de la Escritura! Son las Escrituras, las Escrituras enteramente suficientes, las que nos enseñan a procurar los dones espirituales, especialmente que profeticemos (1 Corintios

14:1). Son las Escrituras, las Escrituras enteramente suficientes, las que nos enseñan que tales dones no son dados simplemente para autenticar el mensaje apostólico, sino también para edificar al pueblo de Dios (1 Corintios 12:7 y todo 1 Corintios 14). Son las Escrituras, las Escrituras enteramente suficientes, las que nos dicen "procurad profetizar y no impidáis el hablar lenguas" (1 Corintios 14:39). Son las Escrituras, las Escrituras enteramente suficientes, que nos dicen que, en la era del nuevo pacto, inaugurada en Pentecostés, el pueblo de Dios, jóvenes y viejos, hombres y mujeres, tendrán sueños reveladores y visiones y profetizarán (Hechos 2). Y son las Escrituras, las Escrituras enteramente suficientes, las que en ninguna parte nos dicen que estos dones solo durarían por unos cincuenta o sesenta años y que, luego, desaparecerían.

Mi punto aquí es que creer en la suficiencia de la Escritura significa que nosotros creemos lo que dice y obedecemos sus mandatos. Sin embargo, el mundo cesacionista parece apelar a la noción de la suficiencia de la Biblia a fin de negar la autoridad funcional de la Biblia. Esa es la ironía. Ellos dicen que creen que la Biblia es inerrante y suficiente para decirnos todo lo que necesitamos saber para llevar vidas piadosas; sin embargo, luego, niegan la enseñanza de la Biblia con referencia a el funcionamiento de los dones espirituales para edificar e instruir al pueblo de Dios. Si ellos creen verdaderamente en la suficiencia de la Biblia, entonces, díganme dónde enseña la Biblia que los dones milagrosos del Espíritu fueron diseñados solo para las pocas décadas del primer siglo.

He escuchado a más de unos cuantos cesacionistas decir algo al efecto de que Dios le dio a la Iglesia dones, como las lenguas y la profecía, hasta que el mensaje apostólico alcanzó su madurez final y, por lo tanto, cesó. Cuando el mensaje estuvo completo, también lo estuvo la necesidad de dichos dones. Puedo preguntar: *¿Dónde, en el Nuevo Testamento dijo eso cualquiera de los escritores?* ¿Qué versículo o versículos podrían citar para respaldar tal afirmación?

Si, como creen indudablemente los cesacionistas, la Biblia es suficiente para toda instrucción y suficiente para proveer guía inerrante para cualquier necesidad que podamos tener a fin de crecer en santidad, ¿por qué la Biblia enteramente suficiente no dice lo que ellos afirman continuamente? ¿No habría sido prudente que los apóstoles nos hubieran dicho que Dios tenía el propósito de que su enseñanza sobre los dones espirituales milagrosos funcionara solamente durante solo unos cincuenta o sesenta años de la vida de la iglesia? Lo que me sigue desconcertando es que los cesacionistas, quienes afirman la suficiencia de la Biblia no pueden admitir que esta misma Biblia falla en proveernos un solo texto donde se nos diga que los muchos dones que esta nos anima a procurar y a practicar eran temporales o que estaban caracterizados por una obsolescencia inherente. Aquí, debo decir lo que ya he dicho: si la Biblia es suficiente para darnos todo lo que necesitamos para llevar vidas piadosas, y yo definitivamente sí creo esto, entonces ¿por qué no nos da un solo, único, texto en donde nos diga que hagamos caso omiso de las exhortaciones sobre procurar los dones espirituales, especialmente la profecía, o un solo, singular, texto que nos diga que los dones dados para edificar y animar al pueblo de Dios no estaban diseñados para ninguna generación de cristianos después de los del primer siglo? ¿Por qué la Palabra escrita solamente nos dice que hagamos buen uso de tales dones para la edificación del cuerpo de Cristo y no nos dice que los mismos eran solo para la Iglesia primitiva? Sencillamente, no sé cómo mis amigos cesacionistas pueden afirmar la suficiencia bíblica cuando ignoran, sin respaldo textual, los muchos ejemplos y las exhortaciones concernientes al uso de estos dones. Entonces, en resumen, yo sostengo que si usted cree en la suficiencia y la autoridad funcional de la Escritura, *está necesariamente obligado a* creer en la validez permanente y el poder edificante de los dones milagrosos del Espíritu.

Tengo otra pregunta cercanamente relacionada a la anterior. Voy a asumir que todos creemos que el Nuevo Testamento nos fue dado para proveernos instrucción y guías diseñadas para formar y gobernar la vida de la Iglesia local en la era del nuevo pacto. Si ese es el caso, ¿qué debemos hacer con la representación consistentemente positiva de los dones del Espíritu que vemos en la Palabra inspirada de Dios? Es decir, cuando vemos a las muchas epístolas neotestamentarias y su descripción de vida como creyentes en la iglesia local, ¿qué hallamos? Leemos sobre dones espirituales funcionando en Tesalónica (1 Tesalonicenses 5:19–22), en Antioquía (Hechos 13:1–2), en Cesarea (Hechos 10:44–48; 21:8–9), en Roma (Romanos 12:3–8), en Samaria (Hechos 8:4–8), en Éfeso (Hechos 19:1–7; 1 Timoteo 1:18; 4:14), en Galacia (Gálatas 3:1–5), y, por supuesto, en Corinto (1 Corintios 12–14). Dada esta representación consistentemente positiva de cómo deben funcionar los dones, alguien tiene que poner en marcha un caso abrumador con referencia a por qué no deberíamos pedir, procurar y practicar tales dones en la iglesia actual.[2]

En mi interacción con mis amigos cesacionistas (y sí, *son* mis amigos) muchas veces escucho decir que los dones milagrosos del Espíritu, de alguna manera, estaban singularmente atados o amarrados a los apóstoles originales. En ausencia de dichos hombres, no deberíamos esperar que se encuentren los dones. Sin embargo, una vez más, cuando leí el Nuevo Testamento, descubrí muchos cristianos no apostólicos—creyentes comunes como usted y yo—ejerciendo con mucho éxito y beneficio espiritual los otros muchos dones, en los que se supone que debemos creer que ya no existen en la iglesia.

Mientras escribía mi libro *Practicing the Power*,[3] otros, aparte de los apóstoles, que ejercían dones milagrosos incluían (1) los 70 que fueron comisionados en Lucas 10:9, 19–20; (2) al menos 108 de las 120 personas que estaban reunidas en el Aposento Alto en el día de Pentecostés (Hechos 1:15; 2); (3) Esteban (Hechos 6–7); (4) Felipe (Hechos 8); (5) Ananías (Hechos 9); (6) miembros de la iglesia en Antioquía (Hechos 13:1); (7) los nuevos convertidos en Éfeso (Hechos 19:6); (8) mujeres en Cesarea (Hechos 21:8–9); (9) los hermanos anónimos en Gálatas 3:5; (10) creyentes en Roma (Romanos 12:6–8); (11) creyentes en Corinto (1 Corintios 12–14); y (12) cristianos en Tesalónica (1 Tesalonicenses. 5:19–20).

Otro argumento de algunos cesacionistas es que la experiencia de la iglesia primitiva, tal como se registra en Hechos, debe verse como un periodo diferente y único que no puede ser copiado o reproducido en la actualidad. Después de todo, la iglesia primitiva tenía la presencia de los apóstoles, y nosotros, obviamente no. Sin embargo, yo argumentaría a cambio por la continuidad fundamental o por la relación espiritualmente orgánica entre la iglesia en Hechos y la iglesia de los siglos subsecuentes. Tal como escribí en *Practicing the Power:*

> Nadie niega que hubo una era o período en la Iglesia primitiva al que podríamos llamar "apostólico". Debemos reconocer el significado de la presencia física y personal de los apóstoles y de su rol singular en la colocación de los cimientos de la Iglesia primitiva. Sin embargo, el Nuevo Testamento no siguiere, en ninguna parte, que ciertos dones espirituales estaban única y exclusivamente amarrados a ellos o que con su muerte, los dones también murieron. La Iglesia universal o cuerpo de Cristo, que fue establecida y dotada durante el ministerio de los apóstoles, es la misma Iglesia universal y cuerpo de Cristo que existe en la actualidad (algo que negarían solamente los más extremos de los hiperdispensacionalistas). Nosotros somos, junto con Pablo y Pedro y Silas y Lidia y Priscila y Lucas, miembros del mismo cuerpo de Cristo.[4]

Versículos que prueban que los dones aún son para la Iglesia

Los cesacionistas muchas veces me piden que les provea un texto donde se diga explícitamente que los dones son para la Iglesia hasta la segunda venida de Cristo. Me alegra cumplir con esta solicitud.

Efesios 4:11–13

El primero que viene a mi mente está en el libro de Efesios. Esto es lo que dijo Pablo:

> Y él mismo constituyó a unos, apóstoles; a otros, profetas; a otros, evangelistas; a otros, pastores y maestros, a fin de perfeccionar a los santos para la obra del ministerio, para la edificación del cuerpo de Cristo, hasta que todos lleguemos a la unidad de la fe y del conocimiento del Hijo de Dios, a un varón perfecto, a la medida de la estatura de la plenitud de Cristo
>
> —Efesios 4:11–13

No estoy seguro de cómo pudo haber sido más explícito concerniente a la duración de estos dones. Él habla de la función de los dones espirituales (junto con el cargo de apóstol), y en particular de los dones de profecía, evangelismo, pastor y maestro, funcionando en la edificación de la iglesia "hasta que todos lleguemos a la unidad de la fe y del conocimiento del Hijo de Dios, a un varón perfecto, a la medida de la estatura de la plenitud de Cristo" (versículo 13). La palabra "hasta" es crucial. Hasta *qué* tiempo o cuándo dejaremos de necesitar el funcionamiento de estos dones? No será sino "hasta" que el cuerpo de Cristo llegue "la madurez de un varón perfecto y esté a la medida de la estatura de la plenitud de Cristo. Ya que la Iglesia, con toda seguridad, todavía no ha alcanzado esto último, y no lo hará hasta que Jesús regrese, podemos anticipar confiadamente la presencia y el poder de tales dones hasta que llegue el día.

1 Corintios 13:8–12

Ya he abordado, en varias ocasiones en este libro, los argumentos para la cesación de las lenguas y los hallé insuficientes. Hemos visto repetidamente que las lenguas son un don de Dios, impartido por el Espíritu Santo, "para el bien común" (1 Corintios 12:7). Cuando se usa en la asamblea corporativa del pueblo de Dios, acompañado de la interpretación, las lenguas edifican a otros creyentes. Cuando se usa en la devoción privada, también sirve para edificar al que habla (1 Corintios 14:4). Las lenguas son simplemente una forma de oración (1 Corintios 14:2, 14) así como también una manera en la que el creyente puede cantar alabanza a Dios (1 Corintios 14:15) y darle expresión sincera a la gratitud por todo lo que Dios ha hecho (1 Corintios 14:16–17). Estas actividades no están amarradas únicamente a la historia de los cristianos del primer siglo. Son apropiadas en cualquiera y en todos los momentos de la vida de un creyente.

Es más, he visto que las lenguas no funcionan como una herramienta evangelística, Dios tampoco las diseñó específicamente para ser una señal de juicio contra los judíos incrédulos. Y, concretamente, el argumento cesacionista principal de que toda expresión en lenguas era en un idioma humano que el hablante no había aprendido ni estudiado previamente, sencillamente no resiste el estudio minucioso sobre la manera en que las lenguas están descritas en 1 Corintios 12–14.

Parece razonable concluir, por tanto, que cualquier argumento que pueda hacerse para la continuación de todos los otros dones espirituales aplica, con igual intensidad, al don de lenguas. Hay un pasaje de la Escritura, en particular que parece identificar la duración de las lenguas con claridad inconfundible. Lo irónico acerca de este texto es que los cesacionistas lo han usado muchas veces para argumentar precisamente lo contrario. Estoy hablando de 1 Corintios 13:8–12.

Como se dijo, una de las grandes ironías en el diálogo continuo entre los continuistas, como yo, y los cesacionistas es que el pasaje bíblico citado con más frecuencia en defensa de la idea de que los dones milagrosos del Espíritu han cesado resulta, después de una inspección minuciosa, ser una de las afirmaciones más explícitas de que tales dones continúan hasta el momento de la segunda venida de Cristo. Este es el texto en cuestión:

> El amor nunca deja de ser; pero las profecías se acabarán, y cesarán las lenguas, y la ciencia acabará. Porque en parte conocemos, y en parte profetizamos; mas cuando venga lo perfecto, entonces lo que es en parte se acabará. Cuando yo era niño, hablaba como niño, pensaba como niño,

juzgaba como niño; mas cuando ya fui hombre, dejé lo que era de niño. Ahora vemos por espejo, oscuramente; mas entonces veremos cara a cara. Ahora conozco en parte; pero entonces conoceré como fui conocido.

—1 Corintios 13:8–12

La gente que abraza el cesacionismo señala que, mientras que Pablo dice en los versículos 8 y 10 que la profecía y el conocimiento "pasarán" o "se eliminarán" cuando el "perfecto" venga, las lenguas, por otro lado, simplemente "cesarán". Ellos entienden que esto significa que el don espiritual de hablar en lenguas simplemente muere por sí mismo. Hay algo intrínseco en el carácter de la expresión en lenguas, dicen ellos, que por sí solo explica la razón por la que cesarán. Nadie tiene que tomar ninguna acción contra las lenguas para que terminen. Estas simplemente se detienen. Esto muchas veces se basa en el que el verbo "cesar" está en voz media. Sin embargo, tal como lo señala el teólogo D. A. Carson, el verbo *pauō* aparece regularmente en voz media y "nunca inequívocamente porta el significado 'cesarse a sí mismo' (por ejemplo: cuando se debe a algo intrínseco en la naturaleza del sujeto)".[5]

Dicho de manera sencilla, la mayoría de los expertos del Nuevo Testamento están de acuerdo en que no se puede sacar ninguna conclusión teológica acerca de la duración o cesación de cualquiera de estos dones basándose en los verbos que se usan.[6]

Tampoco es popular, incluso entre los cesacionistas, argumentar que el "perfecto" es nada menos que el estado de consumación espiritual que se introduce al momento de la segunda venida de Cristo. Uno de los cesacionistas más elocuentes de nuestros días es el profesor y experto en el Nuevo Testamento, Richard Gaffin. Él está definitivamente en lo correcto cuando dice:

> Argumentar, como algunos cesacionistas lo hacen, que "el perfecto" prevé la culminación del canon del Nuevo

Testamento o alguna otra situación previa a la Parousía [la segunda venida de Cristo] no es exegéticamente creíble.[7]

Gaffin liga correctamente al "perfecto" de 1 Corintios 13:10 con la "unidad/llenura" de Efesios 4:13 y concluye que Pablo prevé "la situación que trae el retorno de Cristo".[8]

Lo que es de mayor importancia es que Pablo dice claramente que los dones espirituales, como la profecía y la palabra de conocimiento, pasarán cuando venga el "perfecto". Yo también incluiría en esto a las lenguas; de hecho, incluiría a todos los dones espirituales. Los dones espirituales son maravillosos, y los necesitamos. Sin embargo, aun cuando funcionan al nivel más alto y eficiente, solamente pueden traernos un conocimiento parcial. Como dice Pablo: "en parte conocemos, y en parte profetizamos" (1 Corintios 13:9). Los dones espirituales, a pesar de todo su valor y poder, no pueden llevarnos a la experiencia de conocer a Dios como Dios nos conoce a nosotros. Para ello, tenemos que esperar la llegada del "perfecto" (1 Corintios 13:10).

Entonces, ¿qué es el "perfecto"? Los cesacionistas generalmente acepta una de dos interpretaciones, ambas de ellas están claramente equivocadas.

Algunos argumentan que el "perfecto" hace referencia al *canon completado de la Escritura*. Las lenguas, la profecía y el conocimiento, entre otros dones milagrosos, cesaron cuando el libro de Apocalipsis fue escrito. Pocos expertos en el Nuevo Testamento sostienen este punto de vista hoy día. Sus debilidades son obvias.

Primero, no hay evidencia de que incluso Pablo anticipara la formación de un "canon" de la Escritura posterior a la muerte de los apóstoles. De hecho, Pablo parece haber tenido la expectativa de que él mismo podría sobrevivir hasta la venida del Señor (1 Tesalonicenses 4:15–16; 1 Corintios 15:51). Segundo, no hay razón para pensar que Pablo pudo haber esperado que los corintios descifraran que él quiso decir "canon" cuando usó el término *teleion*.[9] Tercero, como lo señala Max Turner, "el canon completo de la Escritura difícilmente habría significado para los corintios la *expiración del conocimiento simplemente 'parcial'* (y de las lenguas y la profecía junto con él), y la llegada de 'todo el conocimiento', pues los corintios ya tenían el Antiguo Testamento, la tradición del evangelio (presumiblemente), y (casi con seguridad) más enseñanza paulina de la que finalmente entró al canon".[10]

Una cuarta razón de que el argumento cesacionista falla es que, en 1 Corintios 13:12, Pablo dice, en efecto, que con la venida del "perfecto" nuestro "conocimiento parcial" dará paso a una profundidad de conocimiento que solamente se asemeja a la manera en que somos conocidos por Dios. Es decir, cuando el perfecto venga, *entonces veremos* "cara a cara" y conoceremos incluso cómo somos conocidos por Dios. Pocas personas ya no discuten que este es un lenguaje descriptivo de nuestra experiencia en el estado eterno, subsecuente al retorno de Cristo. Como dice Turner: "sin importar cuánto respetemos el canon del Nuevo Testamento, Pablo solamente puede ser acusado de la más desbocada exageración en el versículo 12 si de eso fuera de lo que estaba hablando".[11]

Quinta, la visión cesacionista se apoya sobre la suposición de que la profecía era una forma de revelación divina diseñada para servir a la iglesia en el ínterin, hasta que llegara el tiempo en que se formara el canon. Sin embargo, una evaluación minuciosa del Nuevo Testamento revela que la profecía tenía un propósito mucho más amplio que no iba a ser afectado en lo más mínimo cuando se completara el canon.

Otros argumentan que el "perfecto" se refiere a la *madurez de la iglesia*. Cuando la iglesia haya superado su infancia y esté totalmente establecida, la necesidad por los dones espirituales, como la profecía y las lenguas, habrá terminado. Sin embargo, en 1 Corintios 13:11–12, Pablo no está hablando sobre grados relativos de madurez, sino de la perfección absoluta.

Por tanto, me parece claro que por "perfecto" Pablo se refiera a *esa situación ocasionada por la segunda venida de Jesucristo al final de la historia de la humanidad*. El "perfecto" no es en sí la venida de Cristo, sino más bien la experiencia o condición de perfección que disfrutaremos en los nuevos cielos y la nueva tierra. El punto de Pablo es en realidad más bien simple: los dones espirituales, como la profecía, la palabra de conocimiento, las lenguas y todos los demás, en mi opinión, desaparecerán en algún momento futuro a los escritos de Pablo, a lo que él se refiere como "perfección". Este estado de "perfección", repito, señala claramente el estado eterno después del regreso de Cristo. Lo sabemos por dos cosas que él dijo en 1 Corintios 13:12 (LBLA).

Primera, Pablo dice: "Ahora conozco en parte; entonces [¿Cuándo? Cuando el "perfecto" venga] conoceré plenamente, como he sido conocido". Lo que Pablo dijo no fue que nosotros seremos omniscientes en nuestro estado eterno, como diciendo que conoceremos absolutamente todo en detalle exhaustivo. Sí significa que seremos libertados de las confusiones y distorsiones asociadas con esta vida en un mundo caído. Nuestro conocimiento en la era venidera será, en algunas formas, similar a la manera en que Dios nos conoce ahora. El conocimiento de Dios sobre nosotros es inmediato y completo. Nuestro conocimiento de Dios será igual cuando entremos a su presencia en los nuevos cielos y la nueva tierra. Por tanto, las distinciones de Pablo "están entre el 'ahora' y el 'entonces', entre lo que está incompleto (aunque es perfectamente apropiado para la existencia presente de la iglesia) y lo que está completo (cuando su destino final en Cristo haya sido alcanzado y 'nosotros veamos cara a cara' y 'conozcamos plenamente como hemos sido conocidos')".[12]

Segunda, en 1 Corintios 13:12, Pablo dice: "Porque ahora [durante la era presente de la iglesia, antes de la llegada del "perfecto"] vemos por un espejo, veladamente, pero entonces [cuando el "perfecto" venga; veremos] cara a cara". El término "cara a cara" es un lenguaje bíblico estándar para la comparecencia de un humano en la presencia inmediata de Dios, contemplándolo de manera directa. (Vea Génesis 32:30; Éxodo 33:11; Números 14:14; Deuteronomio 5:4; 34:10; Jueces 6:22; y Apocalipsis 22:4). Lo que Pablo tiene en mente es una comunicación directa y personal como la que nos espera en la era venidera. En esta vida, sufrimos por la limitación de ver por un espejo, veladamente, mientras que cuando el perfecto venga, contemplaremos a Dios directamente, sin nada que se interponga o eclipse su gloria. Por tanto, tratar de hacer que el "perfecto" se refiere a un tiempo en la era presente, antes de la venida de Cristo, y el estado eterno cuando todo pecado será abolido, es trivializar y minimizar el lenguaje de 1 Corintios 13:12.

Para usar el lenguaje de 1 Corintios 13:11, vivir ahora, en la era presente de la iglesia, es como ser un niño; estamos limitados, y nuestro conocimiento es imperfecto. Sin embargo, cuando el "perfecto" venga, habremos avanzado a la edad adulta. El pecado será abolido; el mal y la corrupción y las limitaciones de esta vida habrán terminado. Veremos a Dios "cara a cara", y entonces conoceremos incluso como hemos sido plenamente conocidos. Hay una diferencia cualitativa y cuantitativa masiva entre lo que conocemos ahora, por medio de los dones del Espíritu, y lo que conoceremos en la consumación. En la consumación ocasionada por el retorno de Cristo, y no antes sino hasta entonces, los dones espirituales dejarán de funcionar. Nadie lo ha explicado mejor que David Garland:

> El "perfecto" es una abreviatura de la consumación de todas las cosas, el objetivo deseado de la creación; y su llegada desplazará naturalmente lo parcial que experimentamos en la era presente. Los dones humanos brillan gloriosamente en este mundo, pero se desvanecerán hasta desaparecer en la presencia de lo que es perfecto. Sin embargo, estos también habrán cumplido su propósito de ayudar a edificar a la iglesia durante la espera y a llevarla al umbral del fin. Cuando llegue el final esperado, los dones ya no serán necesarios.[13]

Para resumir, el punto que Pablo plantea es la diferencia entre lo que es verdadero y apropiado para nosotros ahora, en esta era presente, y lo que será nuestra experiencia después, en la era venidera. La vida en la era de la iglesia actual solo da paso a un conocimiento que es parcial. Nunca está completamente libre de error. Sin embargo, la vida en la era venidera, es decir, la vida en el estado de perfección, estará caracterizada por una relación con Dios sin mediadores, que está libre de error o malinterpretación o confusión. La perfección o plenitud de lo que vendrá no es una experiencia de las nuestras en la era presente, sino que tiene que ver con la vida, el gozo y el conocimiento en el nuevo cielo y la nueva tierra (Apocalipsis 21–22). "En la venida de Cristo, el propósito final de la obra salvadora de Dios en Cristo se habrá alcanzado; en ese momento, aquellos dones, ahora necesarios para la edificación de la iglesia en la era presente, desaparecerán porque la 'plenitud' habrá llegado".[14]

Capítulo 13

LAS LENGUAS EN EL CRISTIANISMO PRIMITIVO, PARTE II

N UESTRA PREGUNTA FINAL se refiere a la presencia (o ausencia) de las lenguas y otros dones milagrosos del Espíritu durante el curso de los últimos dos mil años de la historia de la Iglesia:

30. ¿Desaparecieron las lenguas y otros dones milagrosos del Espíritu en la historia de la Iglesia tras la muerte de los apóstoles solo para reaparecer en el siglo veinte?

Después de estudiar la documentación de las declaraciones de la presencia de estos dones, D. A. Carson concluye: "hay suficiente evidencia de que algún tipo de dones 'carismáticos' continuaron de manera esporádica a lo largo de los siglos de la historia de la Iglesia que es inútil insistir, sobre fundamentos doctrinarios, que todo informe es falso o fruto de la actividad demoniaca o aberración psicológica".[1]

Algunos podrían sorprenderse al descubrir que tenemos un amplio conocimiento de una fracción pequeña de lo sucedido en la historia de la iglesia. Es terriblemente presuntuoso concluir que los dones del Espíritu estuvieron ausentes de la vida de las personas de quienes sabemos prácticamente nada. En otras palabras, como alguien dijo una vez, la falta de evidencia no es necesariamente la evidencia de lo que falta.

Simplemente, no sabemos lo que sucedía en las miles y miles de iglesias y reuniones en casa de los cristianos en los siglos pasados. No puedo decir confiadamente que los creyentes oraban con regularidad por los enfermos y que los vieron sanar; de la misma manera, usted podría decir que no lo hicieron. Usted no puede decir que ellos nunca profetizaron para edificación, exhortación y consolación de la iglesia (1 Corintios 14:3); igualmente, yo no podría asegurar que sí lo hicieron. Ninguno de nosotros puede decir, con alguna seguridad, si los innumerables miles de cristianos, a lo largo del mundo habitado, oraban en lenguas en sus devociones privadas. Eso es difícilmente el tipo de cosas de las cuales podrían esperar que hubiera documentación extensiva. Tenemos que recordar que la opción de imprimir con tipografía móvil no existió hasta la creación de Johannes Gutenberg (c. 1390–1468 d. C.). La ausencia de evidencia documentada para los dones espirituales, en un tiempo cuando la evidencia documentada para la mayor parte de la vida de la iglesia era escasa—en el mejor de los casos—es difícilmente un buen fundamento para concluir que tales dones no existieron.

Si los dones eran esporádicos (no estoy convencido de que lo fueran), podría haber una explicación aparte de la teoría de que estaban limitados al primer siglo. Debemos recordar que antes de la Reforma Protestante, en el siglo XVI, el cristiano promedio no tenía acceso a la Biblia en su propio idioma. La ignorancia bíblica estaba expandida por todas partes. Esa es difícilmente la clase de atmósfera donde la gente estaría consciente de los dones espirituales (su nombre, naturaleza, función y la responsabilidad del creyente en procurarlos) y, por consiguiente, difícilmente la clase de atmósfera en la que esperaríamos que los cristianos buscaran y rogaran por tal fenómeno o que los reconocieran donde se manifestaran. Si los dones escaseaban, y—repito—esto es altamente debatible, lo eran probablemente debido a la ignorancia y al letargo espiritual que esta engendra como a cualquier principio teológico que limita los dones al tiempo en que los apóstoles vivían.

Especialmente importante, con relación a esto, es la concentración de la autoridad espiritual y ministerial en el cargo del obispo y del sacerdote en la Iglesia de Roma emergente. Para principios del cuarto siglo (mucho antes, según algunos) ya había un movimiento para que solo el clérigo ordenado tuviera la oportunidad de hablar, atender y ministrar en la vida de la iglesia. Los laicos fueron silenciados y marginados, y quedaron casi completamente en dependencia de la contribución del sacerdote local o del obispo monárquico.

Aunque Cipriano (obispo de Cartago de 248 al 258 d. C.) hablaba y escribía frecuentemente de los dones de profecía y de recibir visiones del Espíritu,[2] él también fue responsable de la desaparición gradual de tal *carismata* de la vida de la iglesia. Él, entre otros, insistía que solamente al obispo y al sacerdote de la iglesia debía permitírseles ejercer estos dones reveladores. En las palabras de James Ash: "El episcopado monárquico capturó el carisma de profecía, lo usó en su defensa, y lo dejó morir desapercibidamente cuando la verdadera estabilidad episcopal lo convirtió en una herramienta superficial".[3]

Si admitimos, solo como hipótesis, que ciertos dones espirituales prevalecieron menos que otros en ciertas épocas de la iglesia, su ausencia bien podría ser debido a incredulidad, apostasía y otros pecados que sirven solo para apagar y entristecer al Espíritu Santo. Si Israel sufrió la pérdida de poder debido a la rebeldía repetida, si Jesús mismo "no pudo hacer allí ningún milagro, salvo que sanó a unos pocos enfermos, poniendo sobre ellos las manos" (Marcos 6:5), todo a causa de su "incredulidad" (Marcos 6:6), difícilmente deberíamos sorprendernos ante la infrecuencia de lo milagroso en periodos de la historia de la iglesia marcados por una ignorancia teológica y una inmoralidad tanto personal como clerical.

También debemos recordar que Dios nos bendice misericordiosamente tanto con lo que no merecemos como con lo que nos rehusamos o no podemos reconocer. Estoy convencido de que muchas iglesias hoy día, que defienden el cesacionismo, experimentan estos dones, pero los descartan como algo menos que la manifestación milagrosa del Espíritu Santo.

Por ejemplo: de alguien con el don de discernimiento de espíritus podría decirse que tiene una sensibilidad y un conocimiento extraordinario. De alguien con el don de palabra de conocimiento más bien se dice que tiene un entendimiento profundo de los dones espirituales. De alguien que profetiza, se dice que ha expresado ánimo oportuno para las necesidades de la congregación. De alguien que impone manos sobre los enfermos y que ora exitosamente por la sanidad, se dice que Dios todavía responde oraciones, pero que los dones de sanidad ya no funcionan. Estas iglesias no serían atrapadas, identificando tales fenómenos por su nombre según 1 Corintios 12:7–10 debido a que están comprometidas con la teoría de que tales fenómenos no existen.

Si esto sucediera hoy día (y sucede, como lo fue en una iglesia en la que ministré por varios años) tenemos toda razón para pensar que ha ocurrido repetidamente a lo largo de la historia posterior al primer siglo.

Piense en este ejemplo hipotético. Supongamos que un hombre ha sido asignado para escribir una historia descriptiva de la vida de la iglesia en, digamos 845 d. C., en lo que ahora es el sur de Francia. ¿Cómo podría él llamar a lo que vio y escuchó? Si él no supiera de los dones espirituales, siendo indocto, o quizá un cesacionista con un alto nivel de educación, su crónica no haría referencia a la profecía, sanidad, lenguas, milagros, palabra de conocimiento, etc. Dichos fenómenos pudieron muy bien existir, quizá hasta florecer, pero serían identificados y explicados en otros términos por parte de nuestro historiador hipotético.

Siglos después, descubrimos su manuscrito. ¿Sería justo concluir, a partir de sus observaciones, que ciertos dones espirituales habían cesado posteriormente a la era apostólica? ¡Claro que no! Mi punto en esto es sencillamente que tanto en el pasado distante como en el presente, el Espíritu Santo puede facultar al pueblo de Dios con dones para el ministerio que este no reconoce o, por la razón que sea, explica en términos diferentes a 1 Corintios 12:7–10. La ausencia de referencia explícita a ciertos *carismata* es, por lo tanto, una base débil sobre la cual discutir si separación permanente de la vida de la iglesia.

La pregunta que estamos considerando es esta: Si el Espíritu Santo quería que la iglesia experimentara los *carismata* milagrosos, ¿no habrían sido estos más visibles y prevalentes en la historia de la Iglesia (y estoy admitiendo que no lo eran, solamente como una hipótesis)? Tomemos el principio que sustenta ese argumento y apliquémoslo a otras situaciones.

Todos creemos que el Espíritu Santo es el *maestro* de la Iglesia. Todos creemos que el Nuevo Testamento describe su ministerio de *iluminar* nuestro corazón e *instruir* nuestra mente para entender las verdades de la Escritura. (Vea, por ejemplo, Efesios 1:15–19; 1 Juan 2:20, 27; y 2 Timoteo 2:7). Sin embargo, en la primera generación posterior a la muerte de los apóstoles, la doctrina de la justificación por fe se vio en peligro. La salvación por fe más obras pronto se convirtió en la doctrina estándar y fue desafiada sin éxito (con algunas excepciones destacadas) hasta la postura valiente de Martín Lutero en el siglo XVI.

Entonces, esta es mi pregunta: Si el propósito de Dios para el Espíritu Santo era continuar enseñando e instruyendo a los cristianos en lo referente a las verdades bíblicas más allá de la muerte de los apóstoles, ¿por qué la iglesia languidece en ignorancia de esta verdad tan fundamental durante más de 1,300 años? ¿Por qué sufrieron los cristianos por la ausencia de esas bendiciones vivenciales que esta verdad esencial podría haber llevado a la vida de su iglesia?

Si la intención de Dios era que el Espíritu Santo iluminara la mente de su pueblo en lo que concierne a las verdades bíblicas después de la muerte de los apóstoles, ¿por qué la iglesia languidece en ignorancia de la doctrina del sacerdocio de todos los creyentes por más de mil años? Aquellos que creen en el rapto de la Iglesia antes de la tribulación también deberían explicar la ausencia de esta "verdad" en el conocimiento colectivo de la Iglesia ¡durante casi 1,900 años!

Sin duda, la respuesta será que nada de esto demuestra que el Espíritu Santo terminó su ministerio de enseñanza e instrucción. Nada de esto comprueba que Dios dejó de querer que su pueblo entendiera tales principios doctrinales esenciales. Y la presunta infrecuencia relativa o ausencia de ciertos dones espirituales durante el mismo periodo de la historia de la Iglesia no comprueba que Dios estaba en contra de su uso o había negado su validez por el resto de la era presente.

Tanto la ignorancia teológica de ciertas verdades bíblicas como una pérdida de bendiciones vivenciales provistas por los dones espirituales podrían ser, y deberían ser, atribuidas a factores distintos de la sugerencia de que Dios tenía la intención de que dicho conocimiento y poder fueran solo para los creyentes en la Iglesia primitiva.

Finalmente, y más importante de todo, es el hecho de lo que ha o no ha ocurrido en la historia de la Iglesia es finalmente irrelevante a lo que *nosotros* deberíamos procurar, pedir y esperar en la vida de nuestras iglesias hoy día. El criterio final para decidir si Dios quiere otorgar ciertos dones espirituales a su pueblo hoy día es la Palabra de Dios. Me decepciono al escuchar frecuentemente que la gente cita la supuesta ausencia de una experiencia particular en la vida de un santo admirado, de la iglesia del pasado, como razón para dudar su validez presente. Aunque respeto mucho a los gigantes de la Reformación y de otros periodos en la historia de la Iglesia, intento emular a los gigantes del Nuevo Testamento, quienes escribían bajo la inspiración del Espíritu Santo. Admiro a Juan Calvino, pero obedezco al apóstol Pablo.

En resumen, ni el fracaso ni el éxito de los cristianos en los días pasados es el estándar máximo por medio del que determinamos lo que Dios quiere para nosotros hoy día. Podemos aprender de sus errores así como de sus logros. Sin embargo, la única pregunta de principal importancia para nosotros y para este tema es: "¿Qué dice la Escritura?".

Los dones espirituales milagrosos en la historia de la iglesia[4]

Ahora estamos listos para un estudio breve de la historia de la iglesia (a partir de los padres apostólicos hasta Agustín). Los ejemplos representativos citados demostrarán que los dones milagrosos del Espíritu estaban, y están, aún muy activos. Ciertamente, antes de Crisóstomo, en el este (347–407 d. C.), y Agustín, en el oeste (354–430 d. C.), ningún padre de la iglesia sugirió jamás que ninguno o todos los carismata habían cesado en el primer siglo. E incluso Agustín se retractó después de si cesacionismo previo (vea abajo). Así que llevemos a cabo una reseña rápida.[5]

La Epístola de Barnabás, escrita en algún momento entre 70 u 132 d. C., dice del Espíritu Santo: "Él profetiza personalmente en nosotros y habita personalmente en nosotros".[6] El autor de *The Shepherd of Hermas* afirma haber recibido numerosas experiencias reveladoras a través de visiones y sueños. A este documento se le ha fechado tan temprano como 90 d. C. y tan tarde como 140–155 d. C. Justino Mártir (c. 100–165 d. C.), quizás el apologista más importante del segundo siglo es especialmente claro sobre el funcionamiento de los dones en su tiempo:

> Por lo tanto, de la misma manera en que Dios no infligió su ira a causa de esos siete mil hombres, así tampoco ha infligido juicios, y tampoco lo hace, sabiendo que diariamente algunos [de ustedes] se vuelven discípulos en el nombre de Cristo, y renuncian al camino de error; quienes además están recibiendo dones, cada uno según es digno, iluminados por medio del nombre de este Cristo. Pues uno recibe el espíritu de entendimiento, otro el de consejo, otro el de fortaleza, otro el de sanidad, otro el de precognición, otro el de enseñanza y otro el de temor de Dios.[7]

Pues los dones proféticos permanecen con nosotros, incluso en el tiempo presente. Y por lo tanto, usted debe entender que [los dones], que anteriormente estaban en su nación, han sido transferidos a nosotros. Y así como había profetas contemporáneos falsos junto con sus profetas santos, del mismo modo hay ahora muchos falsos maestros entre nosotros, de quienes el Señor nos advirtió con antelación para que estuviéramos conscientes; de modo que, en ningún caso, somos deficientes, ya que sabemos que Él sabía de antemano todo lo que sucedería después de su resurrección de los muertos y la ascensión al cielo.[8]

A causa de innumerables endemoniados en todo el mundo entero, y en su ciudad, muchos de nuestros hombres cristianos los exorcizan en el nombre de Jesucristo, quien fue crucificado bajo el gobierno de Poncio Pilato, han sanado y siguen sanando, dejando indefensos a los demonios que los poseen y echándolos fuera de los hombres, aun cuando todos los otros exorcistas, y aquellos que usan encantamientos y drogas, no podían curarlos.[9]

Ireneo (c. 120/140–200/203 d. C.), definitivamente el teólogo más importante e influyente del final del segundo siglo, escribe:

Por lo tanto, además, aquellos que en verdad son sus discípulos, recibiendo gracia de Él, en su nombre, llevan a cabo [milagros], para promover el bienestar de otros hombres, según el don que cada uno ha recibido de Él. Pues algunos cierta y verdaderamente echan fuera demonios, y así, aquellos que de esta forma han sido limpiados de espíritus malignos, frecuentemente creen [en Cristo] y se unen a la iglesia. Otros tienen conocimiento previo de cosas por venir: ven visiones y pronuncian expresiones proféticas. Otros más, sanan a los enfermos al imponer sus manos sobre ellos, y los enfermos sanan. Sí, es más, como he dicho, hasta los muertos han sido resucitados, y permanecido entre nosotros por muchos años. Y ¿qué más debo decir? No es posible nombrar el número de los dones que la iglesia, [esparcida] por el mundo entero, ha recibido de Dios, en el nombre de Jesucristo, quien fue crucificado bajo el gobierno de Poncio Pilato, y los cuales la iglesia ejerce día a día para el beneficio de los gentiles, sin practicar engaño sobre alguno, ni tomar recompensa de ellos [a cuenta de tales interposiciones milagrosas]. Pues así como ella ha recibido gratuitamente de Dios, gratuitamente también ministra [a los demás].[10]

Ella [la Iglesia] tampoco hace nada por medio de invocaciones angelicales, ni por encantamientos, ni por cualquier otro arte maligno extraño; sino dirigiendo sus oraciones al Señor, quien hace todas las cosas, en un espíritu puro, sincero, y directo, y clamando en el nombre del Señor Jesucristo, ella está acostumbrada a hacer milagros para beneficio de la humanidad y a no guiarlos a equivocación.[11]

De manera similar, también escuchamos a muchos hermanos en la iglesia, quienes poseen dones proféticos, y quienes, por medio del Espíritu, hablan todo tipo de lenguajes [ejemplo: lenguas] y trayendo a luz, para el beneficio general, las cosas ocultas al ser humano, y declara los misterios de Dios, a los que también el apóstol denomina "espirituales", siendo estos espirituales porque participan del Espíritu.[12]

Tertuliano (fallecido en el 225; fue el primero en acuñar el término *Trinidad*) habló y escribió, en incontables ocasiones, del funcionamiento de los dones del Espíritu, particularmente de aquellos de naturaleza reveladora, tales como la profecía y la palabra de conocimiento.

> Sin embargo, de Dios—quien ha prometido, ciertamente, "derramar la gracia del Espíritu Santo sobre toda carne, y ha ordenado que sus siervos y sus siervas deben ver visiones así como también profetizar"—todas estas visiones deben ser consideradas como emanando de Él.[13]

Él describió el ministerio de una dama en particular, como sigue:

> Pues, al ver que reconocemos los carismata espirituales, o
> dones, nosotros también hemos merecido el logro del don
> profético, a pesar de que venimos después de Juan (el Bau-
> tista). Ahora tenemos entre nosotros a una hermana cuya
> suerte ha sido ser favorecida con diversos dones de revela-
> ción, que ella experimenta en el Espíritu por medio de una
> visión extática entre los ritos sagrados del día del Señor en
> la iglesia: ella conversa con ángeles y, a veces, hasta con el
> Señor; ella ve y escucha comunicaciones misteriosas; en-
> tiende el corazón de algunos hombres y a los necesitados
> les da remedios Después de despedir a la gente, al concluir
> los servicios sagrados, tiene la costumbre de reportarnos
> las cosas que haya visto en visiones (pues todas sus comu-
> nicaciones se evalúan con sumo cuidado, para que la verdad
> de estas pueda ser comprobada)…Ahora, ¿puede negarse
> a creer esto, incluso si la evidencia indudable sobre cada
> punto está disponible para su convencimiento?[14]

Tertuliano diferencia lo que él ha atestiguado con las afirmaciones del hereje Marción:

> Entonces, que Marción exhiba, como dones de su dios, al-
> gunos profetas; tales como los que no han hablado con
> juicio humano, sino con el Espíritu de Dios, como los que
> han predicho las cosas venideras y que han manifestado
> los secretos del corazón Ahora, todas esas señales (de
> dones espirituales) están disponibles de mi parte sin difi-
> cultad alguna, y concuerdan, también, con las reglas y con
> las dispensaciones y con las instrucciones del Creador.[15]

También tenemos evidencia extensiva de visiones reveladoras
operando en la vida de los mártires: Perpetua, quien murió en
202 d. C., y su esclava Felícitas. Animo a todos a leer el testimonio

conmovedor de perseverancia en la fe de Perpetua, a pesar de las muertes más horrendas.[16]

También es importante que tomemos brevemente nota del movimiento conocido como Montanismo (del cual Tertuliano participó en sus últimos años). Montanismo, llamado así por su fundador Montanus, surgió en Frigia cerca del año 155 d. C., aunque los historiadores cristianos primitivos, Eusebio y Jerónimo, ambos fechan el movimiento en 173 d. C. ¿Qué creían y enseñaban los montanistas que tuvo un impacto tan relevante en la antigua iglesia y su punto de vista de los dones espirituales?[17] Varios asuntos son dignos de mencionar.

Primero, en su núcleo, el Montanismo fue un esfuerzo para darle forma a toda la vida de la iglesia en mantener la expectativa del retorno inmediato de Cristo. Así, ellos se oponían a cualquier desarrollo en la vida de la iglesia que pareciera institucional o que contribuyera a un patrón de adoración establecido. No es necesario mencionar que quienes tenían posiciones oficiales de autoridad dentro de la iglesia *organizada* desconfiarían del movimiento.

Segundo, Montanus mismo supuestamente habló en términos que afirmaban su igualdad con el Paracleto de Juan 14:16. La expresión profética en cuestión es como sigue:

> Pues Montanus habló, diciendo: "Yo soy el padre, y el hijo y el paracleto".[18]

Sin embargo, muchos han cuestionado si Montanus está asegurando lo que sugieren sus críticos. Más probablemente, él, al igual que otros en el movimiento que también profetizaban, está diciendo que uno u otro, o quizá todos los miembros de la Trinidad, están hablando a través de ellos. Por ejemplo: en otra más de sus expresiones proféticas, Montanus dijo:

> No lo van a oír de mí, sino que lo han escuchado de Cristo.[19]

Tercero, Montanus y sus seguidores (principalmente, dos mujeres llamadas Prisca y Maximila) sostuvieron una visión del don profético que era una divergencia de la enseñanza del apóstol Pablo en 1 Corintios 14, en tanto que practicaban lo que solo puede llamarse profecía "extática" en la que el hablante pierde la conciencia o cae en un estado parecido al trance, o quizás era solo un instrumento pasivo por medio del cual el Espíritu podría hablar. Una de las expresiones proféticas que sobrevivieron (solamente hay dieciséis), hallada en los escritos de Epifanio, un obispo de Chipre, al final del cuarto siglo, confirma esta visión:

> He aquí, un hombre es como una lira y yo jalo sus cuerdas como una púa; el hombre duerme, pero yo estoy despierto.
> He aquí, es el Señor, quien está cambiando los corazones de los hombres y dándoles nuevos corazones a ellos.[20]

Si esto es lo que Montanus enseñaba, él estaría asegurando que, cuando una persona profetizaba, Dios tenía el control completo. El individuo es un poco más que un instrumento, así como las cuerdas de la lira, de las cuales Dios extraía su canción o su mensaje. El hombre o la mujer está dormido, por así decirlo, y por lo tanto, *pasivo* durante la expresión profética.

Este concepto de profecía es opuesto a lo que leímos en 1 Corintios 14:29–32, donde Pablo afirma que "los espíritus de los profetas están sujetos a los profetas". Los montanistas no pueden ser acusados de haber originado esta visión, pues se encuentra entre los apologistas griegos de su período. Justino Mártir y Teófilo, ambos sostenían que el Espíritu habló a través de los profetas del Antiguo Testamento en tal forma como poseyéndolos. El apologista cristiano ateniense, Atenágora, dice que Moisés, Isaías, Jeremías y otros profetas del Antiguo Testamento fueron:

> Elevados en éxtasis, por encima de las funciones naturales de su mente, por los impulsos del Espíritu Divino, [y que

ellos] expresaron las cosas con las que fueron inspirados, el Espíritu haciendo uso de ellos así como un flautista sopla en una flauta.[21]

El punto es que, al menos sobre este único punto, los montanistas no estaban apoyando una visión de profecía que fuera significativamente distinta a lo que estaban diciendo otros en la corriente de la iglesia de aquellos días.

Cuarto, el don de lenguas también era promitente entre los montanistas, tal como lo era la experiencia de recibir visiones reveladores. Eusebio protegió una refutación del Montanismo escrita por Apolinario, donde este último acusaba a estos "profetas" de habla en maneras inusuales. Por ejemplo: "Él [Montanus] empezó a estar extático y a decir y a hablar extrañamente".[22] Repito, se decía que Maximila y Priscila habían hablado "loca, inapropiada y extrañamente, como lo hizo Montanus".[23] Al final, él se refiere a los montanistas como "profetas parlanchines".[24] No podemos estar seguros, pero la palabra traducida "parlanchín", no hallada en ninguna otra parte en toda la literatura griega, puede referirse a hablar mucho en lo que suena como lenguajes, por ejemplo, hablar en lenguas.

Quinto, Montanus sí afirmó que este derramamiento del Espíritu, del cual él y sus seguidores eran los receptores principales, era una señal del final de la era. La Jerusalén celestial, dijo Montanus, pronto descenderá cerca de Pepuza en Frigia.[25] Los montanistas también enfatizaban la monogamia e insistían en la castidad entre marido y mujer. Ellos eran muy ascéticos en su manera de abordar la vida cristiana (que es lo que atrajo a Tertuliano a sus filas). Ellos enfatizaban fuertemente la autodisciplina y el arrepentimiento.

Finalmente, aunque el Montanismo fue tratado frecuentemente como herejía, muchos autores en la iglesia primitiva insistían en la ortodoxia general del movimiento. Hipólito habló de su afirmación de las doctrinas de Cristo y la creación,[26] y el "cazador de herejías" Epifanio (c. 315–403 d. C.), obispo de Salamis, reconoció que los montanistas concordaban con la iglesia en general sobre los temas ortodoxos, especialmente en la doctrina de la Trinidad.[27]

Epifanio escribió que los montanistas todavía se encontraban en Capadocia, Galacia, Frigia, Cilicia y Constantinopla a finales del cuarto siglo.[28] Esta evaluación fue confirmada por Eusebio, quien dedicó cuatro capítulos de su monumental *Historia eclesiástica* a los montanistas. Dídimo el Ciego (313–398 d. C.) escribió sobre ellos, y el gran padre de la iglesia, Jerónimo (342–419/420 d. C.) personalmente encontró comunidades montanistas en Ancira, cuando viajaba a través de Galacia en 373 d. C.[29] El punto es que el Montanismo continuaba vivo e influyente hasta el cierre del cuatro siglo.

Irónicamente, y trágicamente, una de las razones principales por la que la Iglesia llegó a desconfiar de los dones del Espíritu y, con el tiempo los excluyó de la vida de la Iglesia, se debe a su asociación con el Montanismo. El punto de vista montanista de la profecía, donde el profeta entraba en un estado pasivo de éxtasis para que Dios pudiera hablar directamente, se percibía como una amenaza a la creencia de la Iglesia en la finalidad del canon de la Escritura. Otros aspectos no agradables del estilo de vida montanista, como se dijo anteriormente, provocaron la oposición al movimiento y, de ahí, a los *carismata* también. En resumen, fue, en su mayor parte, el punto de vista Montanista sobre el don de profecía donde se adoptó una perspectiva virtual de "así dice el Señor"; eso contribuyó con la ausencia creciente de los *carismata* en la vida de la Iglesia.

Ahora regresamos a otros personajes importantes en la vida de la Iglesia primitiva. La obra de Teódoto, al final del segundo siglo, está conservada para nosotros en los *Extractos de Teódoto* de Clemente de Alejandría. En 24:1 leemos: "Los valentinos dicen que el Espíritu excelente, el cual cada uno de los profetas tiene para su ministerio, fue derramado sobre todos los de la iglesia. Por lo tanto, las señales del Espíritu, sanidades y profecías se llevan a cabo por la iglesia".[30]

Clemente de Alejandría (nació c. 150 d. C. y murió entre 211 y 215 d. C.) habló explícitamente del funcionamiento, en sus días, de los dones espirituales que Pablo enumeró en 1 Corintios 12:7–10.[31]

Orígenes, un teólogo cristiano primitivo, (c. 185–254 DC) reconoció que el funcionamiento de los dones en su tiempo no es tan extenso como lo fue en el Nuevo Testamento; sin embargo, aún están presentes y llenos de poder: "Y todavía se preservan, entre los cristianos, vestigios de aquel Espíritu Santo, que apareció en forma de paloma. Ellos echan fuera espíritus malignos, hacen muchas curaciones, y prevén ciertos eventos, según la voluntad de Logos".[32]

El pagano Celso procuró desacreditar los dones del Espíritu, ejercidos en las iglesias, en los días de Orígenes, pero este último señaló la "demostración" de la validez del evangelio, "más divino que cualquiera de los dialectos establecidos por los grecos", especialmente aquel al que el apóstol llamó las "manifestaciones del Espíritu y de poder".[33] No solo eran señales y maravillas hechas en los días de Jesús, sino "vestigios de estos aún se preservan entre aquellos que regulan su vida por los preceptos del evangelio".[34] Muchos creen que Celso está refiriéndose a la profecía y a las lenguas en la comunidad cristiana cuando describe burlonamente a ciertos creyentes "quienes pretenden ser movidos como si dieran una expresión profética" y quienes añaden a estas profecías "expresiones incomprensibles, incoherentes y totalmente oscuras, el cual ninguna persona coherente no podría descubrir".[35] Claro está, esto es precisamente lo que uno esperaría que dijera un escéptico pagano sobre la profecía y las lenguas.

Hipólito (c. 170—c. 235 DC) describe lineamientos para el ejercicio de los dones de sanidades, insistiendo en que "si alguien dice: 'he recibido el don de sanidad', no se deben imponer manos sobre él: el acto pondrá de manifiesto si él dice la verdad".[36]

Novaciano, teólogo cristiano primitivo, escribe en *Treatise Concerning the Trinity*:

> Ciertamente, este es el que nombra profetas en la iglesia, instruye maestros, dirige lenguas, da vida a los poderes y condiciones de la salud, lleve a cabo obras extraordinarias, provee discernimiento de espíritus, incorpora

administraciones en la iglesia, establece planes, reúne y ordena todos los otros dones que pertenecen a la carismata y, por a causa de esto, hace a la Iglesia de Dios, en todas partes, perfecta y completa en todo.[37]

Mencioné con anterioridad a Cipriano, obispo de Cartago, quien hablaba y escribía sobre el don de profecía y el recibimiento de visiones provenientes del Espíritu.[38] Muchos reportan que el obispo del tercer siglo, Gregorio Taumaturgo (213–270 d. C.) ministraba en el poder de muchos dones milagrosos y hacía señales y maravillas. Eusebio de Cesarea (260–339 d. C.), teólogo e historiador eclesiástico en la corte de Constantino, se oponía al abuso del don de profecía de parte de los montanistas, pero no a su realidad. Él afirmó repetidamente la legitimidad de los dones espirituales, pero se oponía a los montanistas que operaban fuera de la corriente principal de la iglesia contribuyendo así, dijo Eusebio, a su división.

Cirilo de Jerusalén (murió en c. 386 d. C.) escribía con frecuencia sobre los dones en sus días: "Pues Él [el Espíritu Santo] utiliza la lengua de un hombre para sabiduría; el alma de otro, Él la ilumina por medio de profecía; a otro, le da poder para echar fuera demonios; a otro, le da interpretar las divinas Escrituras".[39]

Aunque Atanasio en ninguna parte abordó explícitamente el tema de los dones carismáticos, muchos creen que él es el autor anónimo de *Vita S. Antoni*, o "La vida de San Antonio". Antonio era un monje que abrazó un estilo de vida ascético en 285 d. C. y permaneció en el desierto por unos veinte años. El autor de *Vita S. Antoni* describe muchas sanidades, visiones, expresiones proféticas y otras señales y maravillas sobrenaturales. Incluso si uno rechaza a Atanasio como su autor, el documento sí representa una acercamiento a los dones carismáticos que muchos, evidentemente, abrazaron en la iglesia de finales del tercer siglo y principios del cuarto. Otro monje famoso e influyente, Pacomio, (c. 292–346 d. C.), conocido por hacer milagros y estar facultado para hablar "en lenguajes que él no conocía".[40]

Los padres capadocios, influyentes y muy estimados, (quienes lideraron desde mediados hasta finales del cuarto siglo) deben ser considerados también. Basilio de Cesarea (nació 329 o 330 d. C.) hablaba frecuentemente del funcionamiento en su época de la profecía y la sanidad. Él recurría a la descripción de Pablo en 1 Corintios 12 de "palabra de sabiduría" y "dones de sanidad" como representativos de aquellos dones que eran necesarios para el bien común de la iglesia.[41]

> ¿No es claro e indiscutible que el ordenamiento de la iglesia se efectúa a través del Espíritu? Pues Él dio, se dice: "en la iglesia, primero apóstoles, segundo profetas, tercero maestros, después de eso milagros, luego dones de sanidad, ayuda, reglamentos, diversidad de lenguas" pues este orden está decretado según la distribución de los dones que son del Espíritu.[42]

Los líderes espirituales en la iglesia, tales como obispos o presbíteros, dice Basilio, poseen el don de discernimiento de espíritus, de sanidad y de anticipar el futuro (una expresión de profecía).[43]

El hermano menor de Basilio, Gregorio de Nisa (nació en c. 336 d. C.) habla sobre las palabras de Pablo en 1 Corintios 13:

> Incluso si alguien recibe los otros dones que el Espíritu provee (quiero decir las lenguas de ángeles y la profecía y el conocimiento y la gracia de sanidad), pero nunca ha sido completamente purificado de las pasiones conflictivas en su interior a través de la caridad del Espíritu él aún está en peligro de caer.[44]

El último capadocio, Gregorio Nacianceno (nació en 330 d. C.), provee descripciones extensas de la sanidad física que tanto su padre y su madre experimentaron, así como varias visiones que las acompañaron.[45]

Hilario de Poitiers dice del "don de sanidades" y de "milagros" que "lo que hacemos puede entenderse que es el poder de Dios" así como "la profecía" y el "discernimiento de espíritus". Él se refiere, además, a la importancia de "hablar en lenguas" como una "señal del don del Espíritu Santo" junto con "la interpretación de lenguas", a fin "de que la fe de aquellos que escuchan no se ponga en riesgo a través de la ignorancia, ya que el intérprete de lenguas explica las lenguas a quienes no la conocen".[46]

Hacia finales del cuarto siglo, los dones del Espíritu se hallaban cada vez más entre los ascéticos y aquellos involucrados en los movimientos monásticos. Las diferentes concesiones y acuerdos para la cultura más amplia que infiltró la iglesia después de la legalización formal del cristianismo bajo Constantino, dirigió al desierto a muchos de los líderes de mentalidad espiritual.

Algo debe decirse sobre Agustín (354–430 d. C.), quien a principios de su ministerio apoyó el cesacionismo, especialmente en lo que concierne al don de lenguas.[47] Sin embargo, en sus escritos posteriores, él se retractó de su negación sobre la realidad permanente de lo milagroso y documentó cuidadosamente no menos de setenta ejemplos de sanidad divina en su propia diócesis durante un periodo de dos años. (Vea su obra *Ciudad de Dios*, Libro XXII, capítulos 8–10). Después de describir varios milagros de sanidad e incluso resurrecciones, Agustín escribe:

> ¿Qué voy a hacer? La promesa de terminar esta obra me presiona tanto que no puedo registrar todos los milagros que conozco; sin duda, cuando varios de nuestros seguidores lean lo que he narrado, lamentarán que haya omitido tantos de ellos; pues, nuestros adeptos, al igual que yo, los conocemos muy bien. Incluso, les ruego a estas personas que me disculpen, y que consideren cuánto tiempo tomaría relatar todos esos milagros; lo cuales, debido a la necesidad de finalizar lo que he prometido, me veo forzado a omitir.[48]

Repito, al escribir *Retractions*, alrededor de 426–27 d. C., cerca del final de su vida y ministerio, Agustín admite que las lenguas y los milagros más espectaculares, tal como ver a la gente sanar "simplemente mientras pasaba la sombra de los predicadores de Cristo" han cesado. Luego, dice: "Pero lo que dije no debe malinterpretarse como que si no se creyera que hoy en día se realizan milagros en el nombre de Cristo. Pues yo mismo, cuando estaba escribiendo precisamente este libro, conocí a un hombre ciego que había recibido la vista en la misma ciudad, cerca de los cuerpos de los mártires de Milán. También supe de otros milagros; incluso en estos tiempos suceden tantos de ellos que no podríamos estar conscientes de todos ni listar los que conocemos".[49]

Agustín también se refirió al fenómeno, en su tiempo, llamado *júbilo*. Algunos creen que él describe cantar en lenguas. Él dice:

> Las palabras no pueden expresar las cosas que canta el corazón. Tomemos el caso de la gente que canta mientras cosecha en los campos o en los viñedos o cuando están haciendo cualquier otro trabajo extenuante. Aunque empiezan dando expresiones de su felicidad en palabras cantadas, en poco tiempo hay un cambio. Estando tan felices que las palabras ya no logran expresar lo que sienten, desechan las sílabas que los restringen. Estallan en un sonido simple de gozo; de júbilo. Tal grito de gozo es un sonido indicando que el corazón está dando a luz lo que no puede decirse con palabras. Ahora bien, ¿quién es más digno de tal clamor de júbilo que Dios mismo, a quien todas las palabras no pueden describir? Si las palabras no van a ser suficientes, y aun así uno no puede quedarse callado, ¿qué más se puede hacer sino gritar de gozo? Su corazón tiene que regocijarse por encima de las palabras, a modo que su alegría desenfrenada pueda ser libre de las ataduras silábicas.[50]

Dones espirituales milagrosos en la Edad Media

Aunque la evidencia va disminuyendo a medida que entramos en el periodo de la Edad Media (por las razones que ya mencioné), en ningún momento desaparecieron del todo los dones. Debido a limitaciones de espacio, solamente podrá enumerar los nombres de aquellos en cuyos ministerios hay muchos ejemplos documentados de los dones reveladores de profecía, sanidad, discernimiento de espíritus, milagros, lenguas, junto con relatos gráficos de sueños y visiones.[51] Estos incluyen los siguientes:

> Juan de Egipto (m. 394); León el Grande (400–461; fue obispo de Roma desde 440 hasta 461); Genoveva de París (422–500); Benedicto de Nursia (480–547); Gregorio el Grande (540–604); Gregorio de Tours (538–594); Beda el Venerable (673–735; su *Historia ecclesiástica gentis Anglorum*, escrita en 731, contiene numerosos relatos de dones milagrosos en funcionamiento); Aidano, obispo de Lindisfarne (m. 651), y su sucesor, Cutberto (m. 687), ambos sirvieron como misioneros en Gran Bretaña; Ascario (801–865), uno de los primeros misioneros en Escandinavia; Bernardo de Claraval (1090–1153); El tratado de Bernardo *Vida y muerte* de San Malaquías el irlandés (1094–1148); Ricardo de San Víctor (m. 1173); Domingo de Guzmán, fundador de la Orden de Predicadores (1170–1221); Antonio de Padua (1195–1231); Buenaventura de Fidanza (1217–1274); Francisco de Asís (1182–1226; documentado en el relato de Buenaventura *La vida de San Francisco*); Tomás de Aquino (1225–1274); Pedro Valdo, fundador de los valdenses (m. 1217); junto con prácticamente todos los místicos medievales, entre los que se encuentran varias mujeres: Hildegarda de Bingen (1098–1179), Gertrudis de Helfta (1256–1301), Brígida de Suecia (1302–1373), Santa Clara de Montefalco (m. 1308), Catalina de Siena (1347–1380), Juliana de

Norwich (1342–1416), Margery Kempe (1373–c. 1440); y Teresa de Ávila (1515–1582); así como el predicador dominico Vicente Ferrer (1350–1419); y Juan de la Cruz (1542–1591).[52]

Si alguien quiere refutar que estos son exclusivamente católicos romanos, debemos recordar que, durante este periodo de la historia difícilmente había alguien más. Aparte de unas pocas sectas disidentes, había poca o ninguna expresión del cristianismo fuera de la Iglesia de Roma. (La separación formal con lo que llegó a ser conocido como Ortodoxia Oriental no sucedió sino hasta en 1054 d. C.).

Aunque más allá de la Edad Media, más dentro de la era de la Reforma, debemos también recordar a Ignacio de Loyola (1491–1556), fundador de los jesuitas y autor de *Ejercicios espirituales*. Se reporta que los dones espirituales, especialmente las lenguas, habían estado presentes entre los menonitas, los moravos, especialmente bajo el liderazgo del Conde del Sacro Imperio (1700—1760), así como también entre los hugonotes franceses, a finales del siglo XVII, y de los jansenistas, en la primera mitad del siglo XVIII. John Wesley (1703—1791) defendió el funcionamiento continuo de las lenguas más allá de la época de los apóstoles.[53] Uno también podría citar a George Fox (1624—1691), quien fundó la Sociedad Religiosa de Amigos y fue conocido por creer y practicar el don de lenguas.[54]

LOS DONES ESPIRITUALES MILAGROSOS EN LA REFORMA ESCOCESA

A quienes insisten en que los dones espirituales reveladores, tales como la profecía, el discernimiento de espíritus y la palabra de conocimiento, cesaron su funcionamiento después del primer siglo, también les cuesta tener en cuenta la operación de estos dones en la vida de muchos de los involucrados en la Reforma escocesa, así como también varios de los que ministraron en su secuela. Jack Deere, en su libro *Surprised by the Voice of God*,[55] ha provisto documentación extensiva del don de profecía en acción en los reformistas escoceses y a través de ellos, tales como George Wishart (1513–1546, un mentor de John Knox), John Knox mismo (1514–1572), John Welsh (1570–1622), Robert Bruce (1554–1631), y Alexander Peden (1626–1686).[56]

Le animo encarecidamente a que obtenga el libro de Jack Deere y lea el relato de sus ministerios sobrenaturales, no solo en la profecía, sino muchas veces en los dones de sanidades. Deere también atrae nuestra atención a uno de los historiadores del siglo XVII, Roberto Fleming (1630–1694), así como también a uno de los arquitectos de la Confesión de Fe de Westminster, Samuel Rutherford (1600–1661), quienes reconocieron el ejercicio de los dones en su época.[57]

El caso de Charles Spurgeon

Tal como lo observamos anteriormente, no creo del todo imposible que numerosas iglesias que abogaron por el cesacionismo experimentaron estos dones, sino que los descartaron como algo menos de la manifestación del Espíritu Santo. Una ilustración de esto viene del ministerio de Charles Spurgeon (1834–1892), quien relata sobre un incidente, en medio de su sermón, cuando él hizo una pausa y señaló a un hombre a quien acusó de obtener una ganancia injusta precisamente en domingo. Después, el culpable le contó a un amigo sobre el evento:

> El Sr. Spurgeon me vio como si me conociera, y en su sermón, me señaló y le dijo a la congregación que yo era un zapatero, y que mantenía abierto mi negocio los domingos; y así era, señor. Eso no me habría importado, pero él también dijo que recibí una moneda de nueve centavos el domingo anterior, y que hubo una ganancia de cuatro centavos de ella. Sí recibí una moneda de nueve centavos ese día y los cuatro centavos fueron la ganancia; pero ¿cómo pudo él saber eso? No lo sé. Luego, me di cuenta de que

fue Dios quien le había hablado a mi alma a través del Sr. Spurgeon, así que cerré mi negocio el siguiente domingo. Al principio, tenía miedo de ir nuevamente a escucharlo, no fuera que le dijera a la gente algo más de mí; pero después fui, y me encontré con el Señor y Él salvó mi alma.[58]

Luego, Spurgeon añade este comentario:

Puedo contar de más de una docena de casos similares en los que he señalado a alguien, en el pasillo, sin tener el más mínimo conocimiento de esa persona, ni idea de que lo que dije era correcto, excepto que creía que el Espíritu me impulsaba a decirlo; y mi descripción ha sido tan impresionante que las personas se han ido y les han dicho a sus amigos: "Vengan, vean a este hombre que me dijo todas las cosas que he hecho; sin duda, Dios debió enviarlo para que hablara a mi alma, o no podría haberme descrito con tanta precisión". Y no solo eso, sino que he sabido de muchos casos donde los pensamientos de la gente han sido revelados desde el púlpito. A veces, he visto a las personas codear a sus vecinos porque dije algo sobre ellos, y se ha oído que, al salir, dijeron: "El predicador nos dijo exactamente lo que habíamos hablado cuando íbamos pasando por la puerta".[59]

En otra ocasión, Spurgeon interrumpió su sermón y señaló a un joven, declarando: "Joven, esos guantes que traes puestos no los has pagado: los robaste de la empresa donde trabajas".[60] Después del servicio, el hombre le llevó los guantes a Spurgeon y le pidió que no le dijera nada a su madre, quien se entristecería al descubrir que su hijo era un ladrón.

En mi opinión, este no es un ejemplo inusual de lo que el apóstol Pablo describe en 1 Corintios 14:24–25. Spurgeon ejercía el don de *profecía* (o alguien podría llamarlo *palabra de conocimiento*, 1 Corintios 12:8). No lo identificaba así, pero eso no altera la realidad de lo que el Espíritu Santo lograba a través de él. Si uno analizara la teología y el ministerio de Spurgeon, así como los relatos registrados por sus contemporáneos y biógrafos posteriores, concluiría que por la falta de referencia explícita a los carismata milagrosos, tales como la profecía y la palabra de conocimiento, que tales dones habían sido separados de la vida de la iglesia. Sin embargo, ¡el testimonio de Spurgeon afirma inadvertidamente lo contrario!

Finalmente, claro está, habría que señalar los últimos 115 años, o más, de la historia de la iglesia contemporánea y el surgimiento de los movimientos pentecostal, carismático y tercera ola junto con los más de 650 millones de seguidores en todo el mundo, muchos de los cuales testifican personalmente de haber experimentado o atestiguado en otros los carismata milagrosos.

Solo me queda esperar y orar que, con base al testimonio del pueblo de Dios en los últimos dos mil años de la historia de la Iglesia, muchos se den cuenta de que no se justifica ni es sabio discutir por el cesacionismo.

Capítulo 14

TESTIMONIOS ALENTADORES DE OTRAS PERSONAS QUE HABLAN EN LENGUAS

NO PUEDO PENSAR en una mejor manera de concluir este libro que darle unos cuantos testimonios fascinantes y alentadores de la manera en que el don de lenguas ha sido una bendición para otros cristianos y de cómo Dios ha usado este don para causar un impacto poderoso en el cuerpo de Cristo. Aunque debemos basar nuestras creencias en la Escritura solamente, estas historias pueden servir para confirmar lo que ya hemos determinado que es verdad, sobre base bíblica, respecto a hablar en lenguas.

JACKIE PULLINGER Y *CHASING THE DRAGON*[1]

Conocí a Jackie Pullinger en enero de 1991. Yo estaba en Anaheim, California, por invitación de mi amigo Jack Deere, para asistir a la conferencia nacional *Vineyard*. La primera noche que estuve allí, Jack me invitó a cenar y dijo que tenía unos amigos que a él le gustaría que yo conociera. Uno de ellos era Mike Bickle, con quien más adelante serví por siete años en Kansas City, como parte del

---

* Traducción: Perseguir al dragón

personal de *Metro Christian Fellowship*. La otra persona era Jackie Pullinger. Jackie no había preparado para mí lo que estaba por llegar. Pienso que no he sido el mismo desde entonces.

"Entonces, Jackie, cuéntame algo de ti", dije despreocupadamente. Durante las dos horas siguientes, la escuché mientras me contaba la historia de su vida y su ministerio en la ciudad amurallada de Kowloon en Hong Kong. Recuerdo claramente haber llamado a mi esposa esa noche y decirle: "Cariño, ¡creo que acabo de conocer a una cristiana!". Sé que suena extraño, pero hasta que conocí a Jackie, creo que no sabía en realidad de qué se trataba el ser cristiano. Nunca había hallado tanta humildad y poder, tal sacrificio y gozo, un amor desenfrenado por Jesús y por los perdidos y por los quebrantados del mundo. Regresamos al centro de convenciones de Anaheim, a prepararnos para escuchar a Jackie hablar en la sesión plenaria de la noche. Cuando nos preparábamos para ingresar, le abrimos la puerta a Jackie, y descubrimos que ella había desaparecido. Entramos en pánico. Los tres nos dispersamos para encontrarla. No tomó mucho tiempo. Allí estaba, arrodillada, cerca de un indigente que había estado hurgando en la basura de un contenedor en busca de comida. Jackie estaba orando por él.

"¡Vamos, Jackie! Te están esperando".

"Que esperen", respondió con desdén. "Es solo una conferencia".

Nunca olvidaré lo que dijo cuando la llevábamos apresuradamente a prepararse para hablar. "Tú eres responsable de lo que ves. No puedes cambiar al mundo, Sam. No puedes ayudarlos a todos. Pero eres responsable de lo que ves. Yo lo vi a él, e hice lo que pude". Esa noche, aprendí una lección perdurable. En Kansas City, tuvimos la oportunidad de recibir a Jackie en otras dos ocasiones. Solo quienes la han escuchado hablar y han visto su ministerio pueden entender el impacto que tiene sobre los cristianos occidentales ricos y mimados. (Pero me estoy desviando).

Ahora, permítame retroceder y decirle cómo llegó Jackie a donde se encuentra hoy día.

Jackie nació y creció en Inglaterra (tiene una hermana gemela idéntica), tenía solo cinco años cuando percibió por primera vez el llamado de Dios en su vida. Cuando llegó a la edad adulta, el mensaje se volvió aún más claro: "Ve".

"¿A dónde, Señor?".

"Ve. Confía en mí, y yo te guiaré. Te instruiré y enseñaré el camino por donde debes andar. Te aconsejaré y velaré por ti.[2]

Despreciada y rechazada por cada organización misionera que contactaba (nadie quería a una joven de veinte años, que había estudiado en el *Royal College of Music* en Londres y carecía de capacitación "misionera" adecuada), Jackie buscó el consejo de un pastor. El consejo que le dio fue breve y directo: "Bueno, si has tratado todas las formas convencionales y las sociedades misioneras y Dios sigue diciéndote que vayas, es mejor que te pongas en camino... Si yo fuera tú, compraría un boleto para ir en barco en el recorrido más largo que pueda encontrar y oraría para saber dónde bajarme".[3]

Así lo hizo. Jackie Pullinger tomó de manera literal el consejo y viajó a China en barco. Ella ha estado ministrando en Hong Kong durante más de cincuenta años. La infame ciudad amurallada de Kowloon, donde Jackie se instaló, tenía un territorio de un poco más de veintiséis kilómetros cuadrados, ¡pero estaba habitada por más de 50 000 personas! Era, literalmente, un mundo aparte, donde ni China ni Gran Bretaña ejercían una jurisdicción apropiada. Era un albergue para ladrones, asesinos, extorsionistas, traficantes de drogas, pornógrafos, inmigrantes y refugiados indocumentados, indigentes, fugitivos, padrotes y prostitutas (muchas de ellas eran niñas entre doce y trece años, vendidas a la prostitución por los vecinos, novios e incluso, sus propios padres). Los cines pornográficos, así como antros de opio y heroína forraban las aceras angostas y los callejones. La ciudad estaba gobernada por las tríadas, sociedades secretas chinas que habían degenerado en pandillas implacables y criminales.

La pestilencia era insoportable. Desagües abiertos, desechos humanos fluyendo abiertamente por las calles, ratas que ya no reaccionaban ante el susto y temor de los visitantes. Los cuerpos de los adictos que habían consumido sobredosis la noche anterior estaban amontonados afuera de la ciudad.

En esta pesadilla caminaba una joven de veinte años, de Inglaterra, que no tenía dinero, ni trabajo y que no sabía una palabra de mandarín.[4] Pero se las arregló para aprender lo suficiente como para hablarles a los adictos a la heroína sobre Jesús. Para su decepción, vio muy poco fruto en los primeros dos años de su ministerio. Las cosas empezaron a cambiar cuando conoció a una pareja joven, china, quienes le dijeron francamente: "No has recibido al Espíritu Santo". Jackie estaba ofendida. "Claro que tengo al Espíritu", pensó para sí. "No podría creer en Jesús si no lo tuviera".[5]

Jackie descubrió rápidamente que ellos hablaban del don de lenguas. La pareja impuso sus manos sobre ella, oraron y la animaron a empezar a hablar. Nada pasó. La pareja persistió, ¡y Jackie también! Finalmente, cuando no pudo soportarlo más, Jackie abrió su boca y dijo: "Ayúdame, Dios". Dejaré que Jackie le cuente lo que sucedió:

> Tan pronto como hice el esfuerzo consciente de abrir mi boca, descubrí que podía hablar libremente en un lenguaje que no había aprendido. Era una lengua hermosa y articulada, suave y coherente en donde había un patrón de habla claro, como elevaciones y descensos modulados. En ningún momento tuve duda de haber recibido la señal que había pedido. Pero no estaba acompañado de júbilo. Había imaginado que sería alzada en alabanza y gloria, pero fue una experiencia muy poco emocional.[6]

La ausencia de un éxtasis emocional fue frustrante y confusa para Jackie. Durante varios meses, ella descuidó el ejercicio de su nuevo don. Su ministerio en la ciudad amurallada continuó, pero con muy pocos resultados duraderos.

Luego, conoció a una pareja de estadounidenses. Habían pasado dos años desde su llegada a Hong Kong y un año desde que recibió supuestamente el don de lenguas. "¿Oras en lenguas,

Jackie?", le preguntaron. "No, ya no. No me parece útil". La señora estadounidense respondió:

> Eso es una grosería de tu parte... No es un regalo de emoción, es un don del Espíritu. No deberías despreciar los regalos que Dios te da. La Biblia dice que quien ora en lenguas será edificado espiritualmente; que nunca te importe como te sientes, hazlo.[7]

Jackie le prometió a la pareja que dedicaría quince minutos diarios a orar en lenguas. Después de unas seis semanas, Jackie notó algo extraordinariamente diferente en su ministerio. La gente con la que compartía el evangelio empezaba a creer en Jesús. Pero allí no termina la historia. Es solo el principio.

El obstáculo más grande para ser liberado de las drogas era el dolor de la abstinencia indescriptible e insoportable. La agonía del abandono repentino había llevado a la gran mayoría de los adictos de vuelta a su hábito. Sin embargo, Jackie hizo un descubrimiento sorprendente. Ella misma no tiene explicación sobre por qué Dios decidió hacerlo de esta manera, pero se alegra de ello. Era su costumbre orar por sus nuevos convertidos para que fueran llenos del Espíritu Santo y que recibieran un lenguaje de oración. Ellos siempre lo recibían.

Pero, luego, ella observó que cuando el dolor de la abstinencia iba a empezar, terminaba rápidamente si el individuo empezaba a orar en lenguas. Pasó un tiempo antes de convencer a algunos de los convertidos, pero los horrores de la abstinencia los desesperaban. Mientras Jackie y otros oraban por ellos en lenguas, ellos clamaban a Dios en su nuevo lenguaje. Milagrosamente, y virtualmente sin excepción, cada uno de ellos salieron de las drogas sin el dolor desgarrador asociado con esta experiencia.

La mayoría de estos adictos habían estado consumiendo heroína u opio durante años, y casi literalmente, se habían quedado sin lugar en su cuerpo para inyectarse la droga. Sus vidas estaban controladas por su adicción, y muy pocos dudarían en robar, o hasta matar, para sostener su hábito. Muchos habían vendido a familiares y amigos a la prostitución para mantener el flujo de drogas entrando. Sin embargo, cuando se convertían a la fe en Jesús y oraban en lenguas, el poder de la adicción era vencido.

No tengo explicación para esto. No tengo un texto bíblico que pueda citar en apoyo a la manera en que Dios ha usado las lenguas en el ministerio de Jackie. Todo lo que puedo hacer es declarar los hechos como los conozco y dejar que usted saque sus propias conclusiones. Sin embargo, la verdad simple es que cada persona, numeradas por cientos, quienes oraron para recibir a Cristo bajo el ministerio de Jackie también recibieron el don de lenguas. Cada uno de los adictos a la heroína, que oró en lenguas al inicio de los dolores de abstinencia, atravesaron la vivencia sin la más mínima incomodidad.

Si Dios hará uso de las lenguas de una manera similar a través del ministerio de otros es algo que ni Jackie ni yo ni nadie puede predecir. Nuestra responsabilidad es obedecer la Palabra de Dios y confiarle a Él los resultados.

CUANDO UN EXPERTO PROMINENTE HABLA EN LENGUAS

Permítame compartirle otra historia que podría ser alentadora para usted con respecto a esto. Lo que sigue es una carta que recibí de una académica conocida a nivel nacional sobre su experiencia con las lenguas. Es una reconocida autora y una brillante teóloga. Esto fue lo que dijo:

> Hace veinte años, en el bachillerato, mi novio pentecostal y sus amigos trataron que yo una bautista del sur hablara en lenguas. No me oponía a la idea, pero ellos trataron todo (orar, gemir, hablar lenguas sobre mí, en fin de todo) y nada sucedió. Ellos concluyeron que yo era horriblemente mundana y que me resistía a la obra de Dios en mi vida. No puedo decir que la experiencia me dañó profundamente, pero sí me dejó sintiendo algo recelosa de la validez del don.

En junio de 1995, el Espíritu puso en mi corazón el deseo de entrar en un ayuno extendido. En el cuarto día (un día verdaderamente difícil, luchando contra el deseo físico y mental de comer) mientras estaba derramando mi corazón ante Dios, unas palabras desconocidas y extrañas brotaron de lo profundo de mi ser y se derramaron por mi boca. Pasaron unos momentos antes de que me diera cuenta de que estaba hablando en lenguas. Durante los siguientes días y semanas del ayuno, pude usar este don para luchar contra tentaciones severas. Dudo que hubiera tenido la fortaleza física, mental y espiritual para completar ese ayuno sin ellas. Sentí como si el Espíritu de Dios en mi interior estaba intercediendo ante el Padre por mí. El don continúa en mí. Me siento más inclinada a usarlo durante tiempos de intercesión o alabanza profunda. "Profundo" es el mejor adjetivo en el que puedo pensar, es un poco difícil de describir, pero pienso que usted sabe lo que quiero decir.[8]

Lo interesante de la vivencia de esta dama, es que ella no estaba procurando el don de lenguas. Ella estaba sencillamente buscando a Dios con todo su corazón, alma, mente y fuerzas. No sugiero que usted tiene que seguir su ejemplo ni tampoco que recibirá un nuevo lenguaje de oración solo porque ayuna y ora. ¡Pero podría ser!

La vivencia de una madre y sus hijos

El siguiente es el testimonio de una madre, Kendra, y sus gemelos de diez años, Nate y Natalie, todos (junto con el esposo de Kendra, Jimmy) sirven activamente en *Bridgeway Church* donde me desempeño como pastor principal. Tengo su permiso para usar sus nombres y decirles a ustedes qué sucedió.

La historia de Nate

El 14 de marzo de 2018, estaba sentado en el piso de mi sala, frente a mi mamá, jugando video juegos en la computadora. Mi mamá tenía música de adoración en el televisor. Estábamos hablando de diferentes dones espirituales como el de profecía. Le pedía a mamá que orara por mí para que yo recibiera el don de lenguas porque yo verdaderamente quería más dones espirituales y, a veces, no sabía qué decirle a Dios. Ella dijo que sí y le pidió a mi hermana, Natalie, que orara con ella por mí. Mamá me preguntó si yo estaba de acuerdo en que ella y Natalie oraran en lenguas, en voz alta, por mí. Ellas oraron por un momentito, y luego mamá me preguntó si sentía algo, pero yo no sentí nada.

Oraron un poco más, y luego, mamá volvió a preguntarme si sentía algo, pero no sentí nada. Ella preguntó si el Espíritu Santo me había dado sílabas en las que yo estuviera pensando, y dije "sí". Mamá me pidió de las dijera en voz alta. Cuando la dije, empecé a hablar en lenguas como ellas. Luego me detuve y le pregunté a mi mamá si ella estaba segura de que no me iba a morder la lengua porque mi lengua se movía muy rápido y de manera rara. Seguí orando en lenguas por un momento. Luego volví a jugar videojuegos en la computadora.

Hablar en lenguas no fue tan emocionante como había pensado que sería, pero todavía me da gusto tener este don. Generalmente oro en lenguas todos los días, en las noches antes de ir a dormir y cada mañana cuando me levanto. Ahora, aunque no sé qué decir, todavía puedo orar a Dios.

La historia de Natalie

El 23 de julio de 2017, cuando tenía nueve años y medio, estaba recostada con mi mamá en su cama. Ella estaba jugando con mi cabello mientras me hablaba. Me preguntó cómo podía orar por mí. Yo quería valentía y audacia para orar en voz alta por otras personas, así como lo hace ella. Cuando ella oró por mí, recibí una imagen mental de mí siendo como un pedazo de masa que Jesús estaba preparando para hacerla una pieza de pan. Luego, mi mamá preguntó si yo había querido hablar en lenguas alguna vez. Yo dije: "¡Sí!". Pensaba que sería bueno hablar con Dios en mi propia manera y recordar cuán maravilloso es Él. A veces, no sé qué pedir en oración, así que orar en lenguas sería fantástico.

Ella le pidió al Espíritu Santo que me diera el don, y empezó a orar por mí en lenguas. Mi lengua empezó a enrollarse sin que yo interviniera. Era una sensación extraña. Estaba pensando en sílabas en mi mente. Le dije a mi mamá que mi lengua estaba enrollándose y que tenía sílabas en mi mente. Ella me dijo que las pronunciara en voz alta. Cuando las dije, salieron más sílabas de mi boca sin que yo me esforzara. Le dije a mi mamá que yo había pensado que sería más fácil si las cantaba que si las dijera. Así que empecé a cantar en lenguas. Me hizo sentir adormecida y en paz. Luego me fui a acostar y oré en lenguas hasta que me quedé dormida.

La historia de Kendra

Un día, sentí la necesidad de reunirme con mi pastor, Sam, sin prisas ni tema en particular. No estaba segura del porqué, pero programé una reunión. Recientemente, había descubierto algunas experiencias nuevas con el Espíritu Santo que todavía estaba procesando. Estaba completamente escéptica de cualquier don milagroso, pero estas experiencias nuevas habían abierto mi mente a la posibilidad de que había más de Dios de lo que yo conocía. Durante esta reunión, Sam empezó a hablarme del don de lenguas. No estaba segura de cómo llegamos a este tema, pero me intrigaba mucho. Él me recomendó un libro para que lo leyera y pidiera en oración que pudiera recibir el don de lenguas. No sucedió nada de inmediato.

Una noche, casi una semana después de la reunión, el Espíritu Santo me recordó mi pasado. Yo estaba escribiendo acerca del recuerdo cuando sentí que Jesús quería que me acostara en el suelo. Una vez en el suelo, escuché muy claro, en mi mente: "Solo descansa". Mientras estaba recostada allí, mi rostro empezó a contornearse involuntariamente, en muchas direcciones diferentes a la vez. Como soy médico, empecé a hacer un listado mental de los diferentes diagnósticos posibles para decidir si debía despertar a mi esposo. Pero había tanta paz en todo mi cuerpo que decidí que esto podía ser espiritual.

Después de varios minutos de contorción facial, todo volvió a detenerse. Escuché por segunda vez: "Solo descansa". Sentí como que mi cuerpo no pesaba nada y estaba relajada. Repentinamente, desde lo profundo de mi garganta, salió una voz moviendo mi quijada más rápido de lo que esta sureña la ha movido en su vida. No había movimiento voluntario de mi parte. Estaba asombrada, aunque tratando lógicamente de entender lo que estaba pasando. Pensé, "esto debe ser hablar en lenguas. Tiene que ser lo que me ha contado".

Razoné conmigo misma que si Dios era Dios, por supuesto que podía hacer todo lo que quisiera con mi cuerpo. Tiene que ser Dios. Todo el tiempo, mientras pensaba esto, mi boca estaba bajo el control total del Espíritu Santo.

Más tarde, esa noche, le dije al Espíritu Santo "hazlo de nuevo". De nuevo, mi boca se movía muy rápido y mi voz decía cosas que yo no entendía. Me apresuré a buscar un espejo. Con asombro y risas nerviosas, me quedé impresionada al darme cuenta quién es Dios verdaderamente y el poder que tiene sobre mi vida. Tales sentimientos de amor divino llenaron mi corazón. Él tenía el control total, y yo me sentía a salvo bajo su cuidado. ¡Nunca volveré a ser la misma!

CONCLUSIÓN

Confío que usted está muy animado por escuchar lo que el Espíritu Santo ha hecho en mi vida, así como en la vida de quienes mencioné en este capítulo final. No, no puedo garantizarle que recibirá el don de lenguas si lo pide. Pero estoy casi seguro de que no lo recibirá si no lo pide. Hablar en lenguas no es el más importante de todos los dones espirituales. Pero tampoco es el menos significativo de ellos. Es simplemente una de las muchas herramientas con las que Dios ha bendecido a su iglesia para la edificación del cuerpo de Cristo. Mi oración es que usted haya sido instruido y desafiado con lo que leyó en *El lenguaje del cielo*. Que Dios dirija su corazón a una experiencia más profunda de su amor y a una capacidad facultada por el Espíritu para orar y alabar con mayor celo y pasión.

ACERCA DEL AUTOR

EL DOCTOR SAM Storms es el pastor líder de enseñanza y visión en *Bridgeway Church* en Oklahoma City. También es el fundador y presidente de *Enjoying God Ministries* (www.samstorms .com) y se desempeña en el consejo de la Coalición del Evangelio. Sam obtuvo su licenciatura en historia, de la Universidad de Oklahoma, en 1973, una maestría en teología histórica en el Seminario Teológico de Dallas en 1977, y un doctorado en historia intelectual de la Universidad de Texas en Dallas en 1984. Antes de unirse al personal *Bridgeway Church*, Sam se desempeñaba como catedrático suplente de teología en *Wheaton College* en Wheaton, Illinois, y es el expresidente de la *Evangelical Theological Society*.

Sam y su esposa, Ann, llevan cuarenta y siete años de casados, tienen dos hijas y cuatro nietos. Sam es el autor o editor de veintisiete libros, entre los que se encuentran: *Practicing the Power: Welcoming the Gifts of the Holy Spirit in Your Life* (Zondervan), *Kingdom Come: The Amillennial Alternative* (Christian Focus), *The Singing God* (Passio), y *The Beginner's Guide to Spiritual Gifts* (Bethany House). Sam también es el editor general de la ESV *Men's Devotional Bible* (Crossway).

Si hay una pasión central y consumidora en el corazón de Sam, es la convergencia de la Palabra y el Espíritu en la vida del pueblo de Dios y los ministerios de la iglesia local. Él ha dedicado su vida a equipar a los seguidores de Jesús para recibir con entusiasmo tanto la autoridad funcional de la Palabra escrita de Dios como la gama completa de los dones milagrosos del Espíritu, todo para la gloria de Dios en Cristo. Sam anhela ver a los cristianos, hombres y mujeres, que están intelectualmente entusiasmados por las verdades complejas de la Biblia, y al mismo tiempo, no tienen temor de darle expresión pública al deleite emocional profundo y el afecto sincero por Jesús.

Sam cree que la necesidad urgente de la iglesia hoy día es que haya seguidores de Cristo teológicamente sofisticados, que están ávidos de los dones reveladores del Espíritu mientras permanecen siempre sujetos a la autoridad máxima del texto escrito de la Biblia. Usted puede obtener acceso, sin costo, a las obras escritas de Sam cuando visite su página de internet y su blog en www.samstorms.com.

NOTAS

CAPÍTULO 1:
MI PRIMERA EXPERIENCIA DE HABLAR EN LENGUAS

1. Las pocas almas valientes, que demostraron un poco de interés en el fenómeno carismático, pueden haberse escabullido para asistir a la reunión local de la Fraternidad de Hombres de Negocios del Evangelio Completo. Pero aparte de eso, muy pocos habrían sido hallados muertos por asistir a un culto pentecostal o carismático.
2. La mejor narración del movimiento de Jesús y la CWLF es el libro de Larry Eskridge: *God's Forever Family: The Jesus People Movement in America* (New York: Oxford University Press, 2013).
3. Esta es la doctrina conocida como cesasionista. Aunque hay diferentes expresiones del cesacionismo teológico, algunas son más estrictas que otras, la noción fundamental es que esos dones espirituales, de naturaleza más abiertamente milagrosa o sobrenatural, tal como las nueve mencionadas en 1 Corintios 12:8–10, fueron diseñados por Dios únicamente para la iglesia primitiva hasta la época en que el último apóstol murió o el último libro del canon bíblico hubiera sido escrito. Los cesionistas rápidamente señalan que no niegan la realidad de los milagros en nuestros días. Lo que niegan es que Dios da a los creyentes estos dones milagrosos en el presente.
4. Vea mi libro *Convergence: Spiritual Journeys of a Charismatic Calvinist* (Kansas City, MO: Enjoying God Ministries, 2005).
5. Algunos debatirían que la palabra traducida "avivar el fuego" simplemente significa "encender" sin alguna sugerencia de una operación menguante previa.

CAPÍTULO 2:
LAS LENGUAS EN LA ESCRITURA

1. Vea Éxodo 23:16; 34:22; Levítico 23:15–15; Deuteronomio 16:9–10, 16; y 2 Crónicas 8:13.
2. Eckhard J. Schnabel, *Acts*, Zondervan Exegetical Commentary on the New Testament (Grand Rapids, MI: Zondervan, 2012), 116.

3. Schnabel, *Acts*, 120.
4. Schnabel, *Acts*, 121.
5. En este comentario magistral de cuatro tomos sobre Hechos, Craig Keener cita dos docenas de casos verificados de personas que hablan en un idioma humano en el cual no recibieron preparación ni educación previa. Vea Craig S. Keener, Acts: An Exegetical Commentary, Volumen 1, (Grand Rapids, MI: Zondervan Publishing House, 1990), 215.
6. Shnabel, *Acts*, 115.
7. J. Rodman Williams, *Renewal Theology: Salvation, the Holy Spirit, and Christian Living*, vol. 2 (Grand Rapids, MI: Zondervan Publishing House, 1990), 215.
8. Williams, *Renewal Theology*, 215. Otros ven en Hechos 2 un milagro de "escuchar" incluyendo a Luke T. Johnson, "Tongues, Gift of" en The Anchor Bible Dictionary (New York: Doubleday, 1992), VI:597, y más recientemente Anthony C. Thiselton, The First Epistle to the Corinthians (Grand Rapids, MI: Eerdmans, 2000), 977,
9. D. A. Carson, *Showing the Spirit: A Theological Exposition of 1 Corinthians 12–14* (Grand Rapids, MI: Baker Book House, 1987), 138.
10. Max Turner, *The Holy Spirit and Spiritual Gifts*, ed.rev. (Peabody, MA: Hendrickson, 2009), 218, https://www.amazon.com /Holy-Spirit-Spiritual-Gifts-Testament/dp/0801047927.
11. Keener, *Acts*, 1:823.
12. Para quienes desean profundizar más en esta pregunta, les recomiendo el ensayo corto de D. A. Carson, "When Did the Church Begin?" *Themelios*, 41, No. 1 (2016): 1–4; también disponible en http://themelios.thegospelcoalition.org/article/carson -when-did-the-church-begin.
13. John R. W. Stott, *The Spirit, the Church, and the World: The Message of Acts* (Downers Grove, IL: InterVarsity Press, 1990).
14. Al usar este lenguaje, no me gustaría que pensaran en términos cuantitativos. El Espíritu Santo no puede ser fraccionado en piezas o en cantidades mayores o menores. Al hablar de "más" del Espíritu, yo simplemente me refiero a una manifestación más grande de su presencia y poder.
15. Algunos argumentan que las lenguas estaban presentes en Hechos 8 porque Simón fue capaz de "ver" (v. 18) su recepción del Espíritu

Santo. Pero pudo haber sido solo su audacia, su gozo, su alabanza o cualquier cantidad de otras manifestaciones de la presencia del Espíritu. Es mejor no tratar de comprobar lo que Lucas no anota explícitamente.

16. Esto significa que puede haber ocasiones cuando hablar en lenguas es, de hecho, la evidencia física inicial de haber sido bautizados en el Espíritu. Pero no es lo mismo decir que las lenguas deben seguir necesariamente al bautismo del Espíritu en cada caso. Compartiré más sobre esto en el siguiente capítulo.

17. Schnabel, *Acts*, 505.

18. David G. Peterson, *The Acts of the Apostles* (Grand Rapids, MI: Eerdmans, 2009), 340.

19. Peterson, *The Acts of the Apostles*, 340.

20. James D. G. Dunn, *Baptism in the Holy Spirit: A Re-Examination of the New Testament Teaching on the Gift of the Spirit in Relation to Pentecostalism Today* (Philadelphia: Westminster Press, 1970), 86.

21. G. R. Beasley-Murray, *Baptism in the New Testament* (Eugene, OR: Wipf & Stock, 1972, 2006), 109, 111.

22. Keener, *Acts*, 3:2822–23.

Capítulo 3:
Hablar en lenguas y el bautismo del Espíritu

1. Asambleas de Dios, 16 verdades fundamentales, "Concilio General de las Asambleas de Dios, consultado el 7 de febrero, 2019, recurso en inglés en https://ag.org/Beliefs/Statement-of-Fundamental -Truths.

2. Debo señalar que no todos los "pentecostales clásicos" afirman la doctrina de evidencia inicial. El famoso académico del Nuevo Testamento Gordon Fee ha rechazado todas las tres doctrinas relacionadas al bautismo del Espíritu cuando estaba en la denominación de las Asambleas de Dios. Vea el artículo de Fee: "Baptism in the Holy Spirit: The Issue of Separability and Subsequence" en *Pneuma* 7, no. 1 (Fall 1985): 87–99.

3. Para una respuesta más detallada a esta pregunta, consulte mi libro *Tough Topics: Biblical Answers to 25 Challenging Questions* (Wheaton, IL: Crossway, 2013), 252–75.

4. El tratamiento más exhaustivo de estos temas se encuentra en el libro de H. I. Lederle: *Treasures Old and New: Interpretations of*

"Spirit-Baptism" in the Charismatic Renewal Movement (Peabody, MA: Hendrickson Publishers, 1988).

5. Vea el libro de Martyn Lloyd-Jones: *Joy Unspeakable: Power and Renewal in the Holy Spirit* (Wheaton, IL: Harold Shaw Publishers, 1984).

6. Vea C. Peter Wagner, *The Third Wave of the Holy Spirit* (Ann Arbor, MI: Servant Publications, 1988).

7. Vea mis comentarios en el libro: *Are Miraculous Gifts for Today? Four Views* (Grand Rapids, MI: Zondervan, 1996), especialmente las páginas 176–85. Entre los textos que nos animan a tener encuentros posconversión y vivencias con el Espíritu Santo están Lucas 11:13; Romanos 5:5; 8:15–17; Gálatas 3:1–5; Efesios 1:15–23; 3:16–19; 5:18; Filipenses 1:19; 1 Tesalonicenses 4:8; 1 Pedro 1:8; así como muchos pasajes en Hechos que hablan de los creyentes que son "llenos" con el Espíritu para ministrar y dar vida. Estos textos aparecen para disipar el concepto de un Espíritu singular, de depósito único que representaría supuestamente la necesidad superflua por una unción subsecuente después de la conversión. El Espíritu quien una vez ha sido dado, ahora habita en cada creyente y se da continuamente para aumentar e intensificar nuestra relación con Cristo y para facultarnos en nuestro ministerio. No necesitamos etiquetar tales experiencias como el bautismo del Espíritu.

8. Se debe observar que en el Nuevo Testamento ser bautizado "por" alguien siempre se expresa con la preposición *hupo* seguido por un sustantivo genitivo. Las personas fueron bautizadas "por" Juan el Bautista en el río Jordán (Mateo 3:6; Marcos 1:5; Lucas 3:7). Jesús fue bautizado "por" Juan (Mateo 3:13; Marcos 1:9). Los fariseos no habían sido bautizados "por" Juan (Lucas 7:30), etc. Lo más probable, entonces, si Pablo hubiera querido decir a los corintios que todos habían sido bautizados "por" el Espíritu Santo, habría usado *hupo* con el genitivo, no en con el dativo.

9. Gordon D. Fee, *God's Empowering Presence: The Holy Spirit in the Letters of Paul* (Peabody, MA: Hendrickson, 1994), 181.

10. Algunos pentecostales responden argumentando que las lenguas que Pablo tiene en mente en 1 Corintios 14:5 es el "don" de lenguas o el lenguaje privado de oración que debe ser diferenciado de la "señal" de lenguas que constituye la evidencia inicial y física del bautismo del Espíritu. Debo confesar que esta teoría me impacta

como un caso de súplica especial. Dicho de otra manera, ¿por qué alguien crearía esta distinción entre dos expresiones diferentes de lenguas, o emplearía este argumento, a no ser que estuviera motivado a encontrar apoyo bíblico para la idea de que el bautismo en el Espíritu siempre es seguido por hablar en lenguas? Para que esta última sea cierta, necesitamos evidencia clara de otros textos bíblicos, algo que casi no he encontrado.

11. He construido esta explicación usando como base el material del artículo de Gordon Fee: "Baptism in the Holy Spirit: The Issue of Separability and Subsequence," Pneuma 7, no. 2 (Otoño 1985): 87–99.

12. Lederle, *Treasures Old and New*, 60.

13. Wayne Grudem, *Systematic Theology* (Grand Rapids, MI: Zondervan, 1994), 772–73

14. Dunn, *Baptism in the Holy Spirit*, 68–70.

15. Este evento se comenta en abundantes fuentes. Uno en Colin G. Kruse, *The Gospel According to John: An Introduction and Commentary* (Downers Grove, IL: IVP Academic, 2007), 137. Kruse dice que sucedió en algún momento entre AD 6 y 9.

16. Frederick Dale Bruner, *A Theology of the Holy Spirit: The Pentecostal Experience and the New Testament Witness* (Grand Rapids, MI: Eerdmans, 1970), 176.

17. John Piper, *Let the Nations Be Glad: The Supremacy of God in Missions* (Grand Rapids, MI: Baker, 1993), 146, 148.

CAPÍTULO 4:
LAS LENGUAS Y LOS IDIOMAS EXTRANJEROS

1. Abordaré cada uno de estos malentendidos sobre las lenguas en los siguientes capítulos.

2. David E. Garland, *1 Corinthians*, Baker Exegetical Commentary on the New Testament (Grand Rapids, MI: Baker Academic, 2003), 584.

3. Thiselton, *The First Epistle to the Corinthians*, 1085.

4. Thiselton, *The First Epistle to the Corinthians*, 1085.

5. Paul Gardner, *1 Corinthians*, Zondervan Exegetical Commentary on the New Testament (Grand Rapids, MI: Zondervan, 2018), 591.

6. Este cálculo está basado en las cifras del 2017. Ver Conrad Hackett y David McClendon: "Christians Remain World's Largest Religious Group, but They Are Declining in Europe," Pew Research Center, 5

de abril, 2017, http://www.pewresearch.org/fact-tank/2017/04/05
/christians-remain-worlds-largest-religious-group-but-they-are}
-declining-in-europe/.

7. Para evidencia sobre esto, vea mi capítulo en inglés "What Can We
Know About Angels?" en *Tough Topics*, 120–36.

8. Gordon D. Fee, *The First Epistle to the Corinthians*, rev. ed. (Grand
Rapids, MI: Eerdmans, 2014), 69. También ver Richard B. Hays,
First Corinthians (Louisville, KY: Westminster John Knox Press,
1997), 223.

9. Christopher Forbes, *Prophecy and Inspired Speech: In Early
Christianity and Its Hellenistic Environment* (Peabody, MA:
Hendrickson, 1997), 185–86.

10. Thiselton, *The First Epistle to the Corinthians*, 973, 1061–62.

11. Keener, *Acts*, 1:808.

12. Grudem, *Systematic Theology*, 1072.

13. Robert W. Graves, *Praying in the Spirit* (Tulsa, OK: Empowered
Life Academic, 2016), 122.

14. Garland, *1 Corinthians*, 584. Mark J. Cartledge proporciona
en su artículo una encuesta sumamente útil del estatus de una
investigación erudita sobre la naturaleza de las lenguas: "La
naturaleza y función de la glosolalia del Nuevo Testamento", *The
Evangelical Quarterly* 72 No. 2, 135–50. Su conclusión, con la cual
yo generalmente concuerdo, es que "Lucas consideró la glosolalia
como idiomas humanos no aprendidos (xenolalia) o un tipo de
idioma misterioso celestial al cual llamó "lenguaje de ángeles"
(149). Ver también Mark J. Cartledge, *Charismatic Glossolalia:
An Empirical Theological Study*, Ashgate New Critical Thinking
in Theology and Biblical Studies (Aldershot, England: Ashgate
Publishing Company, 2002)

CAPÍTULO 5:
EL PROPÓSITO DE LAS LENGUAS, PARTE I

1. Si usted no lee el Nuevo Testamento en griego, siéntase en libertad
de ignorar esta nota. Aquellos que sí entienden griego pueden
objetar mi uso de la palabra *mandar* al señalar que "edificarse
a sí mismos" es un participio, no un imperativo. El mandato en
este pasaje es que nos mantengamos en el amor de Dios. Sin
embargo, les recordaría a todos del "muy conocido uso imperativo
del participio" (Peter H. Davids, *The Letters of 2 Peter and Jude*

[Grand Rapids, MI: Eerdmans, 2006, 92]. Virtualmente todo comentador de Judas concuerda con esta interpretación. Vea, por ejemplo, Gene L. Green: Jude and 2 Peter, Baker Exegetical Commentary en el Nuevo Testamento (Grand Rapids, MI: Baker Academic, 2008), 120; y Richard J. Bauckham, Jude, 2 Peter, Word Biblical Commentary, Vol. 50 (Waco, TX: Word Books, 1983); 111–12. Para ideas adicionales, le animo a consultar Andreas J. Köstenberger, Benjamin L. Merkle y Robert L. Plummer: *Going Deeper With New Testament Greek: An Intermediate Study of the Grammar and Syntax of the New Testament* (Nashville: B&H Academic, 2016), 338–39.

2. Gardner, *1 Corinthians*, 594.

3. D. A. Carson, *A Call to Spiritual Reformation* (Grand Rapids, MI: Baker Academic, 1992), 191.

4. Andrew T. Lincoln, *Ephesians*, Word Biblical Commentary, vol. 42 (Dallas: Word Books, 1990), 213.

5. Vea mi discusión de este pasaje en la pregunta 21 en el capítulo 9.

6. Thomas R. Schreiner, *Spiritual Gifts: What They Are and Why They Matter* (Nashville: B & H Publishing Group, 2018), 123–46.

7. *Concise Oxford English Dictionary, Twelfth Edition*, ed. Angus Stevenson and Maurice White (Oxford: Oxford University Press, 2011), 454. También ver Oxford Living Dictionaries, s.v. "ecstasy," consultado el 7 de febrero, 2019, https://en.oxforddictionaries .com/definition/ecstasy.

8. *Concise Oxford English Dictionary*, s.v. "ecstatic".

9. *Merriam-Webster*, s.v "ecstasy," consultado el 7 de febrero, 2019, https://www.merriam-webster.com/dictionary/ecstasy; Merriam-Webster, s.v. "ecstatic," accessed February 7, 2019, https://www .merriam-webster.com/dictionary/ecstatic.

10. Paul Gardner (*1 Corinthians*) encuentra poca objeción en el uso de la palabra eufórico. Él dice: "Usar la palabra en este sentido no es hablar de algo ni siquiera remotamente similar a un estado de confusión o trance inducido en algunos actos religiosos más parecido al vudú que al cristianismo bíblico. Más bien, es hablar de la actividad de la actividad misericordiosa de Dios entre su pueblo, en la cual, para que la gracias sea completamente apreciada por la iglesia, debe descifrarse el código de la comunicación y darse una traducción o 'articulación' entendible" (60).

11. Merriam-Webster, s.v "ecstasy," consultado el 7 de febrero, 2019, https://www.merriam-webster.com/dictionary/ecstasy.
12. Graves, *Praying in the Spirit*, 56.

Capítulo 6:
El propósito de hablar en lenguas, parte II

1. Blue Letter Bible, s.v. *"psallō,"* consultado el 8 de febrero, 2019, https://www.blueletterbible.org/lang/Lexicon/Lexicon.cfm ?strongs=G5567&t=KJV.
2. Mark J. Cartledge, *Charismatic Glossolalia: An Empirical-Theological Study* (Burlington, VT: Ashgate Publishing, 2002), 211.

Capítulo 7:
La expresión en lenguas públicamente

1. Vea su libro: *Miraculous Gifts: Are They for Today?* (Neptune, NJ: Loiseaux Brothers, 1983).
2. Turner, *The Holy Spirit and Spiritual Gifts*, 232–35.
3. Vea la pregunta 22 en el capítulo 9 para una discusión sobre la validez de Marcos 16:9–20.
4. Max Turner, "Spiritual Gifts Then and Now", Vox Evangelica 15 (1985): 7–63.
5. Turner, *The Holy Spirit and Spiritual Gifts*, 233.
6. Turner, *The Holy Spirit and Spiritual Gifts*, 233.

Capítulo 8:
Las lenguas como un don espiritual

1. Lo que sigue es una versión revisada y extensa de lo que se puede encontrar en mi libro *The Beginner's Guide to Spiritual Gifts*, (Ventura, CA: Regal, 2012), 193–97.
2. Anthony Thiselton, "The 'Interpretation' of Tongues: A New Suggestion in the Light of Greek Usage in Philo and Josephus," *Journal of Theological Studies* 30, no. 1 (Abril 1979), 15–36, https://doi.org/10.1093/jts/XXX.1.15.
3. Thiselton, *The First Epistle to the Corinthians*, 976.
4. Thiselton, *The First Epistle to the Corinthians*, 1108. Para este punto de vista, vea también la obra de Gerd Theissen, *Psychological Aspects of Pauline Theology* (Edinburgh, Scotland: T. & T. Clark, 1987), 74–114; 292–341.

5. Thiselton, *The First Epistle to the Corinthians*, 1061.
6. Thiselton, *The First Epistle to the Corinthians*, 1110.
7. Gardner, *1 Corinthians*, 548.
8. Craig L. Blomberg, *1 Corinthians, The NIV Application Commentary* (Grand Rapids, MI: Zondervan, 1994), 247.

Capítulo 9:
Las lenguas y la oración

1. Gordon D. Fee, *Listening to the Spirit in the Text* (Grand Rapids, MI: Eerdmans, 2000), 45.
2. Douglas J. Moo, *The Epistle to the Romans* (Grand Rapids, MI: Eerdmans, 1996), 526–27.
3. Llego a esta conclusión más bien con indecisión, abierto a ser persuadido de lo contrario. Especialmente estoy intrigado por el argumento de Gordon Fee, quien afirma que Pablo tiene en mente las en Romanos 8:26–27. Vea su afirmación en God's Empowering Presence, 575-86.
4. James R. Edwards, *The Gospel According to Mark* (Grand Rapids, MI: Eerdmans, 2002), 497.
5. *NIV Zondervan Study Bible*, ed. D. A. Carson (Grand Rapids, MI: Zondervan, 2015), 2059.
6. *ESV Study Bible* (Wheaton, IL: Crossway Bibles, 2008), 1933.

Capítulo 10:
Las lenguas y la revelación

1. Cuando Gordon Fee menciona, "hablar 'para sí mismo' (en privado) está en contraste con 'en la asamblea' en el versículo 28, dando a entender que él o ella debe orar 'a Dios' de este modo y en privado" (*God's Empowering Presence*, 251)
2. O. Palmer Robertson, *The Final Word: A Biblical Response to the Case for Tongues and Prophecy Today* (Carlisle, PA: The Banner of Truth Trust, 1993), 33.
3. Para entender este texto, me ayudaron mucho los comentarios de Wayne Grudem, en su libro *The Gift of Prophecy in the New Testament and Today*, edición revisada (Wheaton, IL: Crossway Books, 2000). 145–154. Vea también mi trato de este texto en *The Beginner's Guide to Spiritual Gifts* (Bloomington, MN: Bethany House, 2012), 167–70.

Capítulo 11:
Las lenguas y el creyente

1. En los párrafos anteriores, me he apoyado en lo que escribí en mi libro *The Beginner's Guide to Spiritual Gifts*, 189–93. Usado con permiso.
2. Mucho de lo que sigue, es una adaptación considerablemente revisada y expandida del capítulo: "Should All Christians Speak in Tongues?" de mi libro *Tough Topics*, 273–82
3. Robert Marus, "International Mission Board Seeks to Tie Tongues," *Baptist Standard*, 2 de diciembre, 2005, https://www .baptiststandard.com/archives/2005-archives/international-mission -board-seeks-to-tie-tongues/.
4. Marus, "International Mission Board Seeks to Tie Tongues".
5. Bob Smietana, "International Mission Board Drops Ban on Speaking in Tongues", *Christianity Today*, 14 de mayo, 2015, https://www.christianitytoday.com/ct/2015/may-web-only /imb-ban-speaking-in-tongues-baptism-baptist-missionary.html.
6. Jack Hayford, *The Beauty of Spiritual Language* (Dallas: Word Publishing, 1992), 102–6.
7. Max Turner, "Early Christian Experience and Theology of 'Tongues': A New Testament Perspective," in *Speaking in Tongues: Multi-Disciplinary Perspectives*, ed. Mark J. Cartledge (Waynesboro, GA: Paternoster Press, 2006), 27.
8. Para quienes desean profundizar, una reciente discusión experta y muy útil sobre este tema se puede encontrar, en idioma inglés, en Asian Journal of Pentecostal Studies. Vea Max Turner: "Tongues: An Experience for All in the Pauline Churches?" *Asian Journal of Pentecostal Studies* 1, no. 2 (1998): 231–53; Simon K. H. Chan, "A Response to Max Turner," *Asian Journal of Pentecostal Studies* 2, no. 2 (1999): 279–81; Robert P. Menzies, "Paul and the Universality of Tongues: A Response to Max Turner," Asian Journal of Pentecostal Studies 2, no. 2 (1999): 283–95; y Max Turner, "A Response to the Responses of Menzies and Chan," *Asian Journal of Pentecostal Studies* 2, no. 2 (1999): 297–308.

Capítulo 12:
Las lenguas en el cristianismo primitivo, parte I

1. Si desea profundizar más sobre este tema, sugiero que lea mi capítulo en inglés: "A Third Wave View," en el libro: Are

Miraculous Gifts for Today? Four Views, ed. Wayne A. Grudem (Grand Rapids, MI: Zondervan, 1996), 175–223; así como: "Are Miraculous Gifts for Today?" en mi libro *Tough Topics*, 232–51; y finalmente el Apéndice 2: "Are Miraculous Gifts for Today?" en mi libro: *Practicing the Power: Welcoming the Gifts of the Holy Spirit in Your Life* (Grand Rapids, MI: Zondervan, 2017), 244–69.

2. Asegurémonos de no olvidar que el problema en Corinto no era los dones espirituales, sino la gente "no espiritual" o inmadura. Uno no puede acusar a los dones espirituales o echarles la culpa sin acusar a Dios simultáneamente. Después de todo, Él es, quien pensó en la idea de los dones espirituales y quien se los concedió a su pueblo. Si los dones espirituales fueran el problema per se, el problema sería con Dios quien es el autor. Con seguridad, ninguno quiere afirmar lo segundo.

3. Sam Storms, *Practicing the Power: Welcoming the Gifts of the Holy Spirit in Your Life* (Grand Rapids, MI: Zondervan, 2017), 252–53.

4. Storms, *Practicing the Power*, 253.

5. D. A. Carson, *Exegetical Fallacies*, second edition (Grand Rapids, MI: Baker Academic, 1996), 77.

6. Gordon Fee dice: "El cambio de los verbos es puramente retórico [por ejemplo: simplemente es una variación de estilo que no tiene ningún significado teológico especial]; hacerlo de otro modo sería elevar a nivel de relevanciaalgo en lo que Pablo no muestra interés alguno. De la misma manera en que uno puede difícilmente entender entre 'cesar' y 'dejar', cuando se usa en el mismo contexto, tampoco puede uno distinguir entre katargeō [traducido "pasarán"] y pauō [traducido como "cesar"] en este contexto (aunque la elección en la versión de NVI de 'estar quietos' por las lenguas es oportuna). La voz media vino junto con el cambio de verbos" (Fee, *The First Epistle to the Corinthians*, 713, n. 375).

7. Richard B. Gaffin, "A Cessationist View", en *Are Miraculous Gifts for Today?*, 55, n. 81.

8. Gaffin, "A Cessationist View", en *Are Miraculous Gifts for Today?*, 55.

9. Fee dice: "Es un axioma exegético principal que lo que ni Pablo mismo ni los corintios pudieron haber entendido puede posiblemente ser el significado de lo que Pablo les estaba escribiendo" (Fee, The First Epistle to the Corinthians, 715, n. 381).

10. Turner, *The Holy Spirit and Spiritual Gifts*, 294.

11. Turner, *The Holy Spirit and Spiritual Gifts*, 295.
12. Fee, *The First Epistle to the Corinthians*, 715.
13. Garland, *1 Corinthians*, 623.
14. Fee, *The First Epistle to the Corinthians*, 716

CAPÍTULO 13:
LAS LENGUAS EN EL CRISTIANISMO PRIMITIVO, PARTE II

1. D. A. Carson, *Showing the Spirit: A Theological Exposition of 1 Corinthians 12–14* (Grand Rapids, MI: Baker Book House, 1987), 166.
2. Ver Cipriano de Cartago, *The Epistles of Cyprian, Epistle vii*, 3–7; y *Epistle lxviii*, 9–10, consultado el 12 de febrero, 2019, https://biblehub.com/library/cyprian/the_epistles_of_cyprian/index.html.
3. James L. Ash Jr., "The Decline of Ecstatic Prophecy in the Early Church", *Theological Studies* 37, no. 2 (mayo 1976): 252, https://doi.org/10.1177/004056397603700202.
4. Secciones de este capítulo, especialmente en esta, fueron extraídas de mi libro *Practicing the Power*. Usado con permiso.
5. Para documentación útil, vea: Stanley M. Burgess, *The Spirit and the Church: Antiquity* (Peabody, MA: Hendrickson Publishers, 1984); Ronald A. N. Kydd, *Charismatic Gifts in the Early Church* (Peabody, MA: Hendrickson Publishers, 1984); Jeff Oliver, *Pentecost to the Present: The Holy Spirit's Enduring Work in the Church*, 3 vols. (Newberry, FL: Bridge Logos, 2017); Eddie L. Hyatt, *2000 Years of Charismatic Christianity* (Lake Mary, FL: Charisma House, 2002); Kilian McDonnell y George T. Montague, *Christian Initiation and Baptism in the Holy Spirit: Evidence from the First Eight Centuries* (Collegeville, MN: The Liturgical Press, 1991); Stanley M. Burgess, ed., *Christian Peoples of the Spirit: A Documentary History of Pentecostal Spirituality from the Early Church to the Present* (New York: New York University Press, 2011), 177–186; Cecil M. Robeck Jr., *Prophecy in Carthage: Perpetua, Tertullian, and Cyprian* (Cleveland, OH: The Pilgrim Press, 1992); and J. D. King, *Regeneration: A Complete History of Healing in the Christian Church, Volume One: Post-Apostolic through Later Holiness* (Lee's Summit: MO, Christos Publishing, 2017). Luego, por supuesto, uno debe contar con la documentación masiva sobre dones milagrosos a través del curso de la historia

de la iglesia, tal como lo compiló Craig S. Keener en su obra de dos volúmenes: *Miracles: The Credibility of the New Testament Accounts* (Grand Rapids, MI: Baker Academic, 2011).

6. Barnabas, *The Epistle of Barnabas*, xvi, 9; Ancient Christian Writers, 6:61.

7. Justin Martyr, *Dialogue With Trypho*, 39, consultado el 12 de febrero, 2019: http://www.ccel.org/ccel/schaff/anf01.pdf.

8. Martyr, *Dialogue With Trypho*, 82, consultado el 12 de febrero, 2019: http://www.ccel.org/ccel/schaff/anf01.pdf.

9. Justin Martyr, *The Second Apology of Justin*, vi; Ante-Nicene Fathers 1:190.

10. Saint Irenaeus, *Against Heresies*, Book 2, ch. 32, 4, consultado el 12 de febrero, 2019: http://www.ccel.org/ccel/schaff/anf01.pdf.

11. Irenaeus, *Against Heresies*, Book 2, ch. 32, 5, consultado el 12 de febrero, 2019: http://www.ccel.org/ccel/schaff/anf01.pdf.

12. Irenaeus, *Against Heresies*, Book 5, ch. 6, 1; Euseb. H. E. 5.7.6.

13. Tertullian, *A Treatise on the Soul*, xlvii, ANF, 3:225–26, consultado el 12 de febrero, 2019: https://www.biblestudytools.com /history/early-church-fathers/ante-nicene/vol-3-latin-christianity /tertullian/a-treatise-soul.html.

14. Tertullian, *A Treatise on the Soul*, ix, ANF, 3:188, consultado el 12 de febrero, 2019: https://www.biblestudytools.com/history /early-church-fathers/ante-nicene/vol-3-latin-christianity/tertullian /a-treatise-soul.html.

15. Tertullian, *Against Marcion*, viii, ANF, 3:446–47, consultado el 12 de febrero, 2019: http://www.ccel.org/ccel/schaff/anf03.v.iv.vi.viii .html.

16. Ver Robeck, *Prophecy in Carthage*, 11–94; J. E. Salisbury, *Perpetua's Passion: The Death and Memory of a Young Roman Woman* (New York: Routledge, 1997).

17. El enfoque más útil e imparcial sobre el Montanismo se encuentra en el libro por Christine Trevett, *Montanism: Gender, Authority and the New Prophecy* (New York: Cambridge University Press, 1996).

18. Didymus, *On the Trinity*, 3:41, citado en Kydd, *Charismatic Gifts in the Early Church*, 32.

19. Epiphanius, *Panarion*, 48:12; col. 873, citado en Kydd, *Charismatic Gifts in the Early Church*, 32.

20. Epiphanius, citado en Kydd, *Charismatic Gifts in the Early Church*, 32.

21. Athenagoras, *A Plea for the Christians*, ch. 9, consultado el 12 de febrero, 2019: http://www.ccel.org/ccel/schaff/anf02 .v.ii.ix.html?highlight=use,of,them,as,a,flute%20player,breathes ,into,flute#highlight.

22. Eusebius, *Ecclesiastical History*, 5, 16:7, trad. Kirsopp Lake (London: William Heinemann, 1926), 1:475; citado en Kydd, *Charismatic Gifts in the Early Church*, 35.

23. Eusebius, *Ecclesiastical History*, 5, 16:9, 1:477; citado en Kydd, *Charismatic Gifts in the Early Church*, 35.

24. Eusebius, *Ecclesiastical History*, 5, 16:12, 1:479. Citado en Kydd, *Charismatic Gifts in the Early Church*, 35.

25. Trevett, *Montanism*, 95–105.

26. Trevett, *Montanism*, 60–62; McDonnell y Montague, *Christian Initiation and Baptism in the Holy Spirit*.

27. McDonnell y Montague, *Christian Initiation and Baptism in the Holy Spirit*.

28. McDonnell y Montague, *Christian Initiation and Baptism in the Holy Spirit*.

29. McDonnell y Montague, *Christian Initiation and Baptism in the Holy Spirit*.

30. Clement of Alexandria, *Excerpta ex Theodoto*, 24:1

31. Clement of Alexandria, *The Instructor*, iv.21, ANF, 2:434.

32. Origen, *Against Celsus*, ch. 46, ANF, 4:415, consultado el 12 de febrero, 2019: http://www.ccel.org/ccel/schaff/anf04.vi.ix.i.xlvii .html.

33. Alexander Roberts y James Donaldson, eds., *Ante-Nicene Christian Library: Translations of the Writings of the Fathers*, vol. X, The Writings of Origen, "Origin Against Celsus" (Edinburgh, Scotland: T&T Clark, n.d.), 399–400.

34. Origen, *Against Celsus*, ch. 2, ANF 4:397–98, consultado el 12 de febrero, 2019: http://www.ccel.org/ccel/schaff/anf04.vi.ix.i.v.html.

35. Origen, *Against Celsus*, 7.9; citado en Jeff Oliver, *Pentecost to the Present: The Holy Spirit's Enduring Work in the Church, Book One* (Newberry, FL: Bridge-Logos, 2017), 84.

36. Burton Scott Easton, ed., *The Apostolic Tradition of Hippolytus* (Cambridge: Cambridge University Press, 1934), 41.

37. Novatian, *Treatise Concerning the Trinity*, 29.10.

38. Cyprian, *The Epistles of Cyprian*, vii.3–6, ANF, 5:286-87; vii.7, ANF, 5:287; lxviii.9-10, ANF, 5:375; iv.4, ANF, 5:290.

39. Philip Schaff y Henry Wace, eds., "Catechetical Lectures" in *A Select Library of Nicene and Post-Nicene Fathers of the Christian Church*, Second Series (New York: The Christian Literature Series, 1894), 118.

40. Oliver, *Pentecost to the Present*, 124.

41. Basil the Great, *The Longer Rules*, vii.

42. Philip Schaff and Henry Wace, eds., "On the Holy Spirit" in *A Select Library of Nicene and Post-Nicene Fathers of the Christian Church*, Second Series, vol. 8 (New York: The Christian Literature Series, 1895), 25.

43. Basil the Great, *The Longer Rules*, xxiv, xxxv, xlii, lv.

44. Saint Gregory of Nyssa, "On the Christian Mode of Life" in *Ascetical Works* (The Fathers of the Church, Volume 58), trans. Virginia Woods Callahan (Washington, DC: The Catholic University of America Press, 1967, 1990), 141.

45. Ver Gregory of Nazianzen, *On the Death of His Father*, xxviii–xxix, NPF 2nd Series 7:263–64; xxxi, NPF 2nd Series 7:264, consultado el 12 de febrero, 2019: https://www.ccel.org/ccel/schaff/npnf207 .iii.x.html.

46. Hilary of Poitiers, *On the Trinity* in Philip Schaff and Henry Wace, eds., *A Select Library of Nicene and Post-Nicene Fathers of the Christian Church*, second series, vol. 9 (New York: The Christian Literature Series, 1908), 146.

47. Ambrose, quien influenció mucho a Agustín, también creía en hablar en lenguas (The Holy Spirit, 2.150).

48. Augustine, *City of God*, Book 22, capítulo 8, 489, consultado el 12 de febrero, 2019: https://www.ccel.org/ccel/schaff/npnf102 .iv.XXII.8.html.

49. Saint Augustine, *The Works of Saint Augustine: Revisions* (Hyde Park, NY: New City Press, 2010).

50. Citado por Oliver, *Pentecost to the Present*, 142–43.

51. Para documentación más extensa, vea: Stanley M. Burgess, *The Holy Spirit: Medieval Roman Catholic and Reformation Traditions (Sixth-Sixteenth Centuries)* (Peabody, MA: Hendrickson Publishers, 1997). Ver también Paul Thigpen, "Did the Power of the Spirit Ever Leave the Church?," *Charisma* (September 1992): 20–29; y

Richard M. Riss, "Tongues and Other Miraculous Gifts in the Second Through Nineteenth Centuries," Basileia (1985).

52. Esta lista se incluyó en mi libro *Practicing the Power*. Usado aquí con permiso.

53. Stanley M. Burgess, ed., *Christian Peoples of the Spirit: A Documentary History of Pentecostal Spirituality from the Early Church to the Present* (New York: New York University Press, 2011), 177–186.

54. Rufus M. Jones, ed., *George Fox: An Autobiography* (Richmond, IN: Street Corner Society, 1976).

55. Jack S. Deere, *Surprised by the Voice of God* (Grand Rapids, MI: Zondervan, 1996), 64–93.

56. Vea Deere, *Surprised by the Voice of God*, 64–93.

57. Vea Deere, *Surprised by the Voice of God*, 64–93.

58. Charles Spurgeon, *The Autobiography of Charles H. Spurgeon* (Curts & Jennings, 1899), 226–227.

59. Spurgeon, *The Autobiography of Charles H. Spurgeon*, 227.

60. C. H. Spurgeon's Autobiography: *The Full Harvest* (Carlisle, PA: Banner of Truth Trust, 1973), 2:60.

CAPÍTULO 14:
TESTIMONIOS ALENTADORES DE
OTRAS PERSONAS QUE HABLAN EN LENGUAS

1. Mucho de lo que comparto sobre Jackie Pullinger se tomó del libro: *Chasing the Dragon: One Woman's Struggle Against the Darkness of Hong Kong's Drug Dens*. Si aún no lo ha leído, le animo a hacerlo.

2. Jackie Pullinger y Andrew Quicke, *Chasing the Dragon: One Woman's Struggle Against the Darkness of Hong Kong's Drug Dens* (Bloomington, MN: Chosen Books, 1980, 2014), 34.

3. Pullinger y Quicke, *Chasing the Dragon*, 35.

4. Reitero, si no ha leído la autobiografía de Jackie, *Chasing the Dragon*, hágalo ahora.

5. Pullinger y Quicke, *Chasing the Dragon*, 61.

6. Pullinger y Quicke, *Chasing the Dragon*, 62.

7. Pullinger y Quicke, *Chasing the Dragon*, 64.

8. Storms, *The Beginner's Guide to Spiritual Gifts*, 191–92. Usado con permiso.